KB064513

나락 한 알 속의 우주

나락 한 알 속의 우주

无爲堂 장일순의 이야기 모음

녹색평론사

글 써달라는 부탁을 받고 이번처럼 가슴 설레어본 적이 없었던 것 같습니다. 그렇잖아도 선생님이 그립고 그리운 요즘인데 녹색평론사가 선생님 문집(文集)을 낸다니 반갑고 고마운 마음 그지없습니다.

아시는 분은 아시겠지만, 우리 선생님은 글을 쓰시는 분이 아니셨습니다. 언젠가 왜 글을 쓰시지 않느냐고 여쭈었더니 대답은 한마디 간단했지요.

"나는 글 못 써."

세상에 글 못 쓰는 사람이 이 문명천지 어디에 있느냐고 다시 여쭙자 조금 더 길게 말씀하시더군요.

"한창 세월이 수상할 적에 필적을 남기면 괜히 여러 사람 다치겠더구먼. 그래서 편지는 말할 것도 없고 일기도 쓰지 않게 됐지. 그 버릇이 여직 남아서…."

그러나 선생님이 글을 쓰시지 않은 까닭은 오히려 다른 데 있다고 나는 혼자서 생각합니다. 가끔 선생님은 말씀하셨지요.

"시내에 나갔다가 친구들을 만나지 않는가? 술 한잔 걸치고 거나해지면 말이지 그러면 얘기가 시작되는데, 이게 뭐냐 하면 천지현황서부터 논어 맹자에, 노자 장자에, 석가모니 부처님에 예수님까지 총동원하서서 수작이 난만인 거라. 그렇게 정신없이 아는 척을 하다가 말이지 밤이 이슥해서는 이리 비틀 저리 비틀 취한 걸음으로 뚝방 길을 걸어오는데 달빛은 환하게 밝고 말이지 그 달빛에 제 그림자 밟으면서 집으로 돌아올작시면 그러면 그때 내 마음이 얼마나 참담한지 자네가 그걸 알겠능가?"

말이 많았던 날, 모두들 흩어지고 혼자 남았을 때 문득 엄습해오는 허탈은 직업이 목사인 나도 웬만큼 맛보는 것입니다만, '자네가 그걸 알겠능가?' 하고 물으실 때마다 말없이 고개만 끄덕여드린 기억이 납니다. 그런데 한번은 또 그런 말씀을 하시기에 이렇게 말씀드렸지요.

"그래도 선생님이 저보다는 덜 참담하실 겝니다."

"어째서?"

"저는 말을 하는 것이 직업인 데다가 한 술 더 떠서 글까지 쓰잖습니까? 선생님은 '글'을 쓰시지 않고 '글의 씨'를 쓰시니 저보다 덜하실 거라는 말씀입니다."

"그런가? 허, 그게 그런가?"

나는 선생님이 글을 세상에 남기시지 않은 까닭을 여기서 짐작해보는 것입니다.

언어가 존재의 집이라면 침묵은 존재의 자궁입니다. 선생님은 흰 종이에 먹으로 '붓장난'을 하실 적마다 아마도 그 깊은 당신만의 침묵을 마음껏 애무하셨을 것입니다.

우리가 초등학교 시절에 세계 4대 성인(聖人)이라고 배운 네 분(석가, 예수, 공자, 소크라테스) 모두 생전에 글 한 줄 남기신 바 없다는 사실이 선생님의 글 쓰지 않으신 내력과 무관하지 않을 것이라고 나는 생각해봅니다. 그런데요, 신통한 것은 그 네 분 모두 살아생전에 참 꽤 말이 많으셨다는 점입니다. 우리 선생님도 그러셨지요. 한 번 말씀을 내어놓으시면 흐르는 강물처럼 막힘이 없으셨습니다. 그렇게 쏟아놓으시고는 맨 뒤에 혼자 남아 당신의 그 참담한 허탈을 남몰래 삼키셨던 거지요.

나는 선생님이 글을 많이 써서 세상에 남기신 바 없음을 차라리 다행으로 여깁니다. 성경에, "문자(文字)는 사람을 죽이고 영(靈)은 사람을 살린다"는 말씀이 있지요.

침묵이 백(百)이면 그것이 말로 표현될 때 벌써 오십(五十)은 떨어져 나가고 그것이 다시 글로 나타나면 십(十)이나 겨우 남을까요? 그러니까 글이란 살아 있는 영(靈)이 즐겨 써먹을 물건이 아니라는 말씀인데, 틀림없이 우리 선생님은 이 비밀을 눈치채셨던 것입니다.

책은 장일순 선생 문집(文集)으로 되어 있지만 정작 당신이 몸소 쓰신 글은 담배씨만큼밖에 없고 나머지는 그분의 말씀을 녹취했다가 베낀 것들, 아니면 대담을 옮겨놓은 것들인 까닭을 해명한답시고 이렇게 또 말이 많았습니다. 죄송합니다.

그래도 세상에 선생님 문집이 나온다니 이렇게 반갑고 고마울 데가 없습니다. 《장일순의 老子 이야기》 첫째 권이 나왔을 때 어느 신문 기자한테, "저 이현주라는 물건이 있어서 내가 책을 다 내게 되었소" 하시던 선생님이니 이번에도 필경 "저 김종철이란 물건이 있어서 세상에 장일순 문집이 다 나오게 됐구먼!" 하시겠지요. 아마도 그렇게 말씀하신 다음 사방을 둘러보며 또 이렇게 토를 다실 것입니다. "속지 마시오들. 세상에 글한테 속는 것만큼 맹랑한 일도 없으니까."

선생님 가신 뒤로, "그래, 됐어. 그렇게 하시라구. 그러면서 뭐냐하면 서두르지 않되 게으름 피우지 말고 착실히 발을 내딛는 거라. 그리고 말이야, 개문류하(開門流下)라, 문을 활짝 열고 밑바닥 놈들과 하나가 돼야 해. 그래야 개인이고 집단이고 오류가 없거든", 이런 음성 들을 데가 없어 목마르고 답답하던 우리에게 어쨌거나 이 책은 시원한 샘물이 아니될 수 없습니다. 참말이지 얼마나 고맙고 반가운 일인지요.

이 작은 책을 읽는 이들 모두가 글에서 말로, 말에서 침묵으로, 침묵에서 옹근 삶으로 선생님과 함께 행진해 나가시기를 바랍니다. 녹색평론사가 정성껏 만든 책이니 반드시 그런 복을 누리시게 될 줄로 믿습니다.

1997년 5월

觀玉 이현주 合掌

목차

대담

해설

삶의 도량에서

세상에 태어난다는 사실은 대단한 사건 중에서도 대단한 경사입니다. 태어난 존재들이 살아간다는 것은 거룩하고도 거룩합니다. 이 사실만은 꼭 명심해야 할 우리의 진정한 과제라고 생각합니다.

나는 가끔 한밤에 풀섶에서 들려오는 벌레 소리에 크게 놀라는 적이 있습니다. 만상(萬象)이 고요한 밤에 그 작은 미물이 자기의 거짓 없는 소리를 들려주는 것을 들을 때 평상시의 생활을 즉각 생각하게 됩니다. 정말 부끄럽다는 이야기입니다.

이럴 때면 내 일상의 생활은 생활이 아니고 경쟁과 투쟁을 도구로 하는 삶의 허영이었다는 사실을 깨닫게 됩니다. 삶이 삶이 아니었다는 것을 하나의 작은 벌레가 엄숙하게 가르쳐줄 때에 그 벌레는 나의 거룩한 스승이요, 참생명을 지닌 자의 모습은 저래야 하는구나, 라는 것을 가슴 깊이 새기게 됩니다.

나는 귀천이나 남녀노소를 가릴 것 없이 많은 사람들과 일상생활을 즐기고 생활을 나누며 삽니다. 저녁으로는 대체로 박주일배(薄酒一杯)를 나누는 형편인데 집으로 돌아오는 길에 혼자 걷는 방축 길은 나의 도량(道場)이나 다름이 없습니다.

저녁밥과 술자리에서 나누었던 좋은 이야기와 못마땅했던 이야기를 반추합니다. 이런 것 저런 것을 생각하다가 문득 걸어가는 발밑의 풀들을 접하게 되는 순간 나는 큰 희열을 맛봅니다. 수많은 사람들이 짓밟아서 풀잎에 구멍이 나고 흙이 묻어 있건만 그 풀은 의연하게 대지에 뿌리를 내리고 있습니다. 상처와 먼지에 찌들린 풀잎이 하늘의 달과 대화를 하고 있는 모습을 볼 때, 형편없는 나의 그날의 생활이 떠오릅니다.

그 밥 자리에서 술 한잔에 거나해가지고, 제대로 생활화하지 못하고 다만 머리에 기억만 남아 있는 좋은 글귀를 동학(同學) 또는 후배들에게 어른처럼 말했던 몇 시간 전의 나의 모습을 생각할 때 창피하기 이를 데 없음을 누가 짐작하겠습니까. 정말 부끄럽기 한이 없습니다.

그러나 그 길가의 짓밟힌 풀들이 말 없는 나의 위대한 스승님들이라는 사실을 취중에 알게 되었을 때 그 기쁨은 말로는 표현이 되지 않습니다. 그것을 맛본 후로는 길가의 모든 잡초들이 나의 스승이요, 벗이요, 이 미약한 사람의 도인(道人)이라는 것을 알게 되어서 길 걷는 동안 참 행복한 세상에 살고 있구나 하고 즐겁게 길을 걷습니다.

나는 아침에 일찌감치 손님을 전송하기 위해서 역이나 고속버스 터미널에 가는 때가 있습니다. 오신 손님을 전송하고 나서는 가끔 근처에 있는 젊은 친구들을 만납니다. 젊은 친구들은 오래간만이라고 차 한잔이나 대포 한잔을 권하는 일이 많습니다. 대개는 아침이라 사양하지만 같은 이에게 번번이 사양하면 미안한 마음이 듭니다. 여러 번의 권고가 되는 경우에는 부득이 사양을 하지 못하고 응합니다.

아침부터 대폿집에 들어가서 두 홉들이 소주를 각기 한 병씩 나누면 오전 중에 이미 거나해서 노상에 나옵니다. 나는 술을 마시면 주로 걷습니다. 술도 깨고 운동도 되기 때문입니다. 그러다가 보면 70대가 넘는 노선배님들을 노상에서 만나 뵙게 됩니다.

"청강(靑江, 무위당의 아호)께서 백주에 이렇게 대취하면 어떻게 되는 거요"라고 노선배는 걱정 반 애정 반으로 물으십니다. 나는 그렇게 걱정하시는 선배님께,

"치악산 밑에서 이 청강이 백주에 취하지 않으면 누가 취하겠습니까?"하고 대답하곤 합니다.

"그건 그래! 그러나 청강이 건강해야 되지 않아?"

노선배께서는 웃으시며 애정 어린 말씀을 주십니다. 역 앞에서 대포를 한잔하자고 권하는 젊은 친구의 대접도 애정이고, 노선배님의 말씀도 애정입니다.

언젠가 원주에 있는 지하상가에서 있었던 일입니다. 지하상가를 거쳐 필방(筆房) 앞을 지나자니까 필방 주인 박 형이 "선생님 잠깐만 저 좀 보고 가세요"하기에 필방에 들렀습니다. 그는 옛날 편지 하나를 내놓고 초서(草書)로 써서 도무지 알 수 없는데 편지 내용이 무엇이냐고 물어왔습니다.

들여다보니 친구가 병환 중에 있는 벗에게 약재와 그 처방을 자세히 일러주고 복용법까지 어떻게 하라는 사연의 편지였습니다. 그런데 원체 나도 단문(短文)하고 무식한 사람이라 그 편지에서 다섯 글자를 알 길이 없었습니다. 모르는 다섯 글자를 초서에서 해서(楷書)로 고쳐 써주면서 옥편을 보라고 하였습니다.

필방 주인은 고맙다고 하였는데 느닷없이 옆에 있던 고등학생이 그 편지를 필방 주인인 박 형한테서 받아들었습니다. 그 학생은 옆에 있는 소파에 나를 앉으라 하더니 그 편지를 다시 풀이해달라고 요청했습니다. 박 형에게 일러준 대로 다시 풀어서 일러주고는 다섯 글자를 모르니 옥편을 찾아보라고 말했습니다.

그 순간 학생은 "그것도 모르면서 서예가예요, 에잇"하고는 휭하니 필방을 나가는 것이었습니다. 필방 주인은 무안해서 미안하다고 두 번 세 번 인사를 하는데 나는 멍한 순간이 지나자 통쾌함을 느꼈습니다. 저런 젊은 학생이 아니면 누가 이 바닥에서 시원하게 나를 혼낼 것인가 하고 생각하였습니다. 지하상가를 나와 대로를 걸으면서 나는 생각했습니다. 살아가면서 배운다는 것이 노소(老少)가 없을진대 아까 그 학생이 선생님이고, 이 못난 사람이 학생 중에서도 덜떨어진 학생이로구나 하는 것을 선연히 느끼게 되는 기쁨을 맛보았습니다.

나는 어려서 '상하소반(上下所反)'이라는 말을 많이 들었습니다. 아무짝에도 쓸모가 없다는 말로, 우리집에서 어른들이 말씀하신 것으로 압니다. 특히 그것은 나에게 잘 들려주신 말씀이기에 지금까지 생생하게 기억하고 있습니다. 어릴 적 일인데 아버님께서 싸리나무를 여러 단, 지게꾼을 시켜서 장에서 사 가지고 오셨습니다. 아버님께서는 나와 동생에게 뒤뜰 안 채마밭에 병아리들이 들어가 어린 배추와 무를 뜯어 먹으면 김장은 낭패니 너희 형제들이 싸리바자를 엮어서 울타리를 치라고 말씀하셨습니다. 그때 내 나이가 열두 살이었고 동생은 아홉 살이었습니다. 그런데 어린 동생이 엮은 바자는 꼿꼿하게 서 있고 내가 엮어 세운 것은 서 있지를 못하고 학춤을 추고 있었습니다. 밖에서 돌아오신 아버님께서 보시고 걱정의 말씀을 하십니다.

"이놈아 네가 해놓은 것은 그게 무엇이냐, 병아리들이 다 드나들게 만들었으니 동생만도 못하고 참 답답하구나. 무엇에나 상하소반이니 이다음에 무엇을 제대로 하겠느냐."

아버님의 말씀이 지금도 기억에 생생합니다. 지금 생각하니 참 고마운 말씀이었다는 것을 잊을 길이 없습니다.

어려서 나는 학교에 다닐 때 1등을 해본 적이 없습니다. 한껏 해야 3등 그렇지 않으면 5~8등 정도에서 맴돌았습니다. 그런데 옛날에 돌아가신 형님과 누님은 매번 1등만 하셨습니다. 우리 집안에서의 별명은, 특히 아버님으로부터 얻은 내 별명은 '먹통'이었습니다. 그러나 조부님께 성적표를 보이면 "잘했다, 앞으로 더 잘해라" 하시면서 격려해주셨습니다.

형님이 15세에 이 세상을 떠난 후 조부님께서는 둘째 손자인 나에게 한문과 붓글씨 쓰는 것을 가르쳐주셨습니다. 아마도 내가 다섯 살 때인 것 같습니다. 조부님 앞에서 《천자문》의 한 구절을 외우는데, 수십 번을 가르쳐주셔도 단 석 자를 외우지 못하니까 이렇게 말쓴하셨습니다.

"옛날에 아주 머리가 둔한 아이가 있었는데, 천지현황(天地玄黃)을 3년 동안 꾸준히 익혔었단다. 그래서 나중에 문장을 지었는데, '천지현황(天地玄黃)을 삼년독(三年讀)하니 언재호야(焉哉乎也)는 하시독(何時讀)일고'라고 했단다. 너도 그러면 된다. 책 덮고 나가 놀아라."

지금도 잊을 수 없는 말씀입니다. 아이들이 밖에서 놀자고 부르는 소리를 조부님도 알고 계셨기에 사정을 보아서 해방을 시켜주신 것이라고 지금에서야 생각합니다.

이렇게 미련한 나에게도 낮에는 하늘의 태양이 밝게 비추어주시고 밤에는 달이 자정(慈情)의 빛을 주시며 땅은 필요한 만물을 제공해주십니다. 이 못난 남편을 아내는 주야로 걱정하면서 건강하게 좋은 일 하기를 바랍니다. 내 자식 3형제는 훌륭한 아비 되기를 항상 마음에 간직하고, 내 아우들은 이 무능한 형을 공경하며, 세상의 많은 선배·후배·친지들은 건강하고 도통하여 세상만민에게 많은 복을 베풀기를 바라니, 나의 인생이 이 이상 더 행복하고 기쁠 수 있겠습니까? (1988년)

생태학적 관점에서 본 예수 탄생

예수님의 탄생에 있어서 《마태복음》 2장과 《누가복음》 2장에는 엄청난 일이 있는 것으로 기록되어 있습니다. 천문학자들인 동방박사들이 별의 안내로 찾아오고, 목동들이 경배하고, 소와 양이 구유에 누워 계신 아기 예수께 경배하는 것을 보게 됩니다. 더욱 놀라운 일은 주님의 천사가 목자들에게 나타나 예수님의 오심을 말해주는 사실들입니다. 하필이면 짐승의 먹이 그릇인 구유에 오셨단 말인가, 인간들의 집에서 태어나지 아니하시고!

바로 이 점에, 인간만을 사랑하시는 하느님의 아들로 오신 것이 아니라 우주의 모든 존재를 하나같이 자기 몸으로 섬기시는 징표가 있다는 것입니다. 일체를 섬기시고자 오신 분이라는 것입니다. 구유에 오신 것은 짐승의 먹이로 오신 것입니다. 인간 세상만을 구원하시기 위해 오신 것이 아니라 무한한 우주 공간과 무한한 시간에 걸쳐서 보이는 것, 안 보이는 것, 몽땅 해결을 하러 오신 것을 알게 됩니다. 일체의 것들의 진정한 자유와 평화를 위해서 오신 것입니다.

하느님께서는 "무소부재(無所不在)하시고 무시무종(無始無終)하시고 무소부지(無所不知)하시고 무소불능(無所不能)하시고 무소불위(無所不爲)하시고 무소부지(無所不至)하시고 무소기탄(無所忌憚)하신 자체이시라 영원하신 자리이며 만선만덕(萬善萬德)의 근원"이시므로 이것이 가능합니다. 마음이 착해서 거짓이 없고 욕심이 없는 이들은 모두 예수님이 오신 것을 알았는데 세상의 명예와 권세와 물욕에 사로잡힌 자들은 오시는 것을 알 수가 없었습니다.

천사가 기뻐서 목동들에게 알리고, 하늘의 별이 기뻐하며 먼 곳에서 오는 학자들에게 주님이 탄생하신 자리를 안내하고, 그들은 예수님의 오심을 뵈옵고 기뻐서 어쩔 줄을 모르고, 소와 양도 기뻐서 흐뭇한 모습으로 아기 예수님을 지켜보고…. 이 사실은 어느 한 시대, 또는 어느 한 지역의 해결을 위한 경이적인 사실이 아니라 절대의 자리에서 시간과 공간에 매여 있는 상대적인 모든 존재가 하느님과 하나로 되어 있음을 알려주는 것입니다.

《마태복음》6장 25-34절에 보면 이런 말씀이 있습니다. "나는 분명히 말해둡니다. 여러분은 무엇을 먹고 마시며 목숨을 이어갈까 또 몸에는 무엇을 걸칠까 하고 걱정하지 마시오. 목숨이 음식보다 소중하지 않습니까? 공중의 저 새들을 보시오. 그것들은 씨를 뿌리거나 거두거나 곳간에 모아두거나 하지 않아도 하늘에 계신 여러분의 아버지께서 먹여주십니다. 여러분은 아버지께서 먹여주십니다. 여러분은 새보다 훨씬 귀하지 않습니까? 여러분 가운데 누가 걱정한다고 목숨을 한 시간인들 더 늘릴 수 있겠습니까? 또 여러분은 왜 옷 때문에 걱정합니까? 들꽃이 어떻게 자라는가 살펴보시오. 그것들은 수고하지 않고 길쌈하지도 않습니다. 그러나 온갖 영화를 누린 솔로몬도 이 꽃들 중의 하나만큼 화려하게 입지 못하였습니다. 여러분은 왜 그렇게 믿음이 약합니까? 오늘 피었다가 내일이면 아궁이에 던져질 들꽃도 하느님께서 이처럼 입히시거늘 하물며 여러분이야 얼마나 더 잘 입히시겠습니까? 그러므로 무엇을 먹을까 무엇을 마실까 또 무엇을 입을까 걱정하지 마시오. 이런 것들은 모두 이방인들이 찾는 것입니다. 하늘에 계신 아버지께서는 이 모든 것이 여러분에게 필요하다는 것을 잘 알고 계십니다. 여러분은 먼저 하느님의 나라와 하느님께서 원하시는 것을 구하시오. 그러면 이 모든 것은 덧붙여 받게 될 것입니다. 그러므로 내일 걱정은 하지 마시오. 내일 걱정은 내일에 맡기시오. 하루의 괴로움은 그날에 겪는 것만으로 넉넉합니다."

여기에서 우리에게 말씀하시는 예수님의 가르침은 무한한 감동을 줍니다. 하늘을 나는 새, 들에 핀 백합화도 먹이고 입힌다는 말씀인데 하느님께서 날짐승 하나, 풀 한 포기도 빠뜨림 없이 섬기신다는 뜻이요, 먹이와 입는 것이 되어주신다는 뜻이요, 풀 한 포기 새 하나에도 하느님께서 함께하신다는 뜻입니다. 또한 오늘의 수고는 오늘로서 그치고 내일 걱정을 말라는 것은, 상대적인 시간에 매여서 살지 말고 절대적인 시간인 영원하신 하느님의 생명에 동참하는 삶을 살라는 엄숙한 명령이십니다. 개체로서의 존재들의 목숨은 개체 각자들의 임의로서 처리되는 것이 아니라 바로 하느님의 생명에 해당하는 것이라는 것을 너무나 분명하게 말씀하십니다.

물욕과 허례허식을 추구하는 것을 예수께서는 이방인들이 하는 짓이라고 말씀하고 계신 것을 보게 됩니다. 생명은 하나이고 절대이고 그 누구도 함부로 하지 못하는 것이고, 오직 눈에 보이지 않는 하느님의 권능이요 그분 자체이심을 알려주십니다. 만상(萬象)이 하느님 안에 있고 하느님이 만상 안에 함께하심을 말해주십니다. 그리고 예수께서는 먼저 하느님나라와 하느님께서 원하시는 것을 구하라고 간절히 말씀하십니다. 이 말씀에 대해서는 《마태복음》 5장 43-48절에서 잘 일러주십니다.

"네 이웃을 사랑하고 원수를 미워하여라"고 하신 말씀을 너희는 들었다. 그러나 나는 이렇게 말한다. 원수를 사랑하고 너희를 박해하는 사람들을 위하여 기도하여라. 그래야만 너희는 하늘에 계신 아버지의 아들이 될 것이다. 아버지께서는 악한 사람에게나 선한 사람에게나 똑같이 햇빛을 주시고 옳은 사람에게나 옳지 못한 사람에게나 똑같이 비를 내려주신다. 너희가 자기를 사랑하는 사람들만 사랑한다면 무슨 상을 받겠느냐? 세리들도 그만큼은 하지 않느냐? 또 너희가 자기 형제들에게만 인사를 한다면 남보다 나을 것이 무엇이냐? 이방인들도 그만큼은 하지 않느냐? 하늘에 계신 아버지께서 완전하신 것같이 너희도 완전한 사람이 되어라.

이것은 하느님이 우리에게 요구하시는 사랑입니다. 《누가복음》 17장 20-21절에서 예수님은 다음과 같이 우리에게 일러주십니다.

하느님나라가 언제 오겠느냐는 바리새파 사람들의 질문을 받으시고 예수께서는 이렇게 대답하셨다. "하느님나라가 오는 것을 눈으로 볼 수는 없다. 또 보아라, 여기 있다 혹은 저기 있다고 말할 수도 없다. 하느님나라는 바로 너희들 가운데 있다."

여기서 예수님은 하느님나라가 있는 곳을 분명히 일러주십니다. 지난날 성프란치스코는 들에 나가면 풀 한 포기와 대화를 하고, 벌레·들새들과 대화를 하고, 그 만나는 자리마다 하느님이 계심을 알았고, 하늘나라가 무엇인지를 직감하였습니다. 그러하신 분이기에 우리에게 그 크나큰 평화의 기도를 일러주셨습니다. 옛날 임진왜란 당시의 우리나라 고승이신 휴정대사(休靜大師)는 다음과 같은 시를 남겨주셨습니다.

만국의 서울은 개미집 같고 천가의 호걸들은 초파리와 같구나, 밝은 달을 베개하고 고요히 누웠으니 끝없이 부는 바람 갖은 곡조 아뢰네.

萬國都城如蟻垤 千家豪傑若醯鷄, 一窓明月淸虛枕 無限松風韻不齊.

여기에서 휴정대사의 '청허침(淸虛枕)'이라는 이 자리, 즉 마음에 티 하나 없는 깨끗한 텅 빈 자리, 욕심 없는 자리, 그것이 바로 예수께서 우리에게 일러주시는 하느님 계신 자리입니다.

선시(禪詩) 하나 더 적어봅니다.

너와 나라는 큰 산이 허물어진 곳에 자비(慈悲)의 도는 절로 이
루어지네.

人我山崩處 無爲道自成.

예수께서는 앞서 복음의 말씀에서 선악을 모르시는 것이 아니라,
선한 자나 악한 자나 공히 사랑하고 계시는 하느님과 같이 하지 않
으면 안된다는 말씀을 간절히 해주셨습니다. 그것이 하느님의 요구
이십니다. 그리고 언제 하느님나라가 올 것이냐고 묻는 이들에게
"명확히 눈으로 볼 수는 없다"고 하셨고, "사실 당신들 가운데 있
다"라고 하셨습니다. 하느님은 무소부재(無所不在)하시니까 어디
서 오시고 어디로 가시는 분이 아닙니다. 또한 무시무종(無始無終)
하시니까 태어나고 죽는 분이 아니시고, 언제나 계신 분입니다. 그
러하신 하느님을 내 안에서 보았을 때, 그 하느님을 이웃에서 볼 수
있고, 하늘에서 볼 수 있고, 땅에서 볼 수 있고, 일체 만상에서 볼 수
있는 것입니다.

법안종(法眼宗)에 이러한 선시가 있습니다.

하늘과 땅은 나와 한 뿌리요, 만물은 나와 한 몸이니라.

天地與我同根 萬物與我一體.

그러므로 주객(主客)으로 나뉘어 상대적 조건하에서 하느님의 실
체를 보려고 하거나 어떠한 세상의 문제를 해결하려고 했을 때 그
것은 맞아떨어질 수가 없습니다. 그러므로 하느님을 중심으로 사

랑 속에서 회개와 용서가 이루어지는 삶 속에서만이 오늘날의 인간과 인간 사이의 문제, 인간과 자연과의 문제의 실마리가 풀릴 것입니다. 용서와 회개는 하느님을 모시고 있다는 전제가 없으면 세상의 저속한 이해관계에 머무르는 일시적 행위에 그치고 마는 것이 보통입니다. 그러나 하느님을 모시고 있다는 상황에서의 회개와 용서는 바로 하느님과의 화해요, 주와 객이 해소되고 하나가 되는 일치의 삶의 실천이 되는 것입니다.

예수께서 《마태복음》 26장 26-28절에서 "그들이 음식을 먹을 때 예수께서는 빵을 들어 축복하시고 제자들에게 나누어 주시며 '받아 먹어라, 이것은 내 몸이다' 하시고, 또 잔을 들어 감사의 기도를 올리시고 그들에게 돌리시며 '너희는 모두 이 잔을 받아 마셔라. 이것은 나의 피이다. 죄를 용서해주려고 많은 사람을 위하여 내가 흘리는 계약의 피이다'"라고 말씀하셨습니다.

여기에서 우리는, 예수께서 세상의 참양식이라는 것을 보게 됩니다. 바로 빵과 포도주가 그때 그 지역에 사는 사람들의 일상 양식입니다. 예수께서 세상의 밥으로 오신 것을 말해주십니다. 하느님으로서의 밥, 생명으로서의 밥을 선포하십니다.

우리나라 동학의 해월(海月) 최시형(崔時亨) 선생은 "밥 한 그릇을 알면 만사를 알게 되나니라" 했고, "한울이 한울을 먹는다(以天食天)"라는 말씀도 있었습니다. 노자의 《도덕경》 20장에는 "아독이어인(我獨異於人) 귀사모(貴食母)"라는 말씀이 있습니다. 여기에서 '食' 자는 기른다는 뜻으로 '사'라고 읽으며, '母' 자는 모든 것이 태어나고 죽어서 돌아가는 근원인 도(道)를 말합니다. 나 홀로 세상사람들이 좋아하는 허례허식과 부귀를 따르지 않고 도심(道心)을 기르는 것을 존귀하게 여긴다는 뜻입니다. 바로 예수께서 우리를 위해서 주시는 몸으로서의 밥, 피로서의 포도주는 우리 안에 있는 하느님을 모시기 위해서 주신다는 것입니다.

《로마서》8장 19-25절에서 바오로(바울) 사도께서는 "모든 피조물들이 고대하는 바는 하느님의 아들들이 나타나는 것이니 피조물들이 허무한 데 굴복하는 것은 자기의 뜻이 아니요, 오직 굴복하게 하는 것으로 말미암음이로다. 그 바라는 것은 피조물도 썩어짐의 종노릇에서 해방되어 하느님의 자녀들이 영광의 자유에 이르는 것이니라. 왜냐하면, 우리가 피조물이 다 이제까지 함께 탄식하며 함께 고통하는 것을 알기 때문"이라고 말씀하셨습니다.

여기에서 바오로 사도는 인간 외의 창조물들이 자유를 갈망하고 있음을 말해주고 있습니다. 인간들에 의해서 자연의 모든 것들이 무참하게 이용당하고 짓밟히는 고통에서 헤어나기 위해 하느님의 아들딸들이 나타나기를 고대하고 있다는 뜻입니다. 하느님이 창조하신 인간을 비롯한 자연 만물이 학대받고 무시당하고 파괴되어 신음하는 원인은 어디에 있는가 알아보는 것이 좋을 것입니다.

구약성서 《창세기》1장 27-28절의 "하느님 모습대로 사람을 지어 내시되 남자와 여자로 지어 내시고, 하느님께서는 복을 내려주시며 말씀하셨다. '자식을 낳고 번성하여 온 땅에 퍼져서 땅을 정복하여라. 바다의 고기와 공중의 새와 땅 위를 돌아다니는 모든 짐승을 부려라!'"라는 말씀은, 자연은 단순한 피조물로서 거기에 하느님이 내재한다는 것을 전혀 인정하지 않는 모순을 보이고 있습니다.

자연은 소위 탈신성화(脫神聖化)되었고 인간의 자의대로 이용되고, 자연과학의 추구 대상이 되어 과학기술의 발전을 가져오기는 하였으나, 오늘날의 생태학적 관점에서 볼 때 위기 상황의 원인이 되었음을 부인할 수 없습니다. 《창세기》 신앙의 관점, 탈신성화된 자연에 대한 이해로부터 자연은 지배와 점유의 대상물로서만 이해되고, 근대사회로 들어오면서 공업에 있어서의 노동이 신성시되는 것과 비례해서 자연은 그만큼 인간의 소유 대상, 독점할 수 있는 목적물로 전락하게 된 것입니다.

특히 근대 서양철학과 사상들은 철두철미하게 인간과 자연의 분리를 가져왔습니다. 이렇게 인간중심론적인 사상의 영향으로 자연 세계란 오직 주체를 통한 객체로서의 의미를 가질 뿐입니다. 여기에서 생각하는 주체와 객체(자연) 사이에 이원적 뿌리가 깊게 내려진 것입니다. 자연은 상대적으로 측정될 수 있는 것으로 취급되고 끝을 모르는 자연지배의 관심은 근대 기술과학의 발전을 가져왔으나, 근대 서양 사상은 오늘날 우리를 위협하는 생태학적 위기와 기계와 기술의 노예가 되어버린 인간상실을 가져왔습니다.

이제 인간은 자기집착에 빠져 자연이 인간과 한 몸이라는 엄연한 사실을 망각하고 자멸의 위기에 놓여 있습니다. 선진 제국(諸國)과 제3세계 여러 나라들이 생활수준의 향상이라는 미명 아래 채택하고 있는, 보다 많은 생산, 보다 많은 소비, 보다 많은 소유, 소위 성장을 기저로 하는 현행 경제체제는 자본주의이든 사회주의이든 지구의 자원을 거의 고갈시키고 있으며, 환경과 생태계가 생존할 수 없게 하고 있는 것입니다. 자멸을 가져오고 있는 것입니다.

성탄에 즈음해서 예수님의 모범을 돌아보며 더욱 동양 사상의 맥락에서 특히 우리 한국의 슬기로운 사상들이 이 험악한 죽음의 우주적 상황에서 좋은 참고가 되기를 바라는 마음 간절합니다.(《새벽》 제143호)

화합의 논리, 협동하는 삶

좋은 일들을 하시는 분들이 서로 만나자는 그런 뜻으로 이 먼 강원도 치악산 밑까지 오셨는데, 저는 원래 남이 쓴 책 보는 것이 취미일 뿐이지, 누가 이야기해달라고 하면 전에는 그냥 사양하고 했는데, 세월이 자꾸 가니까—어차피 세상에서 새로운 이야기는 없지요, 더듬어 보면 옛날에 진실하게 성실하게 또 알뜰하게 간 분들이 다 말씀한 이야기인데—저 나름대로 여러분들이 지금 모여서 하시는 일에 의미가 있는 것이라고 생각해서 오늘 이 시간에 약 한 시간 동안 말씀을 드릴까 합니다.

옛날에 어려서 어른들 말씀이나 스님들 말씀을 들어보면, 스님들이 이가 득실거리면 이를 일일이 잡지 않고 나가서 이렇게 훌훌 털었다고 해요. 산 것을 딱딱 죽일 수가 없었던 거예요. 원효대사(元曉

한살림공동체 치악산 연수회 특강, 1987년 11월.

大師)의 전기(傳記)를 보면, 사복이 원효하고 같이 절을 짓는 이야기가 나와요. 비탈에서 터를 닦고 나무를 실어 나르고 이러다가 사복이, "스님, 우리가 이렇게 걷는 동안에 많은 개미를 짓밟고 이렇게 나무를 해치고 하는데, 이것도 산 것을 해치는 것이 아닙니까? 큰 죄를 짓는 것 아닙니까?" 하니까, 원효대사가 "그래, 네 말이 맞다. 확실히 죄를 짓는 거다. 그러나 오늘 이 절을 짓는 것은 사람만을 위해서가 아니라 살아 있는 일체의 것을 위해서 우리가 이렇게 절을 짓는 거니까 부처님께서도 이해해주실 것이다"라고 말씀하셨다는 그런 이야기를 접한 적이 있어요.

옛날에는 그저 감상적으로 맞는 말이구나 했지요. 그런데 제가 한때 '호텔생활'을 한 적이 있어요. 죄수들은 1심 판결에서 사형이 확정되면 굉장히 초조해합니다. 사형이 떨어지면 감방 안에서도 수갑을 채우고, 자꾸 방을 옮기고 어떤 때는 독방에 들어가기도 하니까 그때까지는 초조한데, 대개 재판이 끝나고 막상 독방에 가게 되면 상황이 달라져요. 어떻게 상황이 달라지느냐. '나'라고 하는 그 자체, '자기'라고 하는 그 자체는 세상에서 이젠 끝난 거다 이 말이야. 자기 처하고 떨어지는 것이고 자식하고 떨어지는 것이고, 이다음에 세상에 나가면 뭐 해보겠다는 거하고도 떨어지는 것이고. 자기가 단념하려고 해서 단념하는 것이 아니라 자기가 죄진 상황이 단념하게 하니까. 그러니까 '나'라고 하는 것에 대해서는 촌보도 밖으로 나갈 수가 없어. 이미 '나'라고 하는 것은 절멸 상태로서 뒤에 있는 것이니까.

그렇게 되었을 때부터는 사형수들은 방 안에 드나드는 쥐, 뭐 이런 것 있잖아요, 이런 것들과 친구가 돼. 철창 밖에 이렇게 나무가 있으면, 그 위에다 먹다 남은 밥을 내놓는단 말이에요. 그러면 새들이 와서 이걸 먹어요. 또 감방에 구멍이 뚫려서 쥐가 좀 왔다 갔다 하는 기색이 있으면 쥐를 위해서 밥을 남겨놓는다구. 그러면 나중에는 어떻게 되느냐. 그 새와 그 쥐가 친구가 돼버려. 갈 생각을 않는단 말이야. 항상 밥을 놔두니까. 그리고 항시 쥐를 거부하는 마음이 없이 받아들이니까, 입으로 "쥐쥐쥐쥐" 하면 쥐가 가까이 오고, 또 이렇게 바투 오라고 하면 손에도 타고 몸에도 와서 놀기도 하고 이런다고. 쥐가 말이지.

저 쥐는 인간을 해치는 거다, 인간이 만들어놓은 것을 전부 쏠아놓는 거다, 인간이 먹으려고 하는 것을 전부 도둑질해가는 거다— 마음이 이렇게 되었을 적에는 그 쥐는 그렇게 안돼요. 쥐가 그렇게까지 가까이 올 수 있는 것은 그 사형수가 쥐에 대해서 무심하게 해줄 수 있으니까, 따뜻하게 해줄 수 있으니까 그런 것이지. 말하자면 '바로 내가 너다' 하는 거나 다름없거든. 거기에서는 '자기'라고 하는 장막을 벗어났기 때문에 쥐가 바로 사형수라고. 그런 관계에 놓여 있기 때문에 쥐가 편안하게 온 거라. 그렇게 되었어요. 그런데 '저 배라먹을 짐승' 이렇게 되면 쥐가 가까이 안 온다 이거야. 그러니까 생명의 만남이라고 하는 것은 추운 티가 없어야 돼. 추운 티가 없어야 돼. 장벽이 없어야 돼.

여기 교회에 다니는 분이 계실는지 모르지만, 교회를 다니는 분들이 '나 신앙 가졌다'고 하시거든. 나는 지금 50여 년이 넘어요, 천주학쟁이 이름 붙인 지가. 그런데 내가 신앙을 가지고 있느냐? 아니올시다지. 아직도 아상(我相)이 있다 이 말이야. '나'라고 하는 것, 뭘 이렇게 딱 당하면 두려움이 있고, 뭘 딱 당하면 저놈이 날 해치지 않을까 한다는 말이지. 이따위 정신 가지고는 믿음이라고 얘기할 수가 없는 거다 이 말이지. 더더군다나 우리 자식 잘되게 해주시오, 나 출세하게 해주시오, 이따위는 믿음의 차원이 아니다 이 말이야.

여기 몇 분은 요 며칠 나하고 얘기를 해서 알겠지만, 달마가 벽을 향해서 9년을 수도(修道)를 했단 말이야. 그 9년 수도는 뭐냐? '자기'의 벽을 없애는 거야. '나'라고 하는 것을 없애는 거라구. '나'라고 하는 것을 9년 동안 닦아서 완전히 없애는 거라.

성경에 보면, 예수가 배후에 딱 계신데 제자인 베드로가 선생님하고 가다가 물에 빠지는 거라. "이 믿음이 작은 자야, 내가 오라고 했으면 겁내지 말고 그냥 와" 해도 물에 자꾸 빠지는 거라. 사람이 물에 가면 빠진다고 하는 관념이 있기 때문이지. 그러나 '나'라고 하는 장벽이 없어지게 되면 그 물을 걷고 가게 되는 거라. 여러분들이 선화(禪畵)에서 달마가 갈대를 타고 물을 건너가는 것을 보시게 될 거예요. 그건 왜? 천상천하가 바로 '자기'야. 천상천하가 바로 '자기'라고. 일체가 '자기'라고. 그런데 자기 몸이 '자기'는 아니야. 자기 몸이 '자기'가 아닌 동시에 전체가 '나'란 말이야.

내가 왜 이런 말씀을 여러분과 나누느냐 하면, 생명이라고 하는 것은 하나지 둘이 아니다 이 말이야. 생명은 볼 수가 없어요. 볼 수가 없단 말이야. 볼 수가 없는데 하나다 이 말이야. 생명은 분명히 있는데 하나다 이 말이야. 생명이 둘이다 할 적에는 '너'와 '내'가 갈라지는 거예요. 또 현상세계에서 얘기할 적에 삼사오 이렇게 자꾸 갈라지게 되면, 그것은 결국 어떻게 되었든 간에 '너'와 '나'와의 대상관계라고. 그렇게 되었을 적에는 현실세계의 현상세계만 보게 되는 거지. 이 생명은 절대세계에 속하는 건데 '너'와 '나'라든가, 삼이라든가 사라든가, 이거는 상대적인 세계에 있다 이 말이야.

그런데 오늘날은 모두가 하나같이 눈으로 뵈지 않는 것은 없다고 이야기를 하고 눈으로 들어오고 손으로 꼭 쥐어야만 이게 뵌다고 하는 세상이라. 그것이 다시 말하면 물질문명이요, 그거만 따라가다 보니까 해결이 안되는 거라. 어떠한 것이든지 '너'다 '나'다 이렇게 생긴 현상세계는 죽게 되어 있어요. 그러나 생명의 세계는, 절대의 세계는 영원한 것이다 이 말이야.

'너/나' 해서 자꾸 담을 쌓고 가게 되면 말이지 수없이 담을 쌓게 돼. 수없이 담을 쌓게 되는데 어떻게 되느냐. 예를 들어서 여기에 금메달이 있다, 여기서 1등 2등 3등을 뽑는다 그러면 여러분들은 전부가 1등만 하려 들 거란 말이야. 여기 계신 여러분들은 전국에서 모인 기찬 인물들이란 말이야, 그래서 자기가 꼭 1등을 해야 되겠는데 하고 생각을 하게 되면, 박 회장 자네에게는 여기 앉은 사람들이 전부 라이벌이 되지. 그래, 안 그래? (네.) 크게 얘기해, 모깃소리만 하게 이야기하지 말고. 그래, 안 그래?(웃음) (그렇습니다!) 그렇게 돼 있다고. 그러니까 벌써 금메달을 따자든가 1등을 하자고 하다 보면 전부가 적이 된다고. 돈 많은 사람은 이 돈을 지키자니 조금 이상하게 생기고 가난하게 생긴 놈만 보면 말이지, 도둑놈처럼 볼 것 아니냐 이 말이야. 그렇지?

그러나 이렇게 지키려고 애쓰는 것들은 하루아침에 무산될 수 있는 거라. 하루아침에 무산될 수도 있다고. 여직끔(이제껏)은 눈으로 보고 만질 수 있는 거만 있다고 생각하는데, 눈으로 볼 수 있고 만질 수 있는 이런 것은 영원 고정불변한가? (아니요.) 그러지 말고 힘차게 대답해봐. (아닙니다!) 응? (아닙니다!) 진짜? (그렇게 생각합니다.) 그래 맞아. 눈으로 볼 수 있고 만질 수 있고 뭐 어쩌구저쩌구하는 것은 말이지, 영원 불변한 것은 하나도 없어.

내가 오늘 여기까지 오는데 말이지, 여기 도착해서 불과 저기 방에 들어갔다 오는 동안에도 수십 가지 생각이 왔다 갔어. 생멸하는 거라. 왔다간 꺼지고, 덧없단 말이야. 그래서 믿을 수 있는 것은 뭐냐. 그걸 선가(禪家) 사상에선 '도(道)'만 믿을 수 있다고 얘기하고, 또 기독교에선 '하느님'만 믿을 수 있다고 이야기하고, 이야기는 다양해. 그러나 이런 것은 전부가 다 '절대'를 이야기하는 거라. 절대를 이야기하는 거야. 절대를 이야기하는 만남은 어떻게 되느냐. 그것을 일컬어서 '무식(無識)의 세계' 또는 '무아(無我)의 세계'라고 하는데, 그런 것이 아니면 예수가 기차게 이야기한, 부처님이 기차게 이야기한 사랑이라든가 자비라든가 이런 것은 행할 수가 없는 거라. 그게 아니면서 행하는 것은 감상적으로 행하는 거라. 내가 저 입장이 되면 딱하니까, 야 가엾다, 그래서 하는 거지 딱 틔어서 하는 것은 아니다 이 말이지. 그런 때에는 누가 옆에서 욕이라도 하면, 에이 기분 나빠, 나 안해, 이런 식이 되는 거지.

누가 뭐라고 하든 이 길은 갈 수 있겠다, 누가 뭐라든 이렇게 하는 것만이 대경대도(大經大道)다, 가야만 하는 길이요, 이렇게 할 수밖에 없는 길이다, 이렇게 되었을 적에는 위와 같은 자세는 아니다 그 말이야.

'한살림'이란 이야기 그 자체가 뭐냐. 생명이란 얘기거든. 하나란 말이야. 나눌 수 없는 거다 이 말이야. 예를 들어서, 서 선생? (예.) 땅이 없인 살 수 없잖아요? (예.) 하늘이 없인 살 수 없지요. 전체가 없인는. 그런 관계로서 봤을 적에 저 지상에 있는 돌이라든가 풀이라든가 벌레라든가 모든 관계는, 이게 분리될 수가 있습니까? 분리할 수가 없어요. 하나지. 그렇기 때문에 일체의 존재는 우주에서 어떻게 분리할 수가 있겠어요. 우주는 분리할 수가 없잖아. 하늘과 땅과 떠나서 살 수가 있다고 하는 사람이 있으면, 떠나서 존재할 수가 있다고 하는 곳이 있다면 말씀해봐요. 일체의 존재는 하늘과 땅, 우주와 분리해서 이야기할 수 없다고. 그럼 그런 자격으로 봤을 때 일체의 중생, 풀이라든가 벌레라든가 돌이라든가 그런 것들과 나와의 관계는 어떤가? 동격(同格)이지요. 동가(同價)다 이 말이야. 그런데 이건 더 아름다운 거, 이건 고귀한 거, 이건 좋은 거, 이건 나쁜 거, 이건 누가 정하는 거냐? 사람의 오만, 사람의 횡포가 정하는 거지. 그런데 오늘 이 시점에 와서 보니, 사람이 자기횡포를 포기하지 않으면 이 우주는, 인간의 미래는 끝나는 거지.

우리가 지금 어떤 시기에 당도해 있느냐 하면, 야 이거 이런 식으로 살면 땅이 다 죽지 않는가, 자원이 다 고갈되지 않느냐, 할 지경으로 우리가 살고 있다고. 저기 안경 쓰신 양반, 땅이 죽으면 자연이 살 수 있어요? (없습니다.) 사람은? (살 수 없습니다.) 그래, 턱도 없지. 턱도 없다고. 그러니까 일체의 삶이 다시 회복이 되자면 땅부터 회복이 되어야겠는데, 이 땅이 회복되게끔 하자면 비록 고달프지만 이러이러한 농사를 지어서 원상회복을 해야 하지 않겠느냐는 향심을 갖고 여러분들이 소비자협동운동을 하면서 같이 먹고살고, 살림을 나눠보고, 그런 걸 하자고 해서 오늘 이 자리에 와 계신 걸로 알아요.

예수가 옛날에 한 말 중에 "버린 돌이 모퉁이의 주춧돌이 된다"는 얘기 있잖아요. 버린 돌이 주춧돌이 된다는 얘기는 뭐냐. 내가 여기 보니까 장관감이 없어. 대통령감 있는가 봤더니 마음들이 아무리 대통령 하려고 해도 대통령 할 수 있는 사람들이 안 계셔. 그러니까 대통령이나 벼슬아치들, 요새 재벌들이 보면 우린 다 무지렁이들이고 형편없는 사람들이라. 그러니까 이 사회의 문화와 이 문명 속에서 우리는 다 팽개쳐 버려진 돌들이라. (네. 그렇습니다.) 그거 기분 나쁘면 나한테 항의하라고. 내 얼마든지 받아줄 테니까. 바로 그것이 중요한 거야. 너희는 그렇게 가라 이 말이야. 그러나 우리는 버려진 사람들이다 이 말이야. 그렇게 자처하자 이 말이야. 그런데 이 속에서 어떻게 출세할 수 있는 게 아닌가, 또 이렇게 해서 이렇게 되면 힘이 커져서 뭐 좀 뻐길 수 있지 않을까, 그런 따위의 생각을 가지고 이것을 하려고 한다면 애초에 빨리 저쪽으로 뛰어드는 게 나아. 이 동네에 있을 필요가 없다고. 그렇지 않아요? 바로 그게 중요한 거라.

옛날에, 우리 어려서 부르던 동요에 보면 말이지, "짱아 짱아 고초짱아 저리 가면 똥물 먹고 이리 오면 이밥 먹는다" 했지. 애들이 하도 짱아를 주물럭거려서 그만 죽어버리긴 하지만 말이지. 다시 이야기해서, 우리가 사는 방식을 우리 나름대로 처리하는데 어떻게 해야 되는가. 지금 얘기하는 저 자신도 지난날의 문명과 지난날의 역사가 머리끝서부터 발끝까지, 내 속 천엽까지 속 깊이 박혀 있어서 새롭게 제대로 살아가는 모습으로 처신하기가 참 어려워요. 그래서 매일 저는 수십 번 엎어졌다가 다시 일어나요. 요즈음 어떤 생각이 드느냐. 옛날에 우리 어르신네들이, 저것들이 언제 철이 나서 사람이 될까 하셨는데, 요새 제가 환갑이 지났는데도 철이 안 났단 말이야. 철 날 수가 없잖아요, 지금 꼬라지가.

2차대전 때까지만 해도 미국사람들이 어떻게 생각했느냐 하면, 대학을 졸업해서 잘난 부인을 얻고, 또 석·박사를 해서 사회적으로 출세하고 뭐 그렇게 되면 다인 줄 알았다고. 그런데 1945년에 2차대전이 끝나고 6·25 동란이 딱 나고 우리나라에 미국애들이 와서 참전을 했단 말이야. 그런데 가만히 보니까 어떤 놈은 전쟁을 하면 돈을 벌고, 어떤 놈은 세금을 내야 되고, 세금을 내면서도 남편과 아들은 전쟁터에서 죽어야 되고. 이거 경우에 맞지 않는단 말이야. 대학에서 출세하라고 가르치고, 잘났다고 그거 좋다고 하는 색시 얻고 그게 무슨 의미가 있느냐 말이야.

여러분들 히피 얘기 들었어요? 히피, 들었지? (네.) 아니 좀더 크게 얘기해봐, 내가 이농증이 있어서 잘 안 들려. (네, 들었습니다!) 그래, 좋았어. 바로 그 히피가, 웃기지 말아라, 한 것이지. 전쟁 나가는 의의가 없지 않느냐 이 말이야. 우리는 세금 내고 사람 죽고, 돈 버는 것은 엉뚱한 놈이 벌고. 우리 속담에 재주는 곰이 넘고 돈은 되놈이 먹는다고 그랬는데, 돈은 군수재벌이나 힘 있는 놈들이 벌고 뭇 백성들은 나가 죽어야 되고 세금 내야 되고…. 그 반성에서 나온 것이 미국사회의 히피예요. 그러니까 옷 단추 안 끼고 공중변소에서 오줌 안 누는 거라. 길가에서 사람 보든 말든 그냥 갈기고. 휴지는 쓰레기통에 왜 버려? 그 짓거리를 지켜주는 것은 전쟁하자고 하는 놈들을 지켜주는 건데. 나 기분 나빠 안해, 하고 왕창 갈지자로 가는 거지. 그런데 이걸 모르는 거야. 왜 모르느냐.

그때 제임스 딘이라고 유명한 배우가 있었죠. 그 무렵에 제임스 딘이 유명했어요. 왜 유명했느냐. 저희 아버지는 대학 가라고 공부 시키고 저희 집에서 먹을 것 다 주고 입을 것 다 주는데도 이 새끼가 말을 안 듣고 딴청만 하거든. 〈이유 없는 반항〉이라고 해서 영화도 나오고 그랬었다고. 그러니까 아이가 학교공부만 똑똑하게 잘하고 어른들에게 고분고분하고 뭐 또 어디 회사에 시험 잘 쳐서 1등으로 합격하고, 그것이 해결해주는 게 아니다 이 말이야. 참 어려운 얘기예요.

내가 왜 이런 이야기를 하느냐 하면, 물처럼 돼야 된다는 말이야. 물처럼 돼야 된다고. 경쟁에는 협동이 없어요. 경쟁에는 협동이 없다 이 말이야. 하나의 게임이 형성이 되자면, 혼자 게임이 되는가? (안됩니다.) 그래 혼자서는 게임이 안되는 거야. 여럿이 같이 해야지. 그런데 오늘날의 문화는 게임에서 이긴 자만 사람대접을 받고 진 자는 사람대접을 못 받잖아. 그런데 승자의 영광을 갖게 해준 자는 누구야? 게임에서 이긴 사람을 뒷바라지해준 사람은 누구야? 진 자들 아니야? 게임에서 이긴 자들을 있게끔 해준 자들은 패자들이다 이 말이야. 패자가 없는 승리의 영광은 있는가. 있을 수 없지? 승자가 있게끔 해준 자들은 바로 패자다 이 말이야. 그러니까 이 화(禍)와 복(福)은 '화' 안에 '복'이 있고 '복' 안에 '화'가 있다고. 그건 분리될 수가 없어. 그걸 알아야 돼. 저건 분리될 수가 없어. 그런데 세상사람들은 말이야 '복'은 '복'대로 따로 있고, '화'는 '화'대로 따로 있는 줄 알거든. 그러니까 우리가 일을 할 때, 협동운동, 생명운동을 하는 데 있어서 일을 처리하는 시각이 가자미 눈깔이어서는 안된단 말이야. 가자미는 한쪽 눈만 보잖아. 오늘날의 문명이 어떤 문명이냐? 아편문화야. 이긴 놈만 다고 진 놈은 계산 없으니까. 이쁜 여자만 다고. 이쁜 것도 저희들이 결정하는 거지. 뭐 저희들이 결정한 뒤에는 계산 없는 거라. 그러면 그건 결과적으로 어떻게 되느냐. 망하게 돼 있는 거라. 아, 양반도 종놈이 있어야 양반 노릇하는 건데 저를 그렇게 만들어준 자를 무시하면 저는 어디로 가. 그렇지 않아? 그러면 요샌 어떻게 되느냐. 우리 속어에 이런 말 있지. "병신 육갑하네." 그런데 사실은 저희가 보는 병신은 병신이 아니고 병신 아니라는 놈들이 육갑을 하는 거라. 지금 그렇게 돼 있어.

서윤복이가 보스턴마라톤에서 1등을 했을 때야. 그때 백범이 아직 살아 계실 때거든. 그때 성균관대학교에서 학생들이 초청을 해가지고 이 영감쟁이가 말씀을 하시는데, "야, 뛰는 걸로 얘기를 하면 사람보다 말이 잘 뛰어" 그러셨어요. 그렇잖아? 사람이 보통 뛰는 한계 이상 좀 뛰면 이게 제일이다 하는데, 그건 사람 동네의 얘기일 뿐이지. 백범 선생께서 뭐라고 그러셨느냐. 거기에 도취가 되지 말아라 이 말이야. 우리가 진짜 해야 될 것은 이 어려운 시기에 성실하게 생활을 나누고 서로 아끼는 것이다. 전세계 사람들이 봤을 때도 이 땅의 사람들이 사람답게 사느냐 하는 그런 일이 우리가 지금 현재 앞으로 해야 할 일이지, 그 뭐 뜀뛰기 가서 1등 했다는 거 가지고 길거리, 마당에서 애들마다 전부 뛰고 이럴 수 있느냐. 아, 그 옛날에 백범 선생이 그런 말씀 했어요. 그런데 우리의 생명운동이라든가 협동운동이라든가 이런 문제가 바로 그런 거다 이 말이야.

비근한 예로, 이젠 분명히 합시다, 내가 이 동네에서 저 동네 가자면 말이지 군인민위원회에 가서 "내가 저기 좀 가야 되는데 갔다 오겠습니다" 하면, "음, 갔다 와도 좋아. 대신 여기에 서명하고" 한단 말이지. 여기 마산서 올라오시고 전라도에서 올라오셨는데, 여러분들 "원주 치악산 갔다 오겠소" 하고 도장 받고 오신 분 있습니까? 없겠지 여긴. 40년 동안을 쥐고 있는 거라. 쥐고 온다 이 말이야. 꽉 쥐고. 그 김일성이하고도 통일해야 돼. 안할 수는 없어. 죽일 놈 살릴 놈, 하고 적대관계를 가지고 가선 말이야, 어떻게 이 땅이 살 수가 있어. 이미 이 땅은 전부가 화약인데. 그렇지 않은가? 그러면 그러한 김일성이하고도 살아야 되는데, 그 독재의 성격은 이승만이, 장면이, 박정희, 전두환이 다 더해도 아마 15라운드 복싱을 하면 말이지, 이쪽은 3라운드 올라가기도 전에 케이오될 거야. 그렇지 않겠어요?

내 얘기는 남한 내부의 각계각층이 민족 전체의 상황 속에서 이 문제를 보고 비적대적인 관계에서 적대적인 관계를 해소해가야 된다 이 말이야. 이해하겠어요? 여지껏 해온 것처럼 저 새끼가 있으면 내가 죽어, 그러니까 저 새끼를 죽여야 돼, 이런 관계를 가지고 이 땅의 문제가 해결되겠느냐 이 말이야. 그건 적대관계지? 저기 뻘건 체크무늬 입은 사람, 적대관계지 그건? (네. 그렇습니다.) 니가 살면 내가 죽고 내가 죽으면 니가 사는 게 적대관계 아니야? (예. 맞습니다.) 그럼 너도 살고 나도 사는 방법을 도출해야 돼. 그것은 반쪽으로 나눠져가지고는 안돼. 1등만 얘기하는 거 가지고는 안돼. 그렇지 않은가? 그렇지 않아요?

여기도 전부 갈가리 쪼개지면서 민주주의 하고 통일하겠다고 그랬어. 그런데 그 방법 가지고는 안돼. 남한 내부도 일체의 적대관계를 해소하고 가야 돼. 남북관계도 적대관계를 해소하고 가야 하는 것이 전제야. 그런데 이것이 서양애들이 써먹던 '경쟁의 논리', '시비의 논리' 가지고 되겠느냐 이 말이야. 안된다 이 말이야. 너와 나를 전부 함께 싸고 넘어가는 방법이 뭐냐. 니가 있으니까 내가 있고 내가 있으니까 니가 있다고 하는, 같은 인정 속에서 문제를 풀어가는 방법으로 해야 될 거 아니야. 그런데 그것은 인간끼리만이 아니라 자연과의 관계 속에 있어서도 니가 있으니까 내가 있고 내가 있으니까 니가 있다고 하는 안목이 있을 때 되는 거라.

그럼 우리가 앞으로 일상생활에서 뭘 제거하고 가야 되는 거냐. 사회적으로 대접받는, 출세하는 그런 것에 연연하지 말자 이 말이야. 또 손해를 본다, 잇속을 본다 그런 것 계산하지 말자 이 말이야. 이거 참 말은 쉬워요. 나도 못하는 거지만 그렇게 되어야겠다는 거예요. 나도 현재 그렇게는 못해. 지금 예수님이 오셔도 교회에 고개를 돌리지 않을 거예요. 교회에 고개를 돌릴 것 같아요? 담이 그렇게 높아가지고. 부처님 오시면 말이지, "이게 뭐여, 뭐 이런 것도 있는가!" 그럴 거라구. 옛말에 말이지, 노자도 그런 얘기를 했고 장자도 그런 얘기를 했는데, 멋있는 이야기가 있어요.

爲學日益 爲道日損(위학일익 위도일손).

거짓된 인사를 하지 마라. 잘났다고 하는 사람, 공부 많이 하고 슬기롭다고 하는 사람을 갖다가 드높이면, 들어 올리면 말이지, 세상 사람들이 서로 치고받고 그런단 말이지. 알력이 생기게 된다 이 말이야. 그렇지 않아? 요새 클라스(학급)에서 1등 한 놈만 서울대학 간다고 너나없이 전부 서울대학 가려고 치고받잖아. 그렇잖아? 그러나 그거 끗수 가지고는 세상이 복잡만 해져. 수재로 세상을 평화롭게 하지는 못해. 우리는 바보 집단, 버려진 놈들끼리 다시 끼고 가자고. 난 바보도 못 되니까 바보들이 하시는 일에 밑이라도 썻는 휴지라도 가지고 오라고 하면, "네 여기 있습니다" 하고 갈게.

그다음에 '임지치민상도(任知治民上盜)'라. 아는 놈에게 일을 맡기면 말이지 세상을 속이는 도둑놈이 된다 이거여. 그거 아니야? 뭘 안다고 껍적거리는 놈이 일을 꾸미고 잇속을 따지고 전부 이렇게 하다 보니까 바보 같은 놈은 전부 잃게 되잖아. 그렇지? 그래, 안 그래? (네, 그래요!) 어, 시원하구만. 고마워. 그렇다구. 그래서 노자는 세상에서 현명하다고 하는 사람을 숭상하지 않는다 이 말이야. '불상현(不尙賢)'이라. 잘났다고 하는 사람들을 존경하지 않는단 말이야. 그 새끼들은 결국은 야바위 친다 이 말이야. 백성들 착취하고, 백성들이 살아가는 거를 갖다가 전부 똥창에 갖다 넣고 그러고도 멧돼지는 아주 잘산다 이 말이야. 그런데 그거 어디서 났느냐 말이야.

그런데 요새 문제가 뭐냐. 민중운동이니 뭐니 하는데 이 민중운동의 목표가 뭐냐 이 말이야. 저 새끼들이 저렇게 사니까 우리도 그렇게 살아야 되지 않겠어, 저놈들 도둑놈인데 우리도 그렇게 살아야 되겠다―그것이 소련이나 동구라파에서 해보려고 했던 거야. 그래서 뭐 해결이 돼요? 네가 뻑적지근하게 잘사니까 우리도 좀 그렇게 돼야 되겠다는 거 아니야. 그거 가지고는 안돼. 그렇게 이야기를 하면 자칫하면 저 아프리카나 이런 데 있는 빈민지대의 기아선상에 있는 사람들이 우리나라 민중운동을 보고, 이렇게들 잘사는데 왜 이렇게들 미쳤어, 지랄이야, 이럴 거 아닌가. 그렇지 않은가? 가치의 설정만은 물질의 가공과 생산자가 조작한 그것 속에서 설정하지 말자 이 말이야. 그리하여 이 물질과 이 자연의 원래 모습으로 돌아가서 생활하는 방법을 도출할 적에 전체가 건전해지는 것 아니겠어? 그런데 그건 누가 뭐래도 상관없다 이 말이야. 원래의 모습으로 다시 돌아가는 거를 우리나라 증산교의 강일순(姜一淳, 1871-1909) 선생은 '원시반본(原始返本)'이라고 해서 맨 시작의 근원으로 다시 돌아가보자, 뭐 그런 말씀을 하셨는데, 한마디로 주판을 다시 놓자는, 우리의 생활을 회개하고 잃어버린 영(靈)으로 돌아가자는 그런 거지.

그런데 그 속에서 한 가지 중요한 것은 기업가들이 생산한 것을 자꾸 소비해주어야만 그 자본주의면 자본주의, 사회주의면 사회주의가 돌아가니까 소비가 미덕이라고 하는지 모르지만, 이젠 그것도 막혔다 이 말이야. 왜? 물질을 너무 낭비하면 우리 후손들이 미래에 살 수 없으니까. 그래가지고는 안되지요. 그러니까 알뜰한 것, 물자에 대해서 알뜰하게 생각하자 이 말이야. 절약하며 생활하자 이 말이야. 누가 비웃더라도 좋다 이 말이야.

뭐 저도 오늘 별수 없이 차를 타고 왔지만 나지도 않는 석유를 자꾸 낭비를 하는 그런 생활도 생활 속에서 반성하고 가야 할 거다 이 말이야. 또 매일 간지로 종이들이 많이 들어오는데 웬만한 종이는 아껴보자 이 말이야. 그걸 버리지 말고 무엇이든 재생할 수 있도록 노력하자 이 말이야. 그렇게 해서 우리의 문제, 문화의 문제, 문명의 문제가 어디에 문제가 있는가 다시 반성하자 이 말이야. 그런 물자 하나하나는, 거기에는 모든 자연의 움직임이 역사하시는 동시에 인간의 노력이, 피와 땀이 함께한 거다 이 말이야. 그러면 그걸 어떻게 함부로 낭비하냐 이 말이야. 함부로 버리느냐 이 말이야. 그렇게 되면 결국 자기소멸이 될 수밖에 없는 거지요.

그러니까 제자리를 제대로 찾자면, 자연과 인간과 또 인간과 인간 일체가 하나가 되는 속에서 '너는 뭐냐'가 되었을 적에, 나라고 하는 존재는 고정적으로 있는 것이 아니라 일체의 조건이 나를 있게끔 해준 것이지 내가 내 힘으로 한 게 아니다 이 말이야. 따지고 보면 내가 내가 아닌 거지. 그것을 알았을 적에 생명의 전체적인 함께하심이 어디에 있는 줄 알 것이고, 우리가 연대관계 속에 유기적인 관계 속에 있으면서, 헤어질 수 없는 관계 속에 있으면서, 그러면서 투쟁의 논리가 아니라 화합의 논리요 서로 협동하는 논리라는 그런 시각으로 봤을 때에 비로소 우리가 존재할 수 있다고 하는 새 시각 속에서 우리 한살림공동체 이야기도 될 수 있겠지.

약속한 시간이 다 된 것 같아서 제 이야기는 이만 그치겠습니다. 고맙습니다.

거룩한 밥상

제가 오늘 여기에 붙잡혀 온 기분이에요. 여러분들을 뵙고 말씀을 어떻게 해야 할지, 오면서 찻간에서도 이리 더듬고 저리 더듬고 하다 보니 그런 생각이 들어요. 이제 세상이 하도 병이 철골(徹骨)이 돼서 ─ 병이 뼈까지 스몄단 말씀이에요 ─ 그래 세상도 죽게 되고 사람도 죽게 되니까 어떻게 좀 살 수 없을까 해서 이제 이런 운동이 일어난 것 같습니다. 그렇지 않아요?

그런데 죽어갈 거리를 자꾸 만들면서 한쪽에서는 살아야 되겠다, 자연보호 해야겠다 이런 얘기를 한단 말씀이야. 그러니까 그러저러한 것을 먼저 살아가는 데서 헤아려보는 것이 바람직하지 않겠는가. 사는 꼬라지는 병 그대로 근원을 가지고 있으면서, 뭐냐면 장생하려 들고 잘 살려 들고 자꾸 이렇게 얘길 하는데, 매일의 생활 모습

한살림 화곡공동체 교양강좌, 1988년 9월.

은 병을 주면서 오래 살려고 하고, 뭐 좋은 건 저만 어떻게 하겠다, 그런 세상인 것 같아요, 요새 세상이. 그렇지 않아요? 그러니까 기본적으로 병이 나지 않게끔 되는 원바탕이 뭐냐, 그런 얘기가 좀 돼야 되지 않겠는가 그런 생각을 잠깐 했어요.

여러분들이 들으셨는지 모르지만 옛날에 중국에 잘 알려져 있는 분인데, 장자 말씀에 "귀로 듣지 말아라 맘으로 들어라, 맘으로 듣지 말아라 호흡으로 들어라" 그런 말씀이 있어요. 옛날에는 그 글을 보고서 무슨 얘기를 이따위로 했나 그런 생각을 했는데, 근자에 와서 이렇게 가만히 보니까 그 얘기가 굉장히 근리(近理)하구나 싶어요. 저도 아직 도인이 아니기 때문에 '그렇다'고 얘길 안해요. 근리하다고 하지요.

요 몇해 전에 일본에 갔다 온 분한테서 들은 이야기인데 후지산(富士山)에 올라가 보니까 그 후지산 위에서 봉투에 공기를 넣어서 팔더래요. 후지산 공기라고, 이건 공해가 없는 공기라고. 도시에서 온 사람에게 공기를 파는 거라. 우리가 옛날에 봉이 김선달이 대동강 물을 팔아먹었다 그런 얘기를 들었단 말이에요. 근데 우리가 지금 한강 물 사 먹잖아요. 그렇죠? 그런데 일본에서 이제 얘기한 대로 여러 해 전부터 후지산 공기를 그 무슨 봉툰지 모르지만 봉투에 넣어서 팔더라 이 말이에요. 이렇게 살다 보면 말이죠, 우리가 공기도 사 먹게 되겠지요. 뭐 마시게 되는 건가요? 아무튼 (우리) 꼬라지가 거기까지 갔다는 말씀이야.

그런데 뭐 제백사하고, 코, 입 다 막고서 5분 이상 넘어가면 말이지, 우리가 죽습니까 삽니까? 그러니까 명이 경각에 달려 있다 이 말이야. 호흡이 그 경각에 달려 있어요. 그럼 장자의 그담 얘기가 뭐냐. "호흡으로 들어라. 저 빈 곳을 봐라. 저 빈 곳에서 빛이 나지 않느냐. 길하고 길한 것이다." 그런 말씀이 있어요. 우리가 이렇게 개인적으로 보면 일상생활 속에서 전부 눈에 보이는 거 듣는 거 또 만질 수 있는 거 감각으로써 느끼는 거 속에서만 산단 말이에요. 그런데 그게 아니라 눈에 보이지 않고, 만질 수 없고 그런 그 속에 근본적으로 우리가 터득해야 할 것이 있느니라 그런 얘길 하고 있는 것입니다.

그 얘기는 뭐냐. 욕심을 버리라는 얘기죠. 그러니까 오늘날까지 내려오는 이 문명이 욕심에 의해서 서로 승강이를 한단 말이에요. 서로 그렇게 승강이를 하게 되니까 한이 없어. 한도 끝도 없고 내가 듣는 바에 의하면 앞으로 20년 안이면 저기 적도 지대에 있는 나무가 거의 깎여 없어진다는 얘기에요. 예를 들어서 일본에서 지금 쓰고 있는 펄프를 자체 내에서 해결을 한다고 하면, 일본이 지금 그렇게 산이 푸르르고 울창하다고 하는데 1년이면 산이 다 빨개진다는 얘기에요. 저 일본만 쓰는 것도 그렇다고 하는데 미국, 구라파, 소련, 동구라파, 뭐 우리나라 등등 해서 전세계에서 종이 쓰는 것이 얼마나 많습니까? 그러니까 이미 적도 지대에서 생태계가 파괴돼가고 있는 거죠. 대기권에 산소가 줄어들고 있는 거라. 나무가 있어야 탄소동화(광합성)작용을 해서 인간이 호흡하는 산소를 대기권이 넉넉히 지닐 수가 있는데 이게 없어져가고 있는 거죠. 여러분이 보는 신문에 매일 간지 들어오지 않아요? 그거 일일이 보십니까? 큰 글자만 쓱 보고 이거로구나 하고 폐기해버리지. 그렇게 해서 한없이 낭비해요. 그런데 그 간지를 넣는 사람은 그렇게 해야 장사가 되겠으니까 또 집어넣는 거라 이 말이에요. 서로 엇물려 돌아가는, 그러니까 결국은 경쟁에서 처지게 되면 이 문명 속에서는 탈락이 되고 패배가 되니까 자꾸 그렇게 엇물려 악순환으로 돌아가는 거라.

지금 주부님들께서 이런 마당에 모이셨는데 엄청난 용기를 내고 나오시는 거란 말이에요. 다시 얘기해서 여기 오신 분들은 현실세계의 싸움에 있어서는 지거나, 그렇지 않으면 계산을 하지 말아야 한다 이거에요. 저 집이 이태리 가구를 들여놓았으니까 우리도 들여놓아야 하겠다, 저 집이 미국에서 타이루(타일)를 갖다가 아주 좋은 걸로 깔았으니까 우리도 깔아야 되겠다, 그런 식으로 생각을 하면 오늘 우리가 하고자 하는 운동은 초장서부터 갈지자로 가는 거지요.

아주 우스운 얘기지만 제가 어려서 서울에 하도 올라와보고 싶어 해서 국민학교(초등학교) 4학년 때 어른네들이 저를 데리고 서울에 왔어요. 우리 삼촌 댁에 갔더니 수돗물이 쫘악 하고 나오더라고요. "여긴 대장균 없다, 너. 시골 물은 대장균이 많아." 야, 서울 사람들은 대장균 없는 물을 마시는구나, 좋은 물 먹는구나 그랬는데, 50년이 지난 뒤에 보니까 서울 양반들이 전부 샘물을 사 먹더라구. 이렇게 바뀌지 않아요, 예? 그러니까 문제는 뭐냐, 진짜 모습이 뭐냐. 오늘의 세계에는 전부 자본주의든 사회주의든 간에, 공산주의 세계든 간에 전부 상혼(商魂)이 깃들어 있어요. 그러니까 팔아먹어야 된다 이 말이에요. 팔아먹어야 되니까 어떻게 되느냐. 좋다고 얘기를 해야 된단 말이에요. 또 뭐냐 하면 상하지 말아야 돼. 비근한 예로, 아까 여러분들이 다 안 오셔서 어디 가서 잠깐 지체를 하려고 하니까 찻집이 없어서 빵집엘 갔어요. 거기 아마 방부제가 들어갔을 거예요. 옛날에는 떡을 해놓으면 사흘 가기가 바쁘지 않아요? 여름에는 큰일을 치르면 떡이나 모든 음식이 하루 만이면 쉬지 않아요? 상해야지요. 상해야 한단 말이야. 우리가 오늘날 벌레도 안 먹는 걸 먹는단 말이야.

제일 잘난 척하지만, 사람이 제일 머리가 좋다고 하지만 벌레도 안 먹는 걸 우린 참 잘 먹고 산다구. 그렇잖아요? 그러니까 여기에 문제가 있는 거지. 아마 우리가 죽으면 미라 꼴이 되지 않을까요? 방부제를 맨날 먹으니까. 그렇게 세상이 달라지고, 그렇게 변화해간다 이 말이야. 그러니까 무슨 얘기냐. 원래의 제 모습으로 돌아가는 거, 거기에 많은 손이 가지 않는 거, 그런 것이 제대로 살아가는 거란 말이야.

지금 우리가 자녀를 키우면서 고등학교도 보내야 되고, 대학도 보내야 되고, 뭐 대학원도 보내야 되고, 뭐도 돼야 되고 하는데, 이렇게 하는 데 얼마나 노력을 들입니까? 그런데 그것은 세상 경쟁 속에서 이기라는 얘기 아니겠어요? 그렇죠? 이기지 못하면 축에서 빠지니까. 그리고 이 톱니바퀴에서 우리가 이제 못 견뎌나고 있는 거지. 근데 이것을 옛날에 — 약 2,500년, 뭐 2,000년 전이라고 합시다 — 노자 선생은 아주 잘 얘기했어요. "말은 달려서 사냥을 하게 되면 사람으로 하여금 마음을 미치게 한다." 그렇죠? 그래요, 안 그래요? 말이 편안하게 있는데 저기 노루 새끼 한 마리가 나타나면 사람이 벼랑인지 어딘지도 모르고 말을 몰 거 아니에요. 미치는 거지. 천하에 얻기 어려운 보화를 얻고자 하면 사람의 행동이 제대로 갈 수가 없다 이 말이야. 그것에 사로잡혀서 방해가 된다 이 말이지. 뭡니까, 아이들을 대학에 입학시키고 명문 고등학교에 입학시키고 뭐 이런 거 때문에 정상적으로 자게 하고 정상적으로 움직거리게 하고 정상적으로 인간관계를 갖게 할 수가 없잖아요. 완전히 그리 몰아가기 때문에, 부귀, 명예, 권세 그런 거에 가치의 중심을 두기 때문에 전부 그리 달려 뛰는 거라. 그러니까 결국은, 이 사람이 1등을 하게 되면 내가 메달을 못 따니까 이 사람이 못 따기를 바란다 이 말이야. 그렇잖아요? 그런데 이 사람이 악착같이 따라오면 그 다음번에는 어떻게 돼요? 밉지요? 이제 미운 것이 지나게 되면 어떻게 돼요? 죽여야지요? 이치가 그렇잖아요? 예수께서 "미워하지 말아라. 마음에서 이미 미워하면 살인한 거와 같으니라" 그런 말씀 했죠? 그러니까 지금 눈에 보이지 않는 권총이 있으면 다 쏴 죽이지. 이게 눈에 보이니까 난사를 못 하는 거죠. 근데 더 견딜 수 없으면 말이지, 복받치니까 그냥 쏴버리는 거지. 이게 지금 전부 우리 스스로가 사물을 제대로 보지 못하기 때문에 그런 현상이 오는 거죠.

한 가지 재미난 얘기 또하나 하십시다. 《장자》에 보면 그런 얘기가 있어요. 한 영감태기가 있는데 아주 풍신도 좋은 분인데, 젊은 친구가 보니까 이 사람이 일일이 움푹하게 샘 있는 데에 가서는 동이에다 물을 떠다가 한참을 가서 밭에다 뿌린단 말이야. 그래서 젊은 친구가 왜 그렇게 하시느냐고, 그러지 말고 물이 모이면 떨어지게끔 나무에다가 홈을 파서 밭까지 끌어다가 웅덩이를 해놓으면 물을 그냥 거기서 퍼서 쓰실 수 있지 않느냐고, 그 먼 거리를 왜 일일이 왔다 갔다 하시느냐고, 수채를 만들어서 물을 대면 되지 않느냐고 충고를 했어요. 그러니까 이 영감 말씀이 이래요. "자네 얘기 내 모르는 바 아니요. 모르는 바 아니지만 왜 내가 일일이 동이에다 져 나르는가 하면, 자네 말처럼 하게 되면 내 마음에 기심(機心)이 생겨." '기심'의 '기'는 기계란 뜻이란 말이야. "그렇게 되면 하늘과 땅과 모든 도리를 다 망각하게 돼. 그러니까 하늘이 두렵고 땅이 두려워서, 모든 것이 두려워서 내가 수채를 만들고 그렇게 안하는 거야. 일일이 떠다 하지."

이 얘기는 어찌 보면 초라한 얘기요, 우스꽝스러운 얘기요, 여러분은 옛날얘기처럼 들으실는지 모르겠어요. 그렇지만 가령 저 아주머니가 세계에서 유명한 회사를 가지고 계셔. 근데 이 아주머니도 거의 같은 상품을 연구해 또 내놓고 있어요. 이것들이 같은 시장에서 싸우다가, 이 양반 회사에서 나온 것에 조금 더 편리한 것이 딸려붙어서 나온다고 합시다. 그러면 저 양반네 회사가 수천억 불을 들여서 만든 공장이라고 하더라도 아무도 그 물건은 안 산다 이 말이야. 이거 사지. 그럼 이제 그 회사는 어떻게 됩니까, 예? 망하죠? 거망한다고. 바로 그 얘깁니다. 그럼 수천억 불에 달하는 그 회사를 이룩하기까지 그게 거저 된 겁니까? 많은 사람들이 머리를 쓰고, 일하고 노력한 축적이 그렇게 된 건데, 뭐냐면 경쟁 속에서 부속품 하나 조금 달라지니까 수천억 불이 하루아침에 물거품이 되어버리는 거라. 이게 경쟁 아니에요? 서로서로 잡아먹고 가는 거라. 그러면 그 시초는 어디에 있느냐. 고대 얘기한 대로 그런 거야.

이런 얘기를 하는 저도 죄받을 얘깁니다만, 사람이 많아도 탈이니까 요새는 전부 산아제한 하잖아요? 그러나 일단 옛날에 우리 어른들은 어떻게 사셨는가 한번 생각해보자 이거예요. 아이를 가졌다가 그게 자연 낙태가 되었어도, 옛날의 어머니들은 벼락이 떨어지거나 이러면 자지러진다고. 왜 자지러지느냐. 거룩한 생명을 내가 제대로 보존 못 하고 보육하지 못했기 때문에 태중에서 천지를 거역한 것이다, 이렇게 생각해서 벼락이, 하늘이 나를 치는 게 아닌가 이래서 자지러지는 거라고. 그걸 우린 잘 알아야 돼요. 그러니까 우리는 뭐냐. 요건 잇속이 있다, 요건 편안하다, 요렇게 하면 잇속이 더 있고, 요렇게 하면 편안하고, 요렇게 하면 누가 좋아하겠는데 그런 차원에서만 맴돌다 보니까 지금 스스로 자살행위를 해가고 있는 거지요, 다른 게 아니에요.

그러니까 앞으로의 문제는 어떻게 해결돼야 할 거냐. 천지의 도리, 하늘과 땅이 살 수가 있겠느냐. 오늘 여러분들이 여기 이 자리에 모인 것은 뭣이 중요하냐. 뭐냐 하면, 적어도 그 쌀은 농약 많이 안 들은 것 먹어야 되겠다, 배추도 농약 안 친 거 먹어야지 좋다 이러는데 말이야, 그게 얄밉더라도 좋다 이 말이에요. 왜 얄밉더라도 좋으냐. 그렇게 해서 땅이 살아야 한단 말이야. 땅이 지금 죽어가고 있단 말이야. 땅이 뒈지면 사람이 살 수 있어요? 흙이 죽으면 사람이 살 수가 없다고요. 가령, 이건 뭐 유치원 애들하고 얘기해도 당연한 얘긴데 우리가 잊고 사니까 하는 말입니다. 태양이 없으면 말이오, 이 땅 위에 살 존재들이 있습니까? 없지요, 아주머니? 없다고. 그러니까 이 땅이 없으면 이 만물이 존재할 수가 있어요? 없다 이 말이에요. 인간이 하늘을 떠나서 살 수 없고 땅을 떠나서 살 수 없다 이 말이에요. 그렇다고 해서 이런 만물이 없어도 살 수가 있느냐. 살 수가 없다 이 말이에요. 그런 어떤 것하고도 떠나서 살 수가 없어. 그런데 떠나서 살 수 있다고 생각하거든. 지금 꼬라지가 전부 그런 거지요. 너 아니면 내가 못 살 줄 아니, 맨 이 식이거든. 그러나 천만의 말씀이다 이거야.

심지어 이 한반도에서 지금 사는 꼬라지도 그래요. 뭐 군사독재 정권이니, 뭐 이승만이니, 어쨌느니 해도, 이북이 있으니까 이승만 독재도 한 거고, 군사독재도 한 거야. 안 그래요? 이북에서 빨갱이가 쳐들어오니까 이래야 돼, 하고 국민 누르면서 그 덕택에 해 처먹은 거지. 김일성이는 또 어떠냐. 미국놈에 등 대고 정치한 놈들 이거 미국이 쳐들어올 테니까 우리 이래야 돼, 하고 김일성이 정치해 먹은 거지. 그런 것 다 뭐냐 하면, 거저는 안되는 거라. 핑계가 있어야지. 또 관계가 있어야지.

기본적으로 산다는 것 그 자체도 하늘과 땅을 떠나서는 살 수가 없다 이 말이에요. 벌레 하나도 하늘이 없으면 존재할 수 있겠어요? 어떻게 생각하시오? 살 수가 없다 이 말이에요. 그렇기 때문에 우리나라 화랑정신에선 살생유택(殺生有擇)이라, 함부로 죽이지 말아라 그랬단 말이에요. 꼭 필요할 때 어쩔 수 없어서 하는 거지, 아무 때나 죽이지 말아라 이 말이에요. 옛말에 도승들은 몸에 이가 꼬이면 이걸 잡아서 딱딱 죽이질 않고 옷을 털잖아. 요 밖에 나가서 턴다 이 말이야. 모기 하나도 맘대로 못해. 그 모기 하나라는 존재도 우주가 뒷받침해주고, 우주가 있기 때문에 있는 거라 이 말이에요. 생명이 그렇게 거룩하고 엄청난 거예요.

그런데 가정주부들은, 아 우리 애아빠가 이제 (일한 지) 몇해 됐으니 부장이 돼야 될 텐데, 아 이제 이사진에 올라가야 할 텐데, 또 관청에 계시면 아 청와대 들어가면 좋을 텐데, 뭐 그런 생각들 하시죠. 그것을 뭐냐면 '인작(人爵)'이라 그래. 사람이 만든 벼슬이란 말이지. 근데 이 세상에 태어난 것이 말이지, 저 큰 천작(天爵)이 있어요. 하늘은 벌레고 천옥(天獄)이고 사람이고 누구든지 가리지 않고 다 빛을 비춰주셔요. 비가 오면 다 축여줘요. 그러니까 풀 하나도 태양이 없으면 안되고, 맑은 공기가 없으면 안되고, 맑은 물이 없으면 안되고, 흙이 없으면 안되고 다 지닐 걸 지녀야 돼. 풀 하나도 우주가 뒷받침해주시는 거야. 그러기 때문에 동학의 2대 교주인 해월 선생께서는 "하늘이 하늘을 먹는다" 이랬어. 그 풀 하나에, 낟알 하나에 우주가 다 있는 거라. 먹는 게 별 볼 일 없다, 이게 아니야. 그런 걸 우리가 먹고 지내는 거요. 이천식천(以天食天)이라. 하늘이 하늘을 먹는다. 그러니까 지금 우리가 생각해야 할 것은 뭐냐. 저 집에는 뭐 갈비도 먹고 돼지도 먹고 하는데 우리는 1년 내내 갈비도 못 먹고 돼지도 못 먹고 이게 뭐야, 그런 게 문제가 되는 게 아니다 이거야. 벌써 밥 한 사발 안에 우리가 우주를 영(迎)하는 거다, 하늘을 영하는 거다 이 말이에요. 그렇지 않아요?

제가 왜 이런 얘기를 하느냐. 그런 것에 대한 기본적인 것이 없으니까 뭐냐 하면, 메이커에서 나오는 조미품이나 뭐나 제대로 쳐야 맛있다고 하고, 그러다 보니까 자기도 모르게 병이 피까지 살까지만 들어가는 게 아니라 뼛속까지 들어가고 있어요. 이치가 그렇잖아요. 그러니까 지금 얘기하고 싶은 게 뭐냐. 이 물 한 컵, 밥 한 사발, 김치 한 보시기, 이것은 제왕의 성찬이나 다름이 없는 거룩한 밥상이란 말이에요. 그 자세가, 그 깨달음이 없으면 언제나 남의 호화로운 거에 자기 나름대로 도취해가지고, 자기 나름대로 최면 걸려서, 오늘날의 문명 속에서 오는, 매스컴을 통해서 오는 그 환각 때문에 맨날 겉돌다가 말게 된다구. 그러니까 다시 얘기해서 무슨 이야기냐 하면, 우리가 컴퓨터에 입력을 잘못하면 답이 잘못 나온다 이 말이야. 주판도 아무리 많이 놨어도 하나 잘못 놓으면 답이 영 틀려버린다 이 말이야. 오늘날 문명이 우리 인간에게 이 자연에게 제대로 갈 수 없게끔 한다면 여러분이 문명에 대해서 자기 스스로가 벗어나는 정성이 있어야 하고 용기가 있어야 된다 이 말이야.

또 한 가지. 교회 다니시는 분들 계세요? 그럼 기도하시죠? 기도하시는 분들 있을 거야. 뭐 다 좋습니다. 그런데 화장장에 가보면 뼈까지 다 빻고 나면 재가 한 움큼밖에 안 남는단 말이에요. 그럼 어디 갔느냐 이 말이에요. 진실한 '자기'라는, '나'라는 것이 뭐냐. 그걸 따져 들어갔을 때 진실한 '나'라는 것은 보이질 않아. '나'라는 '나'가 있는 것이 아니라 대아(大我)의 '나'밖에 존재치 않아. '너/ 나'가 없는 거라. 그런데 교회 다니는 사람은 하느님, 불교 다니는 사람은 부처님, 뭐 종교마다 다 있는데 아무튼 그것은 보이는 존재가 아니다 이 말이야. 만져질 수 있는 게 아니야. 또 그러한 하느님, 그러한 부처님은 우리 가까이 풀 하나, 돌 하나 어디나 안 계신 데가 없어. 함께하셔. 그러니까 우리도 아침에 일어나면 하늘과 땅과 만물에게 고맙다고 생각하는 예배를 해야 한단 얘기죠.

오늘날 세상이 경쟁사회가 되니까 예(禮)를 몰라요. 애새끼들 키워보지만, 1등 하면 제 대가리가 좋아서 한 줄 안단 말이야. 그렇잖아요? 또 우리가 자식새끼 키워서 이제 깨닫지만, 자기가 자라온 거 생각해보면 어머니 아버지께 제대로 한 거 없다 이 말이야. 그런데 그 근간이 망가졌을 때에 세상이 잘못된다구. 그런데 요즘 어때요? 시집을 보낸다면 말이지, 그 집의 맏아들이야? 맏아들이면 안돼, 둘째 이하라야지. 또는 그 집이 잘산대? 뭐 이런 것이 기준이 되는 거라. 그러니까 돈 수입이 많으냐 그런 얘기겠지, 응? 기준을 그렇게 해놓고, 자기 배짱 속이 벌써 그런 거야. 전부 뒤틀려 있다고. 그러면서 뭐냐, 제 집 식구만 무공해식품을 먹겠다고 하는 건, 그건 꼭 말이지, 요강에다 똥 싸서 문밖에다 내놓는 거나 같다 이 말이야. 그렇잖아요? 공해의 원인이 어디 있느냐, 전체의 사람 사는 세상 꼬라지가 왜 이렇게 되느냐 살피는 게 아니고 아, 똥 싸고 오줌 싸놓고서 문밖으로만 내놓으면 되느냐 이 말이야.

물을 말이지, 여러가지 뭐 흙을 넣거나 해서 휘저어 가만히 놔두면 어떻게 되느냐. 맑아지고 못되먹은 건 가라앉잖아요? 우리가 지금 그렇게 해야 한단 말이에요. 떠들썩하다고 되는 건 아니거든. 떠들썩하다고 뭐가 돼? 뭐 조직을 갖는다고 되는 게 아니다 이 말이야. 우리가 각자 있는 자리에서, 생활 속에서 그렇게 살아가야 된다 이 말이야. 옛날에 예수님 말씀이 뭐냐면, 이렇게 누룩을 담가놓으면 술이 되는 식으로 하라 이 말이야. 자연스럽게 하라는 말이야. 극성스럽게 들어가서 이거 해야 돼, 이러지 말구. 소를 물가에 데려가도 물을 먹이려면 제가 먹고 싶어야 입을 여는 거예요. 쇠뿔을 끌어다 뒤에서 엉덩이를 패도 입 벌리고 물을 안 먹어요. 혹은 가령 먹는 체한다고 해도, 계속 제대로 하자면 자기 마음이 결심을 해야 되는 거 아녜요? 그게 안되면 이거 안되는 거지.

그러니까 사람을 죽인다든가 도둑질을 한다든가 음란한 행위를 한다든가 남을 속인다든가 이것은 어디서 오는 거냐. 전부 마음에서 오는 거다 이 말이야. 예수를 좀 잡아 치려고, 걸기 위해서 예수님보고 물었단 말이지. "저 여인이 남편이 있는 여인인데 샛서방을 두었습니다. 돌로 때릴까요?" 서방질하면 그때는 돌로 때렸거든. 만약 돌로 때려라, 하면 예수를 또 모함해가지고 잡을 테니까, 예수가 현명하지요, "느이(너희) 마음에서 간음한 적이 없으면 자신 있으면 돌로 때려봐라" 그렇게 말씀하셨다고 해요. 그 얘기가 아주 기찬 말씀이에요. 그렇게 슬기롭다구요. 그런데 이제 그 얘긴 뭐냐. 매사가 마음에서 작정을 해야 된다 이 말이에요.

그럼 요새 세상은 어떤 세상이냐. 이 공해세상에 대해 하는 얘긴데, 일본놈들이 '모두 도둑이다' 그랬다고. 도둑놈 아닌 놈이 없어. 남자도 여자도 다 도둑놈이야. 왜 그러냐. 예를 들어서 반에서 내 자식이 꼭 1등 해야 되겠다고 하는 건, 그럼 남의 자식은 다 뒤로 처지란 얘기 아니오. 그런데도 자식한테 "너 1등 해라" 하고 가르치거든. 사회적으로 이게 얼마나 공햅니까? 운동선수는 금메달 못 딴 놈은 다 사람으로 안 봐요. 이게 얼마나 무서운 공해야. 입으로 들어가는 음식만 무공해 먹으려 들거든. 옷만 피부에 염증이 안 생기게끔 무공해로 꼭 입으려 든단 말이지. 그런데 생각에 공해가 왔을 때에는 세상이 다, 먹고 입고 생활하는 게 다 공해가 온다는 사실을 우리는 깨닫고 가야 합니다.

남을 무시하면 자기도 무시를 당해. 공자 얘기가 사람이 스스로

업신여김을 당하게끔 하면 남이 업신여긴다 했어요. 이치가 그런 거 아니겠어요? 그래서 옛날 어머니들은 말이에요, 요새 어머니들하고 달라요. 어떻게 다르냐. 내가 어려서 클 때 경험이에요. 우리 반에 쉰 명이 있어요, 쉰 명. 그런데 "엄마, 내가 쉰찌(50등) 했어" 하고 어머니한테 통신부(생활통지표)를 갖다준다고. 그러면 어머니들은 "어휴 이눔이 쉰찌 했어? 어구 장해라 이 귀염둥아" 하고, 우리 아들이 쉰찌 했다고 동네 가서 자랑한다고. 거기에 무슨 잘못이 있어요? 그러나 오늘날의 주부들은 어떻게 생각할 거냐. 아유 답답해라, 지 자식이 공부 못해서 병신인 것도 모르구 남한테 자랑한다고 얘기할 거란 말이야. 그러나 그렇게 하면 안되죠. 아시겠어요?

오늘 제가 두어 시간 고속버스를 타고 오는데 제일 앞에 앉은 사람이 몸을 제대로 못 쓰고 말은 겨우 반벙어리도 안돼. 옆에는 아마 교회 다니는 집사 정도 되는가 봐요. 열심히 얘기를 하시더라고요. 그러니까 끙끙거리며 뭐라고 답변도 하고 그러는데 난 뭔 얘긴지 알아들을 수가 없어. 그런데 그 젊은 집사의 열정과 또 그걸 열심히 듣는 그 사람을 보면서 말이지 무슨 생각이 드느냐. 그 장애자의 어머니에게는 아들이 말 한마디라도 틔어서 얘길하는 게 태양이 밝은 빛 비춰주는 것 같을 게 아니냐 이 말이지. 그렇지 않겠습니까? 그런 거를 느끼겠더라고요.

그러니까 뭐냐 하면 말이지, 그런 게 남의 일이 아니라는 거예요. 그게 자비인데, 이 '사랑 자(慈)'자는 뭐냐? 즐거움을 남에게 주는 거예요. 또 '슬플 비(悲)'자는 남의 괴로움을 없애주는 거예요. 그러니까 남의 고통을 함께해주는 거지. 그게 뭘 얘기하느냐. 엄청난 얘기죠. 한살림을 얘기하는 거예요. 남에게 즐거움을 주려고 하고, 남의 고통을 함께해서 없애주려고 하고, 그럼 한 몸이라는 얘기 아네요? 제 아픈 것처럼 생각하고 남의 즐거움을 같이 즐거워하고 그런 거죠.

근데 여기서 우리가 한 가지 더 짚고 가야 할 것은, "하늘과 땅은 인자하지 않다" 그런 얘기가 있거든. 내가 소싯적에는 이게 도대체 이해가 잘 가지 않더라구요. 노자 선생의 말씀인데 이게 뭔가. 교회 다니다가도 자기 아들이 공부 꽤 잘했는데 대학에 합격이 안되니까 "에이 빌어먹을, 천준지 뭔지 하느님인지 난 안 믿어" 하고 나가버리더라고. 그러니까 사사로운 자기 욕심을 챙기려고 하는 걸 해결해주는 하늘과 땅은 아니다 이 말이야. 하늘과 땅은 한없이 우리에게 주지만—한없이 줘, 그런데 한없이 주는 걸 고맙게 받을 줄을 모르고 제가 계산하는 것만 달라고 한단 말이야. 그러면 줄 턱이 없죠. 줄 턱이 없어요.

예를 들어서 농산품을 무공해식품을 먹어야 하겠다고 하면서 "벌레도 안 먹고 싱싱하구 멋지게 된 것만 가져와" 하면, 이거 미치는 거지. 농사짓는 사람 별수 있어요? 도리가 없는 거다 이 말이야. "저 아주머니, 이거 벌레가 먹고 꾀죄죄해 봬도 벌레 먹은 게 좋은 겁니다." 벌레가 먹은 걸 누가 먹어, 이러면 안되는 거예요. 벌레가 먹어야 무공해지, 벌레도 안 먹은 건 공해 아니냐 이 말이야. 그렇잖아요? 이거 세상을 이치에 맞게 살아야지. 제 눈 가리고 먹고 제 자리만 보려 든다 이 말이에요. 그러니 안된단 말이에요. 자연스럽게 제대로 해도 돌아가게끔 되는 그 속에서 자기도 적응해야죠. 자기도 그 속에 맞춰 살아야죠. 이게 어마어마한 일이에요.

지금 세계가, 땅이 죽어가고 있어요. 그러니까 여러분들이 이 일에 함께한다는 것은 자기를 살림과 동시에 땅을 살리자는 것이지. 땅을 살리게 되면 유익한 모든 미물이—여러분들 들으셨겠지요, 개구리들 메뚜기들 거미들 모든 유충들이 거기서 우글거리고 살게돼. 그러면서 벼를 더 건실하게 자라게 하고 땅을 비옥하게 해줘. 그래서 서로 환원이 돼. 자연으로 돌아가는 거야.

그래서 옛날에 노자 말씀에 그런 게 있어. "나라를 다스리고 세상을 다스리는 일을 생선 지지듯이 하라." 생선을 자꾸 뒤적거리면 다 풀어져서 먹을 게 없잖아요. 약팽소선(若烹小鮮)이라, 작은 고기를 다루듯이 요렇게 살살 하라 이 말이에요. 이 얘기는 뭐를 얘기하느냐. 우리가 모두 해나가는 일을 제 모습대로 있게끔 하라 이 말이에요. 일을 제대로 하는 것은 뭐냐. 이 모임 속에서도, 여기 우리 대신 역할을 해주는 회장 이름이 뭐더라, 김 여사던가 박 여사던가 그 정도면 좋다 이 말이에요. 아니, 이름이 뭐고, 어느 대학 나오고 학벌은 어떻고, 그이 남편은 뭐고, 그게 무슨 소용이 있느냐 이 말이야.

나라의 정치가 제대로 되려면 국민이 대통령 이름이 뭔지도 몰라야 돼. 대통령 이름 알면 어쩔 거야. 저도 밥 세끼 먹고 나도 밥 세끼 먹는데. 그리고 또하나는, 대통령이 부리는 권한은 세상에 불쌍하고 딱한 사람들 해결해주고 세상의 어려운 문제를 해결하는 일만 하면 된다 이 말이야. 아까도 말씀드렸지만 밥 한 사발을 먹는 것도 우주가 함께하시니까, 그 수많은 농부의 피땀과 땅과 하늘이 함께해주시니까, 식사한다, 이렇게 생각했을 적엔 말이지 더 바랄 게 뭐가 있어. 천상천하가 다 자기 '빽'인데.

옛말에 우리 한 인간을 소우주라고 얘기하는데, 소우주는 사람이 만든 소우주가 아니야. 풀 하나도 소우주라 이 말이야. 저 땅, 지구가 없으면, 태양이 없으면, 별이 없으면 안되는 거라. 그래서 이제 못난 건 우리지요. 풀에 대해서, 화초에 대해서 나온 글을 제가 본 적이 있어요. 화초를 분(盆)을 만들어 뜰에 놔두는데, 주인이 가서 물도 주고 사랑하고 인자한 마음으로 대하고 그러면 화초의 감도가 벌써 달라진다는 거예요. 그리고 다른 사람한테 "너, 들어가거든 저 분을 막 주물럭거리고 거칠게 좀 대해라"라고 시켜요. 그러고 나서 장치를 하고 전류를 넣어서 조사를 해보면 주인이 들어갈 제 기뻐하던 그 화초들이, 그이가 들어갈 제는 몹시 떠는 거예요. 겁이 나서. 이게 이미 검증이 돼 있어요. 그리고 그 주인이 예를 들어서 집에서 멀리 떠나서 일본쯤 갔을 때 그 화초를 생각하는데, 그걸 몇 시쯤 하기로 하고, 그때 전류를 넣어서 조사해보면, 그러면 천 리 밖에서 주인이 그 화초를 생각했을 적에도 여기서 깊은 반응을 보인다는 거예요. 그런데 나는 지금 이 벽 밖에서 나 잡으러, 권총을 쏘러 오는 놈이 있어도 몰라. 그런 멍텅구리가 여러분 앞에서 얘기를 하고 있어 지금. 그런데 저 풀은 그렇더라 이 말이야. 못난 건 우리지. 그럼 우리가 왜 이렇게 병이 들었느냐. 하도 좋다는 거, 뭐 이래라 하는 것 때문에 길들여지고 망가져서 병이 철골을 해서 그래. 병이 뼈까지 스며서. 자연 그대로 하면 천 리 밖에 앉아서도 알겠지. 만리 밖의 것도 안 보고 알고. 원체 그런 거라고.

한살림운동이란 게 뭐냐. 다 살리겠다는 얘기 아녜요. 그렇게 해

58

야 모두 제대로 살아갈 수 있겠다는 말씀이고. 전 그렇게 생각합니다. 얘기 중언부언 자꾸 해봐도 한도 끝도 없는데, 자연으로 복귀하는 거다 이 말이지. 부지런히 뛰어봤자야. 다람쥐 쳇바퀴 도는 식이라고 그러잖아요? 뛰어봐야 그거거든. 대통령 해봤자지, 어때요? 잘못하면 '연희궁'에 들어가서 나오지도 못하잖아요.(웃음)

그러고 보니까 천상천하가 매일 자기를 보호해서 먹게 해주고 살게 해주는데 그렇다면 당당하게 살 것이지, 뭘 이렇게 이것저것 잡된 것을 집어넣느냐 말이지. 제 속이 제대로 되어 있고 편안한 걸 가리고 가야지. 욕심을 내면 말이지, 이게 들끓어. 욕심을 내지 마라 이 말이야. 기도해요? 욕심내지 않게 해달라고 기도해요? 그건 난센스예요. 이걸 편히 가지면, 이걸 비우면 철 따라 채소가 나면 반가워. 햇살이 나면 은혜를 알아야 돼요. 은혜를 알면 생활이 기뻐. 은혜를 모르면 맨날 1등만 하려고 맨날 미쳐 돌아가는 거지. 무공해식품만 먹으려고 해서 될 게 아니라 보는 시각이 전체에 돌아갔을 때 전부 편안해지고, 맑아지고, 머리가 아프지 않고, 심장이 뛰지 않고, 첫째 공해병에 걸리지 않고. 자연으로 돌아갑시다, 그거지. 그만 얘기합시다.

세상 일체가 하나의 관계

별 볼 일 없는 사람인데 한번 와서 이야기나 하라고 해서 왔습니다. 이 한살림운동의 선구자인 박재일 선생하고는 20여 년 알고 지내면서 일을 거들고 있는 형편입니다.

얼마 전에 올림픽이 개최되어 전세계인이 우리나라를 찾아왔어요. 물론 우리는 앞으로 전세계를 향해서 생활하게 되겠지만요, 그런데 문제는 우리의 올바른 삶이 있으면서 지금 세계를 맞아들이고 있느냐, 이게 중요한 거예요. 그러니까 올림픽을 잘 치르려면 이렇게 저렇게 해야 되고, 외국손님은 이렇게 저렇게 대접해야 된다, 그것 가지고 되는 게 아니라는 겁니다. 바로 우리가 살아가는 삶의 모습, 우리 본바탕, 우리 것이 제대로 있느냐 하는 거지요. 그렇다고 우리 것이 세상 제일이라는 그런 태도를 갖자는 얘기가 아닙니다.

한살림 월례강좌, 1988년 9월.

성실하고 진실한 삶의 모습, 우리 전통으로 내려오는 맥 속에서 누가 봐도 그것은 옳다, 누가 봐도 그것은 거짓이 아니고 참다운 거다, 그런 걸 우리가 갖고 있느냐는 거지요. 없습니다. 그런 걸 가지고 있지도 않고, 그냥 무시해버리고 이어받지도 않았어요. 그렇게 되니까 전세계 사람들을 맞아들여서 우리 전통적인 걸 보여준다고 하면서, 얼렁뚱땅 전부 형식으로만 맞춰 얼버무리고 넘어갑니다. 우리 생활의 내면에 올바른 삶의 모습이 깔려 있느냐. 없다 이 말이에요.

저는 너무나 오랜 세월 동안 두문불출하고 살다시피 한 사람이다 보니, 뭐라고 붙일 딱지가 없어요. 라벨이 없단 말이야. 라벨이 있다고 하면 용공분자 소리를 수십 년, 근 40년을 들어왔어요. 그 이유는 결국 우리가 남북으로 분단이 되어 있기 때문인데요. 이 땅에 사는 주인인 우리가 미국이나 소련 그리고 그네들 욕심으로 만들어진 이데올로기에 관계없이, 남북이 스스로 내왕하고 우리 전통, 우리 살던 방식대로 살겠다고 했더라면 분단이 되었겠어요? 안되었을 거란 말이에요. 지금까지 우리는 우리의 전통, 우리 사는 방식을 너무도 무시해왔어요.

하지만 이것은 비단 우리 한국만의 문제가 아니라 전세계가 지금 그런 형편이죠. 한마디로 주판을 잘못 놓고 있다 이 말이에요. 주판을 잘못 놓게 되었으면 완전히 털어버리고 다시 놓아야지요. 이것이 앞으로 우리가 해야 할 과제입니다. 여태껏 애써오던 것이 아까우니까 이건 놔두고, 말엽에서, 끝에서 어떻게 좀 고쳐가려고 한다면 이 한살림운동은 되지를 않아요. 그 얘기는 무슨 얘기냐. 우리 생활이 어쨌든 잘못된 것이었다면 그걸 단번에는 고치기가 어렵겠지만, 잘못되었다고 하는 것을 마음에서 인정하고 그러면서 하나하나 고쳐가면서 바로 세워가는 그것이 중요하다 그런 얘기입니다. 그것이 제대로 안되면 소용이 없는 거라.

지금 이렇게 되어 돌아가는 원인은 뭐냐. 지금 세계 문명은 핵무기, 공해 같은 여러 문제를 안고 있어요. 그 원인은 어디에 있느냐. 사람의 욕심에서 온 거란 말이에요. 욕심 없는 사람이 어디 있느냐. 맞아요. 저도 욕심이 있어요. 욕심이 있는데, 그러나 욕심을 자꾸 줄여야 한다 이거야. 줄이지 않으면 되지를 않아요. 무농약식품을 우리만 먹겠다, 우리 식구만 먹겠다, 아주 혼자만은 먹기가 곤란하니까 이웃끼리만 조금 먹겠다, 그런 자세 가지고는 안되는 거라. 무농약이 어쩌고저쩌고하면서 좀 오래 살아보겠다고, 혼자만 편리하게 살고, 혼자만 떵떵거리고 살려고 하는 그런 기초 위에서는 한살림 운동이 되지를 않아요.

지구가 병이 들고, 숨 쉬기 어려울 정도로 대기가 오염이 된 이런 공해 일체가 욕심에서 온 거란 말이야. 자연보호 하자고 하면서도 인간들은 자연을 착취하는 생산을 계속하고 있단 말이에요. 병 주고 약 주는 거지. 그렇지 않습니까, 이치가? 원인에 대한 방향전환을 하지 않고 계속 문제의 결과만 놓고 땜질을 하려 드니까 그게 되나요? 되지를 않지요.

여러분, 지구는 한정이 돼 있어요. 가령 석유를 보면요, 그 석유라는 것은 100년, 200년마다 계속 지구 내부에서 생산되는 것이 아니라 원시적인 광물질이란 말이에요. 수십억 년 전에 생겨난 것인데, 그렇게 오래전에 생겨난 것을 현대에 와서 무작정 쓰는 거라. 그러니까 지금 철이요, 동이요, 모든 자원이 고갈 상태에 들어가고 있어요.

지난번에 어떤 분이 무슨 이야기 중에, 일본에 가니까 나무가 울창하더라, 미국이고 구라파 가보면 선진 국가는 참 나무 잘 가꿨더라, 그런 얘기를 하더란 말이야. 그래서 내가 듣다가 역겨워져서—이건 내 나쁜 버릇인데—그래서 어쨌단 말이냐고 반문을 했어요. 왜? 자기네 나무를 울창하게 가꾼 그 사람들이 지구 위에 있는 나무를 숱하게 없애는 장본인이다 이 말이야. 제집에서는 무공해식품 먹고 제집에서는 맑은 공기 마시며 살면서, 제집 바깥은 엉망이 되어도 좋다는 얘기하고 같거든. 그래봤자 저도 죽는데.

가령 일본이 1년 동안 쓰는 펄프, 종이 등등을 일본 안에서 나는 것만 가지고 쓴다면 일본 산은 1년 만에 새빨개져요. 통계가 몇 해째 그렇게 나옵니다. 미국의 삼림연구소에서 나온 재작년 연구지를 보니까, 앞으로 20년이면 말레이반도 정도의 숲만 남고 적도 지대의 숲은 거의 다 깎여서 없어진다는 거예요. 이미 그렇기 때문에 대기권의 산소가 줄어들고 있고 생태계는 엉망으로 파괴되고 있다는 그런 발표가 있었어요. 이런 상황이니까 나만 다치지 않고, 나만 어떻게든 해결하자고 해서는 되게 되어 있지를 않다 이 말이에요. 그러니까 이 한살림운동은 무농약식품을 먹는다 안 먹는다 하는 차원이 아니라, 지금 이 문명으로 우리가 지구상에서 계속 살 수 있을 것이냐 없을 것이냐, 그런 차원에 있다 이 말이에요.

애당초 방향이 잘못 잡혀 있어요. 애초에 주판을 잘못 놓은 거예요. 그러니까 이걸 털어야 된다 이 말이에요. 그렇다면 어떠한 방향으로 전환해나가야 할까요.

앞에서 잠깐, 욕심을 줄여야 된다, 비워야 된다는 얘기를 했는데, 먼저 공(空)에 대한 얘기를 해봅시다. 성경을 보면, 제자들이 예수께 와서 "아버지가 보입니까?" 하니까, 예수님이 "보지도 못하고 만지지도 못하고 듣지도 못한다" 그랬어요. 그럼 어디 계시냐고 다시 물었겠지요. 그러니까 말씀이 "우리 안에 계신다" 그랬단 말이에요. 예수님이 그랬어요. 그러니까 절대와 상대는 분리할 수가 없어요. 하느님 아버지가 저 공중에 있는 것도 아니고 이 지하에 있는 것도 아니고 일체에 있는데, 그 일체는 바로 내 안에 있다 이 말이에요. 그 이치가 뭐냐. 이 땅이 없이 우리가 있을 수 있어요? 존재할 수 없다 이 말이에요. 여기서 지금 떠드는 나도 없고, 여러분도 없어요. 또 하늘에 태양이 없으면 우리가 이렇게 있을 수 있어요? 없다 이 말이에요. 공기가 없으면, 물이 없으면. 바로 그 이치와 마찬가지로 세상의 모든 존재하는 것은 하늘이 있고 땅이 있고 서로 만물이 있기 때문이고, 하나도 떨어져 있을 수가 없어. 유기적인 관계에 있다 이 말이에요.

박재일 선생하고 김지하 씨하고, 우리 운동을 한살림이라고 이름을 짓는 게 좋지 않겠느냐고, 그렇게 결정을 했대요. 나보고 한살림이라고 하는 게 어떠냐고 그러데요. 그래서 야, 그거 기찬 말씀이다, 그랬어요. 바로 그거예요. 한살림은 서로 다 살아 꿈틀거리는 것을 가리키는 것입니다. 그런데 우리는 눈에 보이는 것만 가지고 계산을 하려고 든단 말이에요. 그런데 늘 눈에 보이지 않는 그 자리를 보러 갈 수 있어야 됩니다.

불가의 선(禪)에 허회자조(虛懷自照)라는 말이 있어요. 자기를 비운다는 말씀입니다. 그런데 이 얘기는 노자의 《도덕경》에도 있고, 또 성경에도 있습니다. 복음을 보면 예수가 산으로 자꾸 올라가시지요. 세상에 내려가니까 자꾸 따지고 이것저것 얘기를 해. 사람들이 말귀를 못 알아듣고 욕심만 부려. 그렇게 되니까 답답해서 산으로 올라가서, 어찌하오리까 하거든. 가서 좌선을 해요. 하느님과의 대화란 건 뭐냐. 자기를 비우고 스스로 그 비운 마음을 보는 거예요.

제자들이 "선생님, 저놈들이 죄다 도둑놈들이고, 저희들이 가면 저희들을 죽이려고 할 텐데 어떻게 하면 좋습니까?" 그러니까, 예수님이 "뭘 걱정을 해. 마음 탁 놓고 가. 그러면 성령께서 다 가르쳐 줘" 그랬어요. 그 성령이 뭐냐. 슬기, 영(靈)이라는 얘긴데, 그 영은 뭐냐. 바로 생명이에요. 그 아버지의 세계, 빈 세계에서는 그냥 비우는 것이 아니라 살아서 일러줘요. 그런데 뭘 지금서부터 계산해? 계산하면 욕심이 있단 말이에요. 그래서 예수님이 "겁내지 말고 가거라, 겁내지 마라" 하신 거예요.

이 말씀은 불가에도 있어요. 석가모니 부처님이 제자들하고 어디를 가는데, "선생님, 여기가 산적의 소굴입니다. 사람들이 많이 죽는 데입니다" 그래요. 그러니까 석가모니께서 "아, 그래? 그럼 내가 보고 가야지" 하고는, 거기 올라가면서 "나와라" 하니까, 산적 대장이 나오더란 말이야. 나오더니 "너 거기 있거라" 하고 소리를 지르더란 말이야. 칼을 딱 차고 말이지. 그러자 석가모니가 "난 가만 있는데 네가 오고 있잖아" 그랬대요. 그게 뭐냐. 석가모니는 천하에 적이 없어. 쟤가 1등 하면 안되고 내가 1등 해야 될 텐데, 우리가 금메달 따야지 쟤들이 금메달 따면 안되는데, 그런 게 없다 이 말이에요. 그러니까 두려움이 없어요. 그런데 산적 놈은 세상의 좋다는 것은 다 껴안으려 드는 놈이에요. 그래서 석가모니가 저기 딱 나타나니까 마음이 움츠러들어서 찔러 죽일 생각까지 하는 거예요.

욕심이 없는 자는 두려움이 없는 거라. 계산이 없어요. 어차피 상대적인 세계는 선이다 악이다, 길다 짧다, 전부 반대가 있게 돼 있어요. 그렇지 않습니까? 그러니까 악이 없으면 선이 없다 이 말이에요. 또 장점이 없으면 단점이 없어. 1등을 하려도 2등 해주는 놈이 있어야 1등을 하잖아요?

요새는 그런 어머니가 안 계실 거예요. 예전에 우리가 시골에서 학교 다닐 적에는요, 자식이 통지표를 어머니한테 갖다바치면서 "엄마, 우리 반 애들이 50명인데 내가 50째 했어" 그러면, 어머니가 "야 잘했다" 그러거든요. 지금 보면 옛날 어머니들 참 무식하고 형편없구나 하지만, 사실은 이게 참 중요한 거예요. 옛날 어머니들이 어디 공부를 하셨어요? 그런 어머니들이 50째가 잘한 건지 1등이 잘한 건지는 몰라요. 그런데 그걸 몰라도 좋다 이 말이에요. 그 어머니들에게는 조건이 없어요. 아무런 조건이 없다고요. 그저 이 자식 건강하고 무병하고 장수하고 동네 아이들하고 말썽 피우지 않고 잘 크고, 그리고 이놈이 좋은 일 해주길 바라고 그러지, 1등 2등 3등이 무슨 상관이 있어요? 그런데 오늘날 부모들은 어때요? 내 자식이 꼭 1등 해야 되고, 요놈이 꼭 출세해야 되고, 요놈이 꼭 돈 많이 모아야 되고. 그러니까 공해가 올 수밖에 없잖아요. 1등만이 가치 있고 나머지는 무시되는 이건 엄청난 공해입니다. 그렇지 않아요? 이런 엄청난 짓을 우리가 겁도 없이 일상생활 속에서 행하고 있으니, 우리가 공해 자체 아니에요?

이제 노자의 말을 빌려서, 우리가 한살림운동을 하면서 꼭 지녀야 할 세 가지 마음을 이야기해볼까 합니다. 노자는 이걸 삼보(三寶)라고 그랬어요. 세 가지 보배라는 말인데 자애, 검약, 겸손, 이 세 가지입니다.

그럼 먼저 자애란 뭐냐. 예전에 명절이나 제사 때면 고기며 떡이며 음식을 차렸다가 남은 것은 다락에다 올려두잖아요. 명절이 지나도 그 맛있는 것이 분명히 다락에 있는데도 어머니는 그걸 우리한테 안 내놓으신단 말예요. 그래서 "어머니, 그거 맛있는 음식 좀 주세요" 하면, "객지 가 있는 누나가 방학에 오면 그때 같이 먹자" 그러시거든요. 저는 형제가 모두 5남매였어요. 제가 소학교 다닐 적에 누님은 여기 숙명학교를 다니느라 객지생활을 했어요. 요새야 먹을 게 풍족하고 맛있는 음식도 널려 있어서 그러지도 않겠지만, 그때는 어머니가 그러시면, 어머니 속을 이해도 못 하고 내놓으라고 떼를 쓰기도 하고, 어머니 안 계실 때 몰래 다락에 올라가서 훔쳐 먹기도 하고 그러지요. 그러면 어머니 말씀이 "다섯 손가락 깨물어봐라, 안 아픈 손가락이 있느냐" 그러세요. 이게 자애지요.

또 먹을 게 있으면 형제끼리도 서로 더 먹겠다고 다투고 그래요. 힘센 놈이, 약삭빠른 놈이 제 걸 먼저 먹고 다른 형제 것까지 뺏어 먹으려 들잖아요. 그러면 이제 싸움이 난단 말이에요. 그때 이놈들, 왜들 이러느냐, 하고 아버지나 어머니가 회초리 들고 나오셔서는 "넌 네 것 다 먹고 동생 것 뺏어 먹으면 안되잖아" 하시고, 또다른 자식한테는 "넌 좀 나눠 주면 어떠냐" 이렇게 나무라세요. 이게 옳은 거예요. 이렇게 뚜렷이 옳고 그름, 선악을 두지 않고 모두를 품는 마음이 바로 자애란 말이에요.

옛날에 머슴이 주인 방에 들어갔어요. "편히 쉬셨습니까?" 그러자 주인이 물어요. "여보게, 오늘 따뜻하지?" "아니올시다. 몹시 추운 날입니다." "뭐가 추워? 방이 이렇게 뜨뜻한데." 아랫목에 가만히 앉아만 있는 사람이니까 머슴이 추운 줄을 모르잖아요. 경우가 다르고 사정이 다른 거라. 사람을 부리려고 해도 종살이하는 머슴의 사정을 꿰뚫어 봐야지요. 머슴 집 식구들이 제대로 먹는지, 불이나 제대로 때는지, 겨울에 옷이나 제대로 입고 견딜 만한지, 그걸 전부 헤아려야지요. 가마 멜 놈이 밥을 제대로 먹어 배가 뜨뜻하고 몸이 뜨뜻해야 가마를 멜 수 있지 않겠어요.

민주주의 하자고 난린데, 요새 산골마다 가보면 쓰레기가 이렇게 쌓여 있지 않아요? 이것만 봐도 민주주의 아직 멀었죠. 좋은 거는 나만 가지면 된다 이 심보 아니에요? 나만 즐기고 가지면 되고 남이야 무슨 상관이 있느냐, 이렇게 남의 사정을 헤아릴 줄 몰라서는 민주주의가 안됩니다. 자애의 관계라는 건 말이지, 세상 일체가 하나의 관계라는 걸 말하는 거예요. 그리고 모두를 내 몸으로 인정하는 관계예요. 이 자애의 정신이 한살림의 기본 정신입니다.

그다음이 검(儉)인데요. 노자에 '치인사천막약색(治人事天莫若嗇)'이라는 말이 있어요. 사람을 다스리고 하늘을 섬기는 데 알뜰함만한 것이 없다는 말씀인데요. 그런데 지금은 알뜰할 수가 없게 돼 있어요. 왜 알뜰할 수가 없게 돼 있느냐. 지구 전체가 지금 온통 장삿

속으로 돌고 있어요. 죄다 욕심판이에요. 그걸 하면 돈이 얼마나 드느냐, 그거 하면 얼마나 받느냐, 박사 되면 월급을 얼마나 받나, 사장 하면 얼마를 받느냐, 전부 이 관계예요. 그러니까 이렇게 돈이 기준이 돼 있는 세상이니까, 사람이 기본적으로 살아가는 데 적당한가 알맞나, 이러한 문제는 얘기도 안되는 거라. 옷도 유행에 따라서 맞춰 입지 않으면 그 사람은 흰 오리떼 속의 검은 오리 모양으로 어울리지 못하는 거죠. 세상이 그렇게 돼 있잖아요.

그렇게 되니까 지구가 파멸 상태로 가고 있어요. 인간의 이 문명이란 게 어느 지경까지 왔느냐. 미국도 그렇고 소련도 그렇고, 영국, 독일, 불란서 같은 소위 선진국이라는 나라들, 심지어는 우리까지도 사람 죽이는 무기를 생산하고 있어요. 그게 지금 이익이 제일 많아요. 전부 무기장사라고. 그러면서도 우리가 문화인이라고 문명인이라고 거들먹거리고 있으니 완전히 난센스죠. 그것을 받쳐주고 있는 오늘날의 학문, 오늘날의 문화, 오늘날의 문명이 도대체 뭐예요? 자원을 누가 많이 차지해서 누가 많이 만들어서 누가 많이 팔아먹느냐 하는 데 모두들 혈안이 되어 있잖아요. 이익을 많이 남기는 놈이 왕인 세상이에요. 그것은 반(反)생명적이고 반자연적이고 반인간적인 거예요. 그것이 얼마나 낭비를 가져오고 무한정한 소비를 가져옵니까. 그러면서 결국은 한정되어 있는 지구의 자원을 고갈시켜 버리는 거라. 그렇지 않습니까? 사람 죽이는 무기를 생산해서 돈을 벌려고 아우성을 치다니, 도깨비도 이런 짓은 안해요. 심각한 문제지요. 앞에서 말한 '색(嗇)' 자를 봅시다. 요게 '인색하다'고 쓸 적의 '색' 자인데요. 그런데 인색하다는 건 남에게 베풀지 않는다는 얘긴데, 여기서는 사물을 '알뜰히 여긴다'는 얘기예요.

동학의 2대 교주이신 해월 선생은 "밥 한 사발을 알면 세상만사를 다 아느니라", 그런 말씀을 하셨어요. 의암 손병희 선생도 "밥 한 사발은 백부소생(百夫所生)이라", 즉 많은 농민들이 땀 흘려서 만든 거다, 그러셨어요. 그런데 사실은 사람만이 땀 흘려서 만든 것이 아니라 하늘과 땅과 일체가 앙상블이 되어서, 하나로 같이 움직여서 그 밥 한 사발이 되는 거 아니에요? 그러니까 그 밥 한 사발은 우주적인 만남으로 되는 거지요. 한 걸음 더 들어가보면, 해월 선생 말씀에 이천식천(以天食天)이라는 말씀이 있어요. 하늘이 하늘을 먹는다는 말이에요. 동학에서 일컫되 인내천(人乃天)이라, 그리고 사람만이 하늘이 아니라 곡식 하나도 한울님이다 이 말이야. 돌 하나도, 벌레 하나도 한울님이다 이 말이에요. 그러니까 자연을 무시하면서 — 그건 공산주의든 자본주의든 마찬가지예요 — 무한히 자원을 개발해서 제대로 분배만 하면 그게 복지고 민주주의인 줄 알았어요. 그런데 이게 지금 한계에 와 부딪히고 있잖아요. 이래가지고는 이제 인류가 살 수가 없다는 거예요.

사실 자연의 모든 존재가 인간이 살 수 있도록 뒷바라지해주고 있어요. 그 뒷바라지가 없으면 사람은 살 수도 없어요. 그러니까 이 밥 한 그릇의 이치를 알게 되면 만사를 다 알게 되느니라 하셨고, 그래서 하늘이 하늘을 먹는다는 거예요. 중요한 이야기지요. 그런데 거기에 갈비가 있어야 되고, 외국에서 들여온 무슨 좋은 음식이 있어야 되고, 그래야 잘 먹는 거다 하는 생각, 그거는 잘못되어도 한참 잘못된 생각이지. 그 길로 우리가 잘못 온 거지. 그렇지 않아요?

요새 영양문제에 대해서 말들이 많잖아요. 무슨 영양분이 있어야 되고, 어떤 것은 없으면 안되고. 뭐 영양학 같은 학문까지 있어서 이렇게 떠들어대는데, 그런데 우리는 이제 차원을 달리해서 봐야 해요. 오늘날 과학이란 게 전부 분석하고 쪼개고 비교해서 보는 건데, 우리는 통째로 봐야 해요. 쌀 한 알도 우주의 큰 바탕, '빽'이 없으면 생길 수가 없잖아요. 벌레 하나도 이 땅과 하늘과 공기와 모든 조건이 없으면 존재할 수가 없어. 하물며 인간은 어떻겠어요. 아침에 일어나면 말이지, 벌써 땅이 나를 받쳐주고 있잖아요. 태양이 동쪽에서 떠올라 비춰주고 있고, 이 맑은 공기가 숨을 쉴 수 있도록 해줘요. 한 5분만 코를 막아봐. 누구든 죽지. 만물이 있기 때문에, 그리고 일하는 만민(萬民)이 있기 때문에 모두가 한 몸으로 꿈틀거리고 있어요. 모두가 이 한 몸을 지탱해주고 있단 말이야.

"사람을 다스리고 하늘을 섬기는 데는 알뜰함만 한 게 없다"했어요. 그 얘기는 뭐냐. 우리가 농사지은 거, 그리고 모든 물건을 알뜰히 해서 소중히 쓰면 많은 사람에게 베풀 수 있어요. 알뜰하게 해야 남는 것을 주지. 하늘과 땅과 만물의 도움으로 생긴 물건을 알뜰하게 모시고 남는 것을 이웃과 함께 나누는 게 바로 한살림의 정신이에요. 그런데 요새 우리 사는 꼴이 이 검약과는 멀어도 한참 멀어요. 우리 옛날 속담에 "너구리 굴 보고 빚돈 내 쓴다"는 말이 있어요. 너구리가 지금 내 손에 있는 것도 아닌데 "나 너구리 있어. 그거 잡고 돈 좀 꿔줘" 그렇게 허황하고 어리석은 짓을 한다는 거지요. 내가 월급이 얼만데, 저 물건 당장 탐이 나니까 월부로라도 들여놓자고 그러고, 다달이 그 빚을 물고 가잖아요. 이건 제대로 사는 게 아니라 겉도는 거예요. 그러니 남을 돕기는 어떻게 도와, 이미 빚살림을 하고 있는데.

여기 아주 좋은 장농이 하나 있다 칩시다. 내가 죽고 손자 대, 증손자 대까지 물려 써도 까딱없는 좋은 건데, 그런데 이게 요새 유행하는 이태리 장하고 멋이 좀 달라. 그러니까 그 멀쩡한 장농을 내버린다 이 말이에요. 그리고 새것을 들여와. 그것도 빚으로 들여와요. 아무개네 집에도 그거 들여오고 아무개네 집에도 들여오고…. 그게 또 식상해지면 이제는 돈 있는 사람들이 옛날 것을 골동품이다 뭐다 해서 비싼 돈 주고 다시 사서 모으고. 죄다 그 짓 아니에요? 다들 뭣에 홀려 있는데, 장사치들이 그렇게 최면을 안 걸면 어떻게 장사를 해먹겠어요. 미국에서 흑인들이, 마틴 루터 킹 같은 분이 앞장을 서서 흑인도 사람이다, 하고 팔을 걷고 인권운동을 했어요. 그런데 그때 전세계에 검은 것은 아름답다, 흰 것만이 아름다운 것은 아니다, 해서 검은 인형들이 나도는데, 기왕이면 이걸 흑인들이 장사를 하면 오죽이나 좋겠어. 하지만 이것도 백인 장사꾼들이 울궈먹더라고. 이 한국에도 웬만한 집에 보면 그때 쏟아져 나온 까만 인형들이 다 있어요. 아무튼 사기 치고 우려먹는 데는 이런 머리 좋은 장사치들을 따라갈 수가 없어요. 그러니까 우리는 잘났다는 사람, 세상에서 좋다는 거, 이런 데 홀리지 말아야 해요. 거기에 홀리면 가는 거요. 다 같이 가니까 가는 줄도 모르고 가는 거요.

옛날에 내가 5·16 쿠데타 나고 사흘 만에 유치장에 들어갔는데, 내가 제일 늦게 잡혔어요. 나하고 같이 일 거들던 분들이 먼저 다 유치장에 들어가 있었는데, 밤 12시가 지나서 특무대를 거쳐 내가 딱

들어가니까 "야, 만세" 하더라고. 아, 내가 들어가면 싫어해야 될 것 아닙니까. 동지가 하나라도 잡혀 들어오면 재미가 없는 것 아니야? 그러나 지옥도 같이 가니까 반갑다, 이 얘기지.(웃음)

지금 얘기가 치인사천막약색(治人事天莫若嗇)이라, 알뜰함에 대해 이야기하고 있는데요. 요새 더러들 일본 가서 공부를 하고 와요. 또 일본을 관찰하고 오기도 하고. 일본 어느 재벌의 회장 댁에 갔더니 집이 겨우 20평이더라 이거야. 하기야 그렇지. 내외가 사는데, 늙은 할망구하고 둘이 사는데 20평이면 과하지. 또 식탁을 보니까 반찬이 몇 가지 없고 아주 소박하게 살더라 이거야. 기름지게 먹어봐야 동맥경화증 생기고 성인병만 생기니까 그렇게 됐겠지, 왜 그것 때문에 놀라요? 그 사람들이 거기까지 온 것은 세계 약소국가들에서 장사 기차게 해먹으면서도, 그래봐야 별 볼 일 없으니까 소박해진 거야. 뭘 놀라, 놀라긴. 우린 그렇게 둘러 가지 말고 우리가 스스로 깨달아서 하늘과 땅과 대자연, 그 속에서 이 만물과의 관계를 깨닫고 우리 자리를 깨달아서 '알뜰함'과 '소박함'을 배워야 합니다.

아까도 얘기했습니다만 벌레 하나, 돌 하나, 풀 하나에 다 하느님이 함께하시는 거예요. 가톨릭에 보면 아시시의 프란치스코 있잖아요. 그분의 평화의 기도는 얼마나 멋있는 기도입니까. 그런데 이걸 교회 가면 입으로만 외는 거라, 가슴으로 하지 않고. 그러니까 내가 그렇다는 얘기에요, 여러분이 그렇다는 건 아니고. 이 양반은 말이지 들에 가면 꽃하고 대화를 하잖아. 새하고 대화를 하고. 들짐승들하고 대화를 하고. 하느님 아버지가 함께하는 거를 거기서 보는 거라. 그런데 이 얘기를 요새 교회에서는 기가 막힐 정도로 안해요. 교

회 안에만 하느님이 계신 건 아니잖아요. 그러니까 사람을 다스리고
—다스린다는 얘기 재미없지요?—사람을 모시고, 하늘을 섬기는
길은 알뜰함만 한 게 없다는 거요. 알뜰해야 모시고 대접하는 거라.
그렇기 때문에 농부가 타작한 뒤에 마당에 콩 하나 팥 하나가 있을
때 그걸 집어서 모으잖아요. 그 작은 콩 하나 팥 하나 속에 우주 전
체의 힘이 들어 있는 거라. 만남이 거기 들어 있고, 생명이 있는 거
라. 알뜰하다는 게 굉장히 중요한 겁니다.

그다음이 겸손이에요. 겸손해야 돼요. 지금 저처럼 이렇게 방자하
면 안되고.(웃음) 겸손은 뭐냐. 세상에서 남에 앞서려고 그러지 말란
말이에요. 지금은 정반대 아닙니까? 요새 가끔 데모하는 운동권 학
생들이 나를 찾아와요. 다들 민주주의 하겠다고 그러지요. 열혈남아
들이고 용기 있는 학생들이에요. 그걸 부정하는 게 아니에요. 그런
데 예를 들면 "자네, 여기 과반에 사과가 여러 개 놓여 있다. 자네는
어떤 것부터 먹겠는가?" 물으면 대답을 못해. "무슨 말씀을 하십니
까? 그냥 먹으면 되지 않습니까?" 그래 다시 물어요. "여기 우리 대
여섯이 둘러앉아 있는데 과반에 과일이, 사과가 놓여 있는데, 그중
에는 좀 이쁜 사과도 있고 찌그러진 사과도 있고 더 잘난 사과도 있
고 그래. 그럼 어떤 것부터 먹어야 돼?" 그래도 답변을 못해. 왜 답
변을 못 하느냐. 여태껏 가정의 교육이나 사회의 교육이나 세상의
교육이 그런 거라. 좋은 것 먼저 제가 집어 먹도록 가르치잖아요. 다
같은 그렇고 그런 사과지만, 보기에 좀 못난 사과부터 자기가 집어
야지. 그리고 좋은 건 상대를 먹이려고 줘야 하잖아요. 그런데 지금
은 어떻게 되느냐. 좋은 건 제가 집어 먹으면서 민주주의를 하겠다

고 그런다 이 말이에요. 그래가지고 민주주의가 되겠어요? 민주주의는 상대에 대한 존경과 상대를 귀하게 여기는 데서 오는 거지. 상대가 좀 실수를 했어도 "앞으로는 더 잘 하셔야죠. 지난번 그건 좀 좋지 않았어요. 더 잘 하셔야죠" 그래야 되잖아요? "지난번에 그따위로 했으니까 넌 꺼져" 그렇게 해서 민주주의가 되겠어요? 그따위 민주주의는 서양애들은 하는지 몰라. 그렇기 때문에 전세계를 이 꼴로 만들어놓은 것 아니에요?

자본주의라는 게 뭐예요. 같은 사업을 하는데, 새로운 아이디어가 조금 개발이 되면 수천억 불을 들였어도 먼저 하던 쪽은 깨어지게 되어 있다 이 말이야. 그래도 새로 개발한 이쪽은 고소해서 거봐라, 이런단 말이에요. 그게 좋은 거예요? 말도 안되는 얘기지요. 수천억 불을 들여서 만들어놓은 것이 깨요. 그 수천억 불은 하루아침에 되는 것도 아니고 수많은 일하는 사람들의 노력이 쌓여서 된 거예요. 그러나 경쟁에 의해서 한쪽은 새로운 물건을 신나게 팔아먹고, 한쪽은 안 팔려서 무너진다, 그런 걸 좋다고 할 수가 있어요? 공산주의도 다른 차원으로 또 마찬가지지만. 그러니까 안타깝다는 거죠.

우리는 샘도 좋아하지만, 바다가 되자면, 크자면 말이지요, 아래로 내려가야 돼. 그걸 노자 선생께서 잘 말씀하셨어요. 예수도 같은 말씀 하셨잖아요. "나보고 주여, 주여 하지 말고 세상에서 짓밟혀서 억울한 놈들, 세상에서 가난한 놈들, 세상에 모난 놈들, 거기 가서 만나. 그러면 날 보는 거야." 큰 나무가 이렇게 크게 되자면 그 밑에 수많은 잔뿌리가 있어야 해요. 잔뿌리 없이 큰 나무가 될 수가 없어요. 그러니까 대(大)와 소(小)는 하느님 아버지의 차원에서 보면 같

세상 일체가 하나의 관계 75

은 거라. 그게 바로 한살림의 차원이에요.

　여러분, 이솝우화의 사자를 구해준 생쥐 얘기 다 아시지요? 손아귀에 겨우 요만큼 끼는 조그만 놈이 그저 살려달라고 한단 말이야. "대왕께서 어려운 일이 있을 때는 제가 꼭 도와드리겠습니다. 은혜를 갚겠습니다. 그러니 저 좀 살려주십시오" 하고 애걸복걸하니까, 이건 입에 넣어봐야 잇새에 끼이기나 할 거고, 그래서 사자가 내동댕이쳤단 말이야. 그런데 어느 날 사자가 사냥꾼들이 쳐놓은 그물에 걸려서 이젠 죽는다 하고 아우성을 치니까 들쥐가 와서 그걸 다 끊어주잖아요. 그럼 여기에서 사자는 뭐고 들쥐는 뭐냐 이 말이에요. 작은 것이 큰 것이 되고 큰 것이 형편없는 게 되는 것을 우리는 보잖아요. 여러분, 대통령이면 얼마나 근사한 자리입니까. 그러나 요새 '연희궁'에 계신 전 대통령이나 이순자 씨가 저 창밖에 나는 새 한 마리만도 못할 거요. 마음이 그럴 것 아닙니까? 얼마나 답답할 겁니까? 저 밖에 나는 나비 한 마리 신세만도 못한 거라. 그 엄청난 돈, 그 엄청나게 번들거리고 다녔던 그 7년 세월이 종이 한 장, 책장 한 장 넘기듯이 끝나는 거라. 그렇지 않아요?

　그러니까 환상에 잡히지 말아야 해요. 제일 중요한 것은 욕심 가지지 않는 그 세계에 비춰 보는 거예요. 그렇게 되면 하나도 버릴 게 없어요. 그리고 성경말씀에 악인이든 선인이든 누구에게든 하느님이 비를 내려주듯이 너희들도 그렇게 해라, 그런 말씀 있잖아요? 마찬가지라. 될 놈 안될 놈, 똑똑한 놈 멍청한 놈, 다 있지만, 그것을 어머니가 다 자애스럽게 품어 안는 것처럼 하라는 거지요. 무심(無心)에서, 욕심 없는 상태에서 보지 않으면 한살림운동은 시작부터 갈

지자로 가는 거라. 그러니까 이 한살림이란 말이 엄청난 말이지요. 우주의 생명의 차원, 진리의 차원, 그 자리에 서서 문제를 보고 가야 지요. 한살림은 영원의 자리에 서서 투영하는 거예요. 이것은 단순 히 무농약·무공해, 이런 차원 가지고 되는 게 아니에요.

지금까지 자애와 검약, 겸손, 이런 얘기를 했는데요. 한살림의 기 본 정신은 이러한 자애가 바탕이 되어야 해요. 그렇기 때문에 만나 는 물건마다 알뜰하게 대해야 한다는 거라. 한번 더 말하지만, 알뜰 함이란 인색하게 나만 갖는다는 거하곤 달라요. 마땅히 좋은 데에 베풀기 위해서 소중히 다룰 줄 아는 거지. 그리고 겸손한 자세로 모 든 것을 받아들여야 해요. 이런 겸손의 토대 위에서 세상을 넉넉하 게 하고 풍요롭게 하는 거예요. 알뜰함으로 세상의 누구도 굶주리 지 않게 하고, 자애 속에서 잘못한 사람조차 안식처를 찾도록 하자 는 게 한살림 정신인 거라. 예수님은 전 우주가 나를 받쳐주기에 내 가 있음을 알았기 때문에 짐 진 자들, 의지할 데 없는 어려운 자들, 다 나한테 오라고 할 수 있었고, 향아설위(向我設位)를 가르친 해월 선생도 무궁무진한 시초가 나와 함께 계시다는 것을 말씀하신 거예 요. 이 엄청난 진리를, 타락하고 부패한 도시 속에서 펼쳐 나가고자 하는 것이 한살림의 뜻입니다.

한살림은 쉽게 이루어지지 않는 어려운 일이에요. 속담에 "연자 방아 돌리던 망아지는 밭에 가도 돌기만 한다"는 말이 있어요. 여태 까지의 습관, 관행을 버리기가 그만큼 어렵다는 얘기지. 결국은 자 신 스스로의 끊임없는 결단을 통해서 자애와 절약, 겸손을 바탕으 로 전체를 보고 가는 지혜가 필요합니다. 이만 마치겠습니다.

시(侍)에 대하여

한살림 공부모임에서 제 차례가 여러 번 왔는데도 말씀드릴 건더 기가 없어 미루다 보니 마지막 차례가 되었습니다. 그런데 가만히 생각해보니 정말 할 이야기가 없어요. 그래서 어려서 지내던 이야기 몇 마디 하는 것으로 대신할까 합니다.

아마 서너 살 때인 것 같은데 명절이 되면 별식이 많잖아요. 이 것저것 먹다 보면 배탈이 나지요. 요즘에야 뒷간이 집 안에 다 있지 만 그때는 대개 30~40미터 떨어진 곳에나 있었습니다. 볼일은 낮이 나 아침에 훤할 때 보는 법인데 밤에 배탈이 났으니 뒷간엔 가야겠 고 뒷간엔 불도 없는 데다 네댓 살의 아이들은 가랑이를 쭉 벌려야 만 널빤지에 오를 수 있거든요. 그래서 자꾸 칭얼거리면 어른들이 등불을 켜서 변소 앞까지 데려다주면서 "저기 닭장 앞에 가서 구부

한살림모임 창립기념 강연, 1989년 10월.

78

렁구부렁 큰절을 세 번 해라. 밤똥은 닭이나 누지 사람도 밤똥을 누느냐"고 말씀하셨어요. 그러면 "밤똥은 닭이나 누지 사람도 밤똥을 누느냐" 하면서 세 번 큰절을 하고 후련하게 방으로 들어와 잠을 잔단 말이에요. 그런 생활을 어려서 했지요. 그러니까 동심의 세계에서는 '내가 인간인데!' 하고 잘났다는 생각이 없었다고요. 이 점에 있어서는 닭이 나보다 낫구나 하고 생각했지요.

그리고 학교를 다닐 때였는데 집에 일찍 돌아왔는데, 어머니는 개울가에 빨래를 하러 가셨고 빨래가 많아서 늦게 돌아오시면, 저는 배가 고프니까 울타리 밑에 가서 살구를 따 먹지요. 그러면 수염이 이만한 할아버지가 "일순아 뭐 해, 이리 와" 하신단 말씀이야. 그래서 예, 하고 가면, "너 뭐 하는 거냐" 하시지요. 그래 내가 "배가 고파서 살구 좀 따 먹어요"라고 하면 "그 살구는 익어야 따 먹는 거야. 살구는 니 아범이 심은 거지 니가 심은 거 아니잖아, 그러니까 따 먹으면 안돼. 살구가 익으면 그걸 다 따서 할머니 할아버지, 너희 아버지 어머니, 형제자매 그리고 같이 일 봐주시는 분들과 나눠 먹어야지 그것을 지금 따 먹으면 되는가, 알았지" 하고 타이르셨어요. 그럼 예, 할 수밖에요. 어떤 분 말씀이라고 안 들을 수 있어요.

어려서 학교를 가기 전에는 글방에 다녔고, 예닐곱 살 때에는 놀지도 못하게 하시면서 집에서 자꾸 글씨를 쓰라고 하셨는데 나보다 서너 살 많은 사람들이 와서 같이 붓글씨를 썼거든요. 그런데 붓글씨만 쓰면 심심하고 재미가 없단 말이에요. 그래서 두 패로 조를 짜서 울타리 밑에다 한 평이나 두 평씩, 밭을 조금 일구어 완두콩이나 강낭콩을 심고 어느 쪽이 먼저 나나 보자구 했단 말이에요. 그래서 나도 어느 편에 소속되었고, 우리집 울타리 안이니까 어느 쪽이 먼저 나나 맨날 지켜보는데, 다른 패 쪽에서 먼저 완두콩 싹이 나더란 말이야. 그래서 슬그머니 가서 완두콩 대가리를 딱 잘라버렸지. 이것은 지금까지 누구에게도 고백을 못한 하나의 사실인데 엄청난 거란 말이에요.

또 사다리를 놓고 둥지에서 알이나 새를 끄집어내는데, 그러다 보니 서툰 솜씨에 알도 깨뜨리고, 아이들이 주무르다 보니 새가 할딱거리고, 할딱거리니까 죽을 것 같아서 살라고 아이들이 똥구멍에 바람을 불어 넣는단 말이에요. 그러면 새가 팔딱거려서 살 것 같은데 죽는단 말이야. 이런 짓을 꽤 했어요. 일상생활 속에 대단치도 않은 것 같던 일들이 그 안에 엄청난 이야기들이 다 있더란 말이에요.

해월 선생님의 말씀에 보니까, 천지만물 막비시천주야(天地萬物莫非侍天主也)라, 하늘과 땅과 세상의 돌이나 풀이나 벌레나 모두가 한울님을 모시지 않은 것이 없다. 그래서 제비 알이나 새알을 깨뜨리지 말아야 하고, 풀잎이나 곡식에 이삭이 났을 때 꺾지 말아야 되거든요. "새알이나 제비 알을 깨뜨리지 않으면 봉황이 날아 깃들 것이고, 풀의 싹이나 나무의 싹을 자르지 않으면 숲을 이룰 것이고, 그렇게 처세를 하면 그 덕이 만물에 이른다. 미물까지도 생명이 함께하신다고 모시게 되면 그렇게 된다"고 말씀하셨더란 말이에요. 그러니까 새알을 깨고, 팀을 나눠 경쟁해서 남이 안 보니까 남의 밭에 나는 콩 싹을 잘라버리는 것들이 제국주의보다 나은 것이 하나도 없어요. 제국주의란 것이 바로 이런 데 있는 것 아니겠어요? 그러니까 모신다는 기본적인 이야기는 아주 자연스러운 작은 것부터 이야기가 되어야 되지 않겠나 하는 생각이 들더라구요.

그래서 '시(侍)' 자를 들여다보니까 엄청나요. 그 안에는 '시양(侍養)한다'거나 '시봉(侍奉)한다'(봉양해서 먹여 모신다)거나 '사양(飼養)한다'(아랫사람을 먹여 잘 키운다)는 일체에 대한 이야기가 들어 있어요. 산에 가봤느냐, 산이 어떻더냐? 산에 가면 산이 둥그렇고 위는 뾰족하고 밑은 넓지. 산에는 뭐가 있더냐? 바위도 있고 나무도 있고 풀도 있고 헤아릴 수 없이 많이 있단 말이에요. 산이 되는 조건은 여러가지이지요. 바위도 있어야 하고 나무도 있어야 하고 나무도 한 가지가 아니라 수만 가지여야 하고 풀도 있어야 하고 여러가지가 다 있어야 산이 된단 말이거든요. 그 각자는 산이 되는 조건으로 빠질 수가 없으면서도 서로를 무시하지 않아요. 그러니까 옛날에 착한 분들이 써놓은 책들을 보면, 특히 우리나라의 성인이라 할 수 있는 수운(水雲) 최제우(崔濟愚) 선생이나 해월 최시형 선생의 말씀을 보면 그 많은 말씀이 전부 시(侍)에 관한 말씀이라. 그러니까 이 구석을 들여다봐도 '시'고, 저 구석을 들여다봐도 '시'고, '시' 아닌 것이 없어요. 그래서 어느 구석에 가서도 그거 하나만 보고 앉아 있으면 편안한 거라.

사람이 일상생활에 있어서 만 가지를 다 헤아리고 갈 수는 없는 거지요. 그러나 자기가 타고난 성품대로 물가에 피는 꽃이면 물가에 피는 꽃대로, 돌이 놓여 있을 자리면 돌이 놓여 있을 만큼의 자리에서 자기 몫을 다하고 가면 모시는 것을 다하는 것이라고 저는 생각해요. 그렇다고 해서 딴 사람이 모시고 가는 것을 잘못됐다고 할 수도 없지요. 있음으로써 즐거운 거니까. 동고동락(同苦同樂) 관계거든요. 요샌 공생(共生)이라고도 하는데 본능적으로 감각적으로 편하고 즐거운 것만 동락(同樂)하려고 든단 말이에요. 그런데 '고'가 없이는 '낙'이 없는 거지요. 한살림 속에서도 '고'와 '낙'이 함께 있어야 된다고 생각해요. 더불어 함께하는 것이지요. 즉 공생하는 건데, 공생관계는 각자를 긍정해주는 것이란 말이에요. 각자를 긍정해줘야 모시는 것이 되는 거잖아요? 그렇게 되면 어떻게 되겠어요. 제 주머니에 넣으려고 하지를 않겠지요. 상대방이 있게끔 노력하는 거니까. 그것이 제가 생각하기에는 시(侍)의 극치가 아니겠나 생각합니다. 그러니까 동고동락한다는 것 자체가 생활이지 동락만 한다면 생활이 아니라고 생각합니다.

그런데 해월 선생은 "시(侍)는 무위이화(無爲而化)다", 이런 말씀을 하셨어요. 공자는 또 이런 말을 했습니다. "하늘이 뭔 얘기가 있더냐. 그래도 사철은 돌아가고 있다. 그렇기 때문에 만물이 나지 않느냐." 그러면 무위이화 속에서 사람은 어떻게 해야 하나. 그 조홧속이란 것이 무위이화란 이야긴데, 그 속에서 사람은 그 이치를 알고 참여하는 것, 그러니까 일컫자면 창조적인 참여라고나 할까요. 사욕을 차리기 위해서 하는 것이 아니라 온 우주가 본원적으로 가지고 있는 그 이치를 깨달아 자기도 거기에 동참한다는 것입니다. 그것이 바로 시천주조화정(侍天主造化定)의 핵심이지요. '조화정(造化定)'은 시(侍)가 움직거리는 것, 즉 모시는 근원에 있어서 하나의 태도이지요. 그러니까 아까 이야기한 새알이라든가 나무의 싹을 잘라서는 안된다거나 하는 이치가, 살아 있는 것에 대한 존경 그것을 이야기하고 있는 것이지요.

오늘날 우리가 시(侍)의 문화가 되지 못하고 있는 이유는 무엇이냐. 생산활동도 돈을 벌기만 하면 되게 되어 있단 말이에요. 돈 벌기 위한 생산만을 하고 있다는 말이거든요. 그렇게 되니까 공업이 중점적으로 되는 생산이 되어버렸단 말이에요. 농업은 경제활동 자체에서 사장이 되어버렸어요. 그래서 농민회에서 쌀값 보장해달라고 해도 그것이 인정이 안되는 거라. 공업이라는 것은 원료 자체가 살아 있지 않아도 되지요. 그렇게 해서 계산만 맞추면 돼. 그런데 농업이란 것은 어떻게 되어 있나. 씨알 자체에서부터 살아 있어야 돼. 사람의 입에 들어갈 때까지도 그것은 살아 있는 것이어야 돼요. 오늘날의 경제는 협의의 경제라 이 말이야. 생명을 모시는 경제가 아니라고요. 썩지만 않도록 방부제를 치고 한 것 가지고 돈만 벌면 된다구요. 그러니까 시장경제라고 하는 것은 돈을 모시는 경제지, 생명을 모시는 경제가 아니다 이 말씀이야. 문제는 농민들이 스스로 오늘날의 공산품 틀 속에 들어가서 문제를 해결하려 하니까 본원적인 문제가 해결이 안되는 거라.

지금 제가 이 자리에서 말씀드리고 싶은 것은, 천지자연의 원칙대로 그 돌아감을 깨닫고 이해하면서 그것에 맞춰서 생활에 동참하는 것. 그 속에서 일을 처리해나갈 때 어떻게 되느냐. 그때 자기의 본의든 본의가 아니든 시(侍)의 틀 속에서 자기도 생활하고 나아간단 말이지요.

오늘 이렇게 같이 모인 여러분들은 그것을 정성 들여 해결하려고 더욱 이해하시면서 갈 것이라고 생각하지만, 여러분이 깊이 이해를 하고 가시면서 생활의 틀을 그렇게 하니까 더욱 좋더라 하게 되면,

나중에 오는 분들로 하여금 더욱 쉽게 하게 해줄 수가 있겠지요.

> 天地自然(천지자연)의 平易(평이)하고 簡單(간단)한 法則(법칙)
> 에 따라 易則易知(이즉이지)하고 簡則易從(간즉이종)하고 易知則
> 有親(이지즉유친)하고 易從則有功(이종즉유공)―易簡而天下之理
> 得矣(이간이천하지리득의)니라.
>
> 《역경(易經)》

모든 일상생활에서 모든 것을 이렇게 처리해야 된다는 것인데,
"쉬우면 쉽게 알 수 있고, 간단하면 쉽게 따를 수 있고, 쉽게 알 수
있으면 친할 수 있고, 쉽게 따를 수 있으면 공을 이루리라―쉽고 간
단함 속에 천하의 이치를 얻을 수 있나니라" 하는 말씀이에요.

여기서의 시(侍)라는 것이, 어렵게 이야기가 되는 방향보다는 생
명운동이란 어차피 모든 문제가 생명 속에 하나둘 살아나는 것인데
그것을 쉽게 따라갈 수 있게 처리가 되어야 되지 않겠나, 저는 그렇
게 생각하고. 그리고 그것은 원래 전체를 모시고 갈 수 있는 하나의
생활태도가 아닌가, 그렇게 생각해보는 거예요. 그러니까 이 구석을
봐도 시(侍)고 저 구석을 봐도 '시'고 '시' 아닌 게 없는데, 그것을
모신다고 하고 함께 사는 관계를 키워간다는 자세를 가지고 있다면
'시' 아닌 것이 없지요. 전부가 '시'지요. 그렇게 됐을 때는 쉽게 알
수 있고 쉽게 행동할 수 있고 쉽게 따를 수 있고, 그렇게 처리가 되
었을 때에 일은 비로소 제자리에 크게 돌아갈 수 있지 않나 하는 생
각을 좀 해봤어요.

오늘 여러분을 모시고 말씀드리고 싶은 것은 한살림운동, 생명운동, 이 모임이 어렵게 이야기되지 않고 쉽게 이야기가 되고, 또 서로 모시는 입장, 일체를 모시는 입장으로 결국은 그렇게 되어야 되지 않겠나 하는 거예요. 참 쉬우면서도 어려운 이야기지요. 더구나 이 것을 정반대의 문명·문화 속에서 해가자면 많은 어려움도 있을 거예요. 그래도 쉬운 가운데서 처리해나갈 수 있는 그런 슬기를 가지고, 모든 것에 고개를 숙이고 모시는 자리에 있게 되면 결국은 깃들지 않겠나, 저는 그렇게 생각합니다.

아무쪼록 여러분이 하시는 일에 복이 함께하기를 빌면서 저의 이야기를 끝내겠습니다.

자애와 무위는 하나

하계연수를 하는데 몇 마디 말을 하라는 이야기를 한 열흘 전에
들었는가 합니다. 그런데 그 숙제를 받고서 자신이 없어요. 그런데
마침 그저께 모처에서 자연학습 내지 자연농을 하는 친구들하고 식
사를 하다가 육찬수 도우(道友)가 〈백발가〉를 하는데 그렇게 기분
이 좋을 수가 없어요. 점심에 상추 놓고 막걸리 한잔 먹으면서 말이
지요. 그래서 야, 며칠 있으면 저 자연학습원에서 나보고 특강을 하
라고 하는데 네가 하는 〈백발가〉로, 말하자면 내 특강을 대신해줄
수 없느냐, 너 좀 꼭 오너라, 그랬어요. 지금 인간문화재 밑에서 기
숙을 같이하며 창을 배우는 친구예요. 어려서부터 하도 고생을 해서
그 답답한 것을 뒷산에 올라가서 노래로 늘 소화를 하고 그랬던 친
구인데, 결국은 앞으로 자연농을 하겠다고 해서 최성현 씨하고 박

한살림모임 하계연수회 특강, 1990년 7월.

달재 있는 데서 자연농 연수를 하고 그 외에는 서울에서 선생님 밑에서 창을 하는 친구예요. 그런데 약속을 그렇게 했으니 어떻게 합니까? 우리 육찬수 도우의 〈백발가〉 몇 마디 듣고서 제 이야기를 하겠습니다.

이리 나오세요. 〈백발가〉를 하려면 머리가 하얘야 하는 게 아닙니까? (웃음)

"제가 연륜이 짧아가지구요. 잘되려나 모르겠습니다."

이 산 저 산 꽃이 피니 분명코 봄이로구나.

봄은 찾아왔건마는 세상사 쓸쓸하더라. 나도 어제 청춘이러니 오늘 백발 한심허구나. 내 청춘도 날 버리고 속절없이 가버렸으니 왔다 갈 줄 아는 봄을 반겨한들 쓸데 있나.

봄아, 왔다가 가려거든 가거라. 네가 가도 여름이 되면 녹음방초 승할시라 옛부터 일러 있고, 여름이 가고 가을이 돌아오면 한로삭풍 요란해도 제 절개를 굽히지 않는 황국단풍은 어떠한가. 가을이 가고 겨울이 돌아오면 낙목한천 찬바람에 백설만 펄펄 휘날리어 은세계가 되고 보면 월백설백 천지백 허니 모두가 백발이 벗이로구나.

무정세월은 덧없이 흘러가고 이내 청춘도 아차 한번 늙어지면 다시 청춘은 어려워라. 어화, 세상 벗님네들 이내 한 말 들어보소. 인간이 모두가 팔십을 산다고 해도 병든 날과 잠든 날, 걱정 근심 다 제하면 단 사십도 못 사는 인생 아차 한번 죽어지면 북망산천의 흙이로구나.

사후에 만반진수는 불효, 생전에 일배주만도 못하느니라. 세월아 세월아 세월아, 가지 말아라. 아까운 청춘들이 다 늙는다. 세월아 가지 마라. 가는 세월 어쩔거나. 늙어진 계수나무 그 끄트머리에다 대란 매달아놓고, 무법도식 하는 놈과 부모불효 하는 놈과 형제화목 못 하는 놈 차례로 잡아다가 저세상으로 먼저 보내버리고 나머지 벗님네들 서로 모여 앉아 한잔 더 묵소, 덜 묵게 하면서 거드렁거리고 놀아보세.

하, 이거 워낙 할 이야기가 없어서…. 그래도 이거는 오랜 세월을 두고 기억에 남는 노래이기 때문에 제가 몇 마디 하는 것보다는 값이 아주 좋기 때문에 우리 육찬수 형한테 제가 부탁을 했어요. 용서하십시오. 좋죠?

뭐 특강이라지만 특별한 이야기는 아니고 그저 제가 느끼는 몇 마디 말씀 올릴까 합니다.

山不利 水不利 利在挽弓之間(산불리 수불리 이재만궁지간).

해월 선생 법설인데, 아주 오래전에는 저걸 보고 감이 잘 오지 않았어요. 그런데 근자에는 심각하게 감이 오는 게 있어서 그 점을 말씀드릴까 합니다. 우리가 어려운 세월을 많이 겪었기 때문에 《정감록》에 나오는 "산에 가도 이롭지 않고 들에 가도 이롭지 않고, 산도 아니고 들도 아닌 데가 좋다" 같은 그런 이야긴 많이 들어서, 첫 번에는 저 글귀를 보고선 그와 비슷한 걸로 시작되기 때문에 이게 무엇에 해당하는 말씀인가 이랬어요. 그런데 근년에, 한 10년 안쪽으로 이렇게 접해보면서 요샌 가끔 저 생각을 합니다. '산불리 수불리 이재만궁지간'이라. 산도 이롭지 않고 물도 이롭지 않고 이로운 것은 화살을 이렇게 당기고 있는 그 사이에 있나니라. 이 말씀은 무심 상태, 무욕 상태 그래서 단심으로 활을 당기고 있는 그런 상태, 그러니까 활에다 신경을 쓰지도 않고 과녁에다가도 너무 혼을 뺏기지 않는 자연스러운 상태, 무심 상태 그 이야기를 하는 거지요. 그렇다고 해서 그냥 단순히 무심한 게 아니라 머리카락 하나 들어갈 사이가 없다 이 말이에요. 무심 상태지만 거기에 머리카락 하나 들어갈 틈이 없는 그러한 자세, 그렇게 되면 이롭다 그 이야기에요. 그렇게 되면 구원이 있다 그런 말씀이에요. 그렇게 되면 바깥에 나간 서방님이 돌아오실 때가 돼서 기름을 미리 준비하는 아낙들과 같다 그 말씀이에요. 서방이 돌아올 때를 모르고 딴 데 방심하고 있다가 기름을 구하려고 할 때에는 기름을 누가 줄 사람이 없어. 다 바빠 제 몫만 챙겨 가지고 있으니까.

그런데 여기 바로 이 말씀은, 어디가 좋다 하는 딴 장소가 없다 이 말이에요. 바로 자기가 앉은 그 자리, 지금 거기서 최선을 다하는데, 거기에는 한눈팖이 없어야 된다, 쓸데없는 욕심 부림이 없어야 된다, 인위적인 계산이 있어서는 안된다, 이런 말씀을 해월 선생께서 해주셨더란 말이에요. 그런데 불가에서는 어떤 말씀이 있는고 하니 '정념공부 상속부단(正念工夫 相續不斷)'이라. 이거 대단한 이야기입니다. 고대 해월 선생이 말씀한 내용과 같은 내용이에요. 마음 챙김, 부처님께서 말씀하신 그 팔정도(八正道) 안의 한 말씀인데 정념 공부, 마음 챙김이다 이 말이에요. 한눈파는 것, 딴생각하는 것, 쓸데없는 생각하는 것, 이것저것 생각하는 것, 그런 것을 생각하지 않는 공부, 단심한 공부, 아무 계산이 없는 명경지수 같은 마음의 공부 이 것을 계속하라 이거예요. 그렇게 해야 각(覺)의 상태, 잠을 자지 않 는 상태에 있게 된다 그 이야기지요. 깨어 있는 상태다 그 말씀이에 요. 이것은 '한살림'을 하고 있는 우리 운동 속에서 굉장히 중요하 다고 생각합니다. 무농약의 음식을 먹으면 건강하다고 하고 또 장수 도 한다고 하고, 다 좋지요. 다 좋은데 저만 오래 살려고, 저만 오래 건강하려고 그렇게 할 때에는 바로 그 자체가 엄청난 공해를 가져 온다고 생각합니다.

그럼 지금 고대 해월의 법설이나 부처님의 말씀이나 그 세계는 어떠한 세계냐. 한울님하고 수운이 결판을 내는데, "세상의 권세와 부를 갖다가 너한테 다 줄 테니까 이렇게 해보지"그러니까, 수운은 결연히 "무슨 얘기여?"이랬단 말이야. "그렇다면 당신은 날 모실 수가 없어. 그럼 자네한테 세상을 끌고 갈 수 있는 재주를 줄 테니까 어찌해봐.""뭐여, 세상을 재주 가지고 한다구? 그렇다면 나는 당신 을 원치 않아." 그런 천사문답(天師問答)이 있잖아요. 한울님과 수 운의 문답에. 그리고 "오심(吾心)이 여심(汝心)이고 여심(汝心)이 오 심(吾心)이다"그런 이야기가 있는데, 바로 그것은 자기 내면에 있 는 마귀와의 결판이에요. 거기서 마지막 말씀이 "오도(吾道)는 무위 이화(無爲而化)이니라", 나의 길은 무위일 뿐이다. 그러니까 이 한반 도, 이 민족에 대한 구원은 권세 가지고 되는 것도 아니고, 부 가지 고 되는 것도 아니고, 그렇다고 재주로 하는 것도 아니고 오직 한울 이 처하시고 살아가는, 자연스럽게 살아가는 그 방법밖에, 그 모습 으로 하는 것밖에 없다, 그렇게 말씀하셨어요.

우리 크리스천의 입장으로 보면, 같은 이야기가 있어요. 예수님이 사순을 음절(飮絶)을 하는데, 마귀가 "너 첨탑 위에 가서 뛰어내려봐라, 이 돌멩이를 가지고 빵을 만들어봐라, 천하를 너에게 다 줄 텐데 이렇게 해봐라" 할 적에, 예수는 당신 내면에 있는 마귀와 결단을 하시지 않습니까? 그러니까 우리 한살림운동을 하는 데 있어서 중요한 것은, 개인이든 집단이든 이기심을 버리는 것입니다. 그렇게 하지 못하고, 우리에게 이게 이롭다는 그러한 사고와 이게 이렇게 하면 우리에게 이로우니까 한다든가 이렇게 되었을 때에는 또 하나의 위태로운 세력을 형성하게 될 겁니다. 바로 그런 것을 우리는 지난날 수없이 겪어왔어요. 그렇게 되었을 적에는 우리는 또하나의 큰 오류를, 이 세상에 앙금의 뿌리를 내리고 가게 되는 겁니다. 그래서 이렇게 이렇게, 우리가 살아야 되지 않겠습니까, 하는 이야기를 나누는 것이고, 각자가 서게 하는 것이고, 각자가 넘어지면 일으켜주는 것이지, 그것을 갖자는 이야기가 아니지요.

生而不有 長而不宰(생이불유 장이부재).

이건 《노자》에 있는 말씀이요, 또 이 뜻은 《장자》에도 있지요. '생이불유', 즉 하늘이 낳았으되, 부모가 낳았으되 갖지 않는다 이 말이에요. 또 '장이부재', 키웠지만 자라게 했지만 가져서 마음대로 부리지 않는다, 자연에 맡긴다, 스스로 무엇을 하게 해야 한다 이 말이에요. 왜? 누구나가 한울님을 모시고 있기 때문에. 수운 선생님께서는 '내유신령(內有神靈)'이라고 말씀하셨는데, 기독교 바이블에 보면 "아버지가 내 안에 있고 나는 아버지 안에 있고"라고 하죠.

예수가 맨날 자기 똘마니들 데리고 그런 이야기를 하니까 베드로가 답답한 나머지 묻죠. "아니 선생님, 아버지가 어디 계십니까, 하느님 아버지가 어디 계십니까?" "야, 이 새끼야, 임마. 그만치 이야기해주었으면 알아들어야지. 우리 가슴에, 우리 안에 있지 않아." "아 글쎄, 그래 그래." 그런 말씀 있죠. 내 보기에는 이런 식으로 이야기했을 것 같아요. 지금 복음에는 점잖이 나와 있지만 말이지. 말귀를 못 알아들으니 이야기를 그렇게 할 도리밖에 없잖아요? 그러니까 갖는다는 거, 가령 재는 내 꼬붕이니까 내 똘마니니까, 내가 재를 키웠으니까 재는 내 마음대로 할 수 있어, 그런 것은 우리 한살림에서는 있어선 안되겠지요. 그래서 해월 선생께서는 일찍이 이렇게 말씀하셨어요.

孰非我長 孰非我師 雖婦人小兒之言 可學而可師也(숙비아장 숙비아사 수부인소아지언 가학이가사야).

누가 나의 어른이 아니냐. 누가 나의 스승이 아니냐. 비록 부인이나 어린아이의 이야기라도 배울 만하면 나의 선생이 되나니라. 이건 앞으로 우리 한살림을 해나가는 데 있어서 아주 중요한 이야기입니다. 예를 들어서 어른, 아이를 몰라본다든가 또 선배를 존경하지 않는다든가 후배를 사랑하지 않는다든가 그건 말이 안되지요. 어른은 어른 대접해줄 줄 알고 아이들에겐 아이 대접해줄 줄 알고 부인에겐 부인 대접해줄 줄 알고 다 그런 거 할 줄 알아야 되는데, 존중해야 되는 것은 기본이다 그 말이에요. 우리가 경천(敬天), 경인(敬人)뿐만 아니라 경물(敬物)까지 해야 하는 판인데, 하물며 부인이나 아이들이 하는 이야기가 옳은 이야기면, 좋은 이야기면, 타당한 이야기면 받아들이고 선생으로 모셔야 된단 말이에요. 이것은 기득권과 명리를 위해서 모인 단체나 대권을 위해서 모인 정당이나 그런 데에서는 여간해서는 안되겠지요. 그러나 우리는 그렇게 살자고 하는 것이 아니죠. 하늘과 땅과 바람과 해와 달과 모두가 하나라고 하는 것에 대해서 생활 속에서 체득하고 소화해가자는 모임이다 그 말씀이에요.

물을 나눌 수 있겠습니까? 이 세상에 물을 나눌 수 있어요? 없지요. 이렇게 저렇게 물 있는 데가 나누어져 있는 것 같지만 그 물은 나누어져 있는 게 아니다 이 말이에요. 물 한 방울이 바다에 가고 하늘에 가고 다 간단 말이에요. 또 이 지구를 우리가 나눌 수 있어요? 인간들이 만든 소유의 역사에서나 나눌 수 있는 거지 원래 땅은 나눌 수 없다 이 말이에요. 지구는 하나! 또 공기를 나눌 수 있습니까? 공기까지 나누는 판이 된다고 할 적엔 이건 다 가는 거라. 이렇게 다 하나다 이 말이에요. 다 하나인 그 속에서 이야기할 때 인간관계, 자연관계 모든 관계가 정상적인 모임, 정상적인 움직임, 정상적인 이야기 이런 것을 우리는 소중하게 받들고 지켜나가야 되지 않겠는가 생각합니다.

그리고 그것은 이러한 자세, 이재만궁지간(利在挽弓之間), 활을 당기고 있는 무심한 상태, 그러한 학습과 그러한 평상시의 행위 그런 것이 중요하다고 생각합니다. 일반적으로 불가 같은 데서는 선(禪)에 전념하고 있을 때가 그런 상태가 아니겠냐 하는데, 그것도 맞습니다. 문제는 어떻게 하면 우리 내면의 세계를 그렇게 허심하게 처리하고 갈 수 있느냐, 그게 저는 중요하다고 생각합니다.

저는 '자애'와 '무위'는 삶에 있어서 표리관계에 있다고 생각합니다. 자애는 동체라고 하는, 나와 하나라고 하는 그런 관계가 아니면 자애라고 이야기할 수가 없고, 사랑이라고 할 수가 없지요. 그러니까 사랑의 관계에 있어서는 '너'와 '나'라는 관계가 아니라 하나라고 하는 관계, 동체라고 하는 관계, '무아'의 관계지요. 그러면 '무위'라고 하는 것은 무엇이냐? 그런 속에 있어서 하나의 행위 양식이라고 이야기할 수가 있겠어요. '무위'는 계산법이 없으니까. 이렇게 이렇게 하면 이로우니까, 하는 그런 관계가 아니라는 말이지요. 대표적으로 예를 들어 이야기를 한다면, 농사꾼이 씨앗을 뿌렸는데 움이 트긴 텄는데 이것이 말라 죽게 생겼다고 할 적에, 수없이 공을 들이고 물을 주고 그렇게 하지요. 그때 그것이 앞으로 시장에 가서 값이 어떻게 된다, 이건 키워봤자 먹을 만한 물건도 안된다 하는 것은 둘째 문제다 이 말이에요. 아무튼 살려야겠으니까, 죽는 것은 볼 수가 없으니까 물 주고 거름도 주고 퇴비도 주고, 모든 정성을 다 들인다 이 말이에요. 그것은 계산을 따져본다고 할 적에는 할 수가 없는 거지요. 그런데 무위의 극치는 그런 거예요.

무위의 극치는 또 어떤 거냐. 옆에 있는 사람이 배고프다고 하면, 그 사람이 날 도운 적도 없고 또 그 사람이 날 죽일 놈이라고 했다고 하더라도, "배가 고픈데 밥 좀 줄 수 있을까?" 했을 적에 밥을 줄 수 있어야 한다 그 말이에요. 또 헐벗어서 벌벌 떨고 있으면 그 사람의 등이 뜨시게끔 옷을 입혀주는 것이 무위다 그 말이에요. "저 새끼는 옷 줘봤자 뒤로 또 배반할 테니까 옷 줄 수 없어", 그것은 무위가 아니야. 그것은 유위(有爲)지. 우리가 무위라는 것을 얼핏 생각할 때 건들거리고 노는 것을 생각할지 모르지만, 그런 것이 아니라 계산 보지 않는 참마음 그런 것이 무위지요.

자애라든가 무위라든가 이걸 가지고 서양의 대현(大賢)도 그런 이야기를 하고 우리 동양의 많은 대성(大聖)들도 그런 이야기를 했지요. 그런데 이게 집단적으로, 문을 닫고 너희들 이리 들어오면 살아, 이리 들어오면 구원을 받을 것이야, 그런데 이리 들어오지 않으면 너희들은 구원을 못 받아, 그런 형태로 몰고 간 이제껏의 종교는 전부 부패로 끝났어요. 또 부패하고 있고. 우리 한살림운동은 그렇게 되면 안된단 말이에요. 문 열어야지. 문 열어야 한단 말이에요. 그리고 현재 그 일을 하고 가는 데 있어서도 그 일은 만인의 것이 되어야 된다는 말이지. 천하만민의 것이 되어야 한단 말이에요. 안 갖는 거야 할 수 없지요. 안 가지려고 하는 건 할 수 없지만 갖고자 하고, 그렇게 살고자 하는 사람에게는 벗이 돼주라 이거예요. 그렇게 하지 않는다면 이게 되겠어요? 그때에는 이미 우리가 이 역사에서 잘못 갔던 길을 또다시 시작하는 이 자리에서부터 벌써 잘못 가는 것이지요. 그래서 우리의 이 일은, 무엇이냐 하면, 우리 스스로 성실하게 살아가고 이웃도 그렇게 살아가기를 권하고 그 과정 속에서 또 남들이 그렇게 살기를 원하면 그렇게 살게끔 도와주고 그렇게 해서 숨통이 트여가는 그런 운동이 되어야 된다고 믿습니다. 그렇게 되어야 하지요. 그렇게 되어야 누구나 동참할 수 있고, 기쁨을 갖고 뛸 수 있지요.

또 한 가지. 어려서 저희가 형제들이 꽤 많았어요. 할아버지 밑에서 대가족이 사촌까지 모여서 사니까 애들만 열댓이 되는 거라. 그러니 사촌끼리도 툭하면 치고받고 싸워서 어떤 놈은 상처도 나고 한구석에서는 두들겨 패고 그런 게 있었지요. 그래서 할머니가 화롯가에서 장죽을 물고 있으면 두들겨 맞은 놈이 가서 호소를 하지요. 아 저기 누나가 날 때려서 이렇게 되었다든가, 아유 저 동생이 할머니가 말리지 않아서 그렇게 됐다든가 그렇게들 불평해요. 그러면 할머니 말씀이, "야 두 손을 내놓고 깨물어봐라. 어느 손가락이고 아프지 않은 손가락이 있느냐." 어려서는 거기에 씰룩씰룩했지만 그 이야기가 옳단 말이에요.

얼마 전까지만 해도 미국하고 소련하고 불구대천의 원수 같았고, 우리 남북 간에도 불구대천의 원수처럼 대해왔는데 그놈의 구름이 걷히기 시작하더란 말이에요. 그렇단 말이에요. 영원히 미운 것도 없고 영원히 고운 것도 없다 이 말이에요. 그런데 이쁘면 헤헤거리고 기분 나쁘면 뿌루퉁하고 죽일 놈, 살릴 놈 하고 말이지, 그런 급수로 세계사에서 엄청난 소련이라고 하는 배경과 미국이라고 하는 배경과, 그 전에는 중국과 일본이라고 하는 인류사에 있어서 엄청난 무게를 겪었고 또 겪고 있는 이 땅에서 문제가 해결이 되겠어요? 그런 급수 가지고? 안되는 거지요. 그러니까 선과 악은 상대성을 지니고 있다는 것에 대해서, 현상의 제반 문제는 상대적인 조건을 갖고 있다는 데 대해서, 일단 여유를 가지고 보면서 처리하는 능력이 우리에게 있어야 되겠다 이겁니다. 그게 아니면 한살림운동 못 해요.

제가 우스개 이야기 하나 하지요. 뭐 기왕 다 아는 이야기니까 터놔야 될 거 아니에요? 제가 해월 선생님 말씀을 많이 하니까 예수 믿는 어떤 분이 "그것은 동학교 아닙니까?" 그래요. "그래, 그건 동학이지. 그럼 자네 이야기는 뭔가. 서학 아닌가. 여기는 코리아여 코리아. 뭔 이야기하는 거냐 말이여. 지금 지구가 하나여. 지구촌이라고 이야기하고 있어. 그러면 지구가 지금 한동네가 되어가고 있는데 수운 이야기를 하면 어떻고 해월 이야기를 하면 어떻고 손병희 이야기를 하면 어때? 가까이 이 민족의 독립과 이 민족을 살리기 위해서 떠든 사상이 뭐야? 동학이지. 뭣 때문에, 어느 동네에서 살고 있으면서, 헛나발 불고 있는 거야?" 그런 악을 쓴 적이 있어요.

옳은 것은 현상세계에서 전부 다 옳은 이야기를 할 수 있어야 돼. 가령 김 서방이 옳은 이야기를 한 것은 안되고 박 서방이 옳은 이야기를 한 것은 괜찮고 이 서방이 이야기한 것은 반만 맞고 이런 식이 되면 되겠느냐 이 말이에요. 대한민국의 법이 이제껏 이현령비현령이었잖아요? 김 서방이 이야기한 것은 신문에 났는데도 붙들어가지 않고, 오 서방이 이야기한 것은 그 새끼 빨갱이니까 붙잡어 넣어, 이렇게 되었단 말이에요. 이제는 지구일동(地球一同)이야. 지구가 한동네다 이 말이에요. 그런데 이걸 서(西)니 동(東)이니 나누고, 걔가 이야기한 것은 반만 맞고 얘가 이야기한 것은 안되고 이따위 식으로 하면 안된단 말이에요. 툭 터놔야지. 그렇게 해야 지금 한국에 널려 있는 조건 속에서 살아가는 지표가 될 수 있습니다. 왜냐? 체르노빌에서 터진 그 원자로에서 나온 방사능이 구라파에서 문제가 됐는데 거기서 만든 치즈를 우리나라에서 먹어선 안된다고 하는 판 아니에요? 그러면 여기저기 공장에서 나온 매연이 하늘의 오존층을 뚫는다면 우리 대한민국은 괜찮고 서양놈들은 타 죽게 되나? 아니다 이 말이야. 하나다 이 말이야. 태양도 하나, 달도 하나, 지구도 하나, 공기도 하나, 바다도 하나, 물도 하나, 다 그렇단 말이야. 그러면 하나 속에서 보고 가는 문제가 무엇이냐, 이것이 우리 운동 속에서 정립이 되어야 하지 않겠느냐, 저는 그렇게 생각합니다.

그렇다면 어떻게 되느냐. 아까 말씀대로 '산불리 수불리 이재만 궁지간'이라. 우리가 가야 할 길은 산에 간다고 해서 되는 것도 아니고 물에 가서 해결되는 것도 아니고, 자기가 생활하는 그 앉은 자리에서 허심하게 욕심 없이 누구나 섬기고 모실 수 있는 자세로 있는 것이 되어야 한다는 말이야. 불가에서 이야기한 대로 '무념공부 상속부단(無念工夫 相續不斷)'이라, 이것저것 헛생각하지 말고 욕심 없이 모든 것을 수용할 수 있는 그런 하나의 마음에 다른 것이 끼어들지 않게 하는 그런 훈련, 그렇게 항상 생활하는 가운데 한살림이 갈 지표가 각자에게 깃들지 않겠는가. 저는 요새 자기 전이나 또는 어디 가서 가만히 생각할 수 있는 그런 시간이 되거나 또 변소에 아침에 가 앉으면, 그런 것을 생각을 많이 했습니다. '산불리 수불리 이재만궁지간'이라. '무념공부 상속부단'이라. 그런 생각을 많이 했는데, 자애와 무위란 뜻이 거기 있지 않겠느냐. 그렇게 보고 돌아갈 때에 우리의 이 일이 편안하고 모든 사람이 함께 갈 수 있는 넉넉함이 여기에 있지 않겠는가 그렇게 생각해보았습니다.

저의 시간 이 부족한 말씀으로 끝내겠습니다. 고맙습니다.

나락 한 알 속에 우주가 있다

저는 사실 1960년대 중반에 가농(가톨릭농민회)이 처음 시작되었을 때 서울 명동회관에 있던 가농에 가본 기억밖에 없어요. 무서워서 못 가봤습니다. 가면 붙잡혀 갈 것 같아서, 겁이 나서.(웃음) 주변에 같이 일하던 사람들이 자꾸, 오시지는 말고 일러만 주십시오, 그러고. 가농이 빨갱이라 가까이하지 말라니, 가까이하지도 못하고 멀리하지도 못하고 그렇게 일생을 보냈어요. 그런데 오늘 이렇게 가농 본당에 와보니까 감동이 아주 참 깊습니다.

더군다나 근년에 여러분들이 노심초사한 가운데 맑스 패러다임이랄까, 착취/피착취 논리에 의해서 전개되는 그런 운동에서 성격을 달리해 생명공동체운동으로의 전환으로 엄청난 결단을 내린 데 대해 진심으로 고맙다는 말씀을 드립니다. 고맙습니다.

가톨릭농민회 제21차 대의원총회 강연, 1991년 2월.

오늘 아침에 제가 잠이 깨서 생각해봤어요. 천지지간에 뭐가 가장 고약한 것이냐 생각해보니, 천지지간 만물 중에 사람이 제일 고약한 것 같아요. 고약한 것들끼리 모여서 맨날 싸움이야. 그러니까 이걸 극복하는 길이 뭐냐. 자연으로 돌아가는 길밖에 더 있겠어요? 자연이 살아가는 모습대로 따라가는 길밖에는 방법이 없다 이 말이에요.

그런 점에 관해서는 농촌 현장에서 실제 농사를 짓고 계신 여러분들이 더욱더 깊이 뼈저리게 느끼고 계실 테니까 긴 얘기는 하지 않겠습니다. 그런데 여러분들이 하고 계신 그 일이 무엇이 중요하냐. 바로 하늘과 땅과 모두가 나와 함께 있다, 그리고 이 모든 것이 곧바로 나다, 하는 것을 일 속에서 빨리 체득해주시길 부탁해요. 글로 배우고 얘기로 듣고 하는 것도 중요하지만 여러분들이 농사를 짓는 가운데서 '하늘과 땅과 생물이 바로 나다' 하는 것을 빨리 체득하시라 이 말씀입니다.

《노자》에 그런 말이 있어요. 생이불유(生而不有)요 장이부재(長而不宰)라. 이것은 자연하고 함께 살아가는 데 있어서의 귀중한 재목입니다. 자식은 자기가 낳지만 그 자식은 자기 것이 아니란 말이에요. 많은 사람들을 가르치고 많은 제자들을 가르쳤어도 그 사람들을 '야, 자' 하고 부리는 것은 옳은 태도가 아니다 그 말이에요. '야, 자' 하고 마구 부리는 그런 태도는 다시 얘기해서 독재의 태도요, 내 맘대로 하려는 태도요, 소유하려는 그런 태도란 말이에요. 그건 자연스러운 태도가 아네요. 자연은 소유하려는 게 없어요.

색즉시공(色卽是空)이요, 공즉시색(空卽是色)이라, 색불이공(色不

異空)이요, 공불이색(空不異色)이라, 수상행식 역부여시(受想行識 亦復如是)라. 예전에 불가에서 한 얘긴데, 요새 물리학자들이 요 이야기가 옳거니, 하고 있어요. 현재 사물을 연구하는 학자들이 옳거니, 하고 있다는 말이에요. 색(色)은 보인다는 것, 사물이라는 것, 물질이라는 것인데 이것이 공(空)과 다름없고, 공이라는 것은 또 물질이라는 것과 다름이 없다는 거예요. 마찬가지로 감각이라든가 생각한다든가 생각한 것을 행동으로 옮긴다든가 기억해서 남겨둔다든가 하는 이런 것들도 모두가 마찬가지다 그런 얘기예요.

여러분들이 생명공동체운동을 하신다는데 그 생명공동체는 눈에 보이는 우리끼리만의 생명공동체가 아니라 전체를 포용하는 생명공동체예요. 다시 말해서 '공'과 '색'은, 즉 눈에 보이는 것과 보이지 않는 것은 진실의 양면인 거예요. 눈이 양쪽에 있는 것과 마찬가지로, 앞뒤가 있는 거와 마찬가지로, 눈에 보이지 않는 것을 보지 못하고 가게 되면 농사를 지어도 헛농사를 짓는 거와 마찬가지예요. 앞으로 우리가 공동체를 얘기한다고 할 적에도 그렇게 되면 헛공사가 된다 이 말이에요. 보이지 않는 것은 보이지 않는 거다, 보이는 것은 보이는 거다 하고 따로 떼어놨을 때, 그러한 철학과 사상, 생각은 생명과 아주 거리가 먼 거예요. 그렇기 때문에 오늘날의 기독교나 모든 종교들 가운데서도 그것을 분리하는 종교사상들은 결국 위태로움을 가져오고, 앞날에 갈지자로 갈 겁니다.

죽으면 어디로 돌아가지? (흙으로요.) 흙은 또 어디로 돌아가지? (영생하겠지요.) 바로 그 얘기여. 죽지 않는다 이 말이야. 그러니까 당당해야 될 거 아냐. 그런데 요샌 세상이 어떻게 되느냐. 늙어서 얼굴이 쪼그랑 바가지가 돼도 몸뚱이만 100살, 200살, 300살 살려고 하지? 그러니까 잘못됐다는 거지. 뒈질 땐 뒈져야 되잖어? 그런데 뒈졌다고 해서 뒈지는 게 아니거든. 생(生)이 없는 사(死)가 없고 '사'가 없는 '생'이 없다 이 말이야. '공'이 없는 '색'이 없고 '색'이 없는 '공'이 없어. 그렇기 때문에 그걸 깨치게 하기 위해서 불가에는 이런 화두(話頭)가 있어. 너의 아버지 어머니가 (너를) 낳기 전 너의 원바탕은 뭐냐를 참구해봐라.

맑스 사상 체계에 있어서 착취와 피착취만 가지고 얘기했을 때 하느님 아버지가 보일 턱도 없는 것이고 이해가 될 턱이 없는 것이지. 여기서 얘기하는 공(空)이라든가 기(氣)라든가 부처님이라든가 하느님이라든가 하는 이 사실은 눈으로, 육안으로 보는 게 아니에요. 여기 그리스도교인이 많으니까 쉬운 예를 들면, 예수는 뵈는 하느님이고, 하느님 아버지는 안 뵈는 하느님이다 그 말이에요. 그런데 그 모범과 자연의 이치대로 가장 잘 살아간 사람은 예수님이에요. 그런데 여기 이 자리에도 예수님이 많아. "하느님은 하느님이고, 너희들은 오라질 놈들아 백날 가도 아니다" 이러면 안되겠지요?

바로 그 사실이 중요한 거야. 생명의 진수가 물질 하나에 다 있다 이 말이야. 그래서 성서에도 하느님은 무소부재(無所不在)하시다는 말이 있지. 또 불경에서는 뭐라고 했느냐. 터럭 하나 속에도 헤아릴 수 없는 부처님이 계시다고 했어요. 처음 이 말을 들었을 때는 도대체 무슨 뜻인지 이해가 되지 않았어요. 그런데 가만히 생각해봅시다. 이 머리털은 사람이 없으면 안되겠지? 사람은 그 부모가 없으면 안되겠지? 부모는 또 그 부모의 부모가 없으면 안되겠지? 그 부모나

나는 천지만물, 하늘과 땅이 없으면 안되겠지? 그렇게 따지고 보면 터럭 속에 전 우주가 있는 것이 아니겠어요? 우리는 바로 이 도리를 체득해야 해요.

그렇게 됐을 적에 생명공동체에 대한 운영 방식이 달라지게 됩니다. 그래서 생명의 포도밭에 와서 일하는 일꾼에게 아침에 오는 사람에게도 한 데나리온, 저녁에 마지막에 온 사람한테도 한 데나리온, 그렇게 되는 거야. 이건 생명의 계산법이야. 입 가지고 육체를 가지고 살아가는 물건에게는 천지지간에 살아야 할 권리가 있다 이 말이에요. 공업화를 하기 위해서, 기업가들이 무역수지를 맞추기 위해서 "호미 자루 쥔 놈들은 죽어줘야 돼" 한다면, 그건 죽음의 공동체지 삶의 공동체가 아냐. 그렇지 않아요?

내가 오늘 여기서 한 가지 얘기하고 싶은 것은, 눈에 보이지 않는 것은 없다고 생각하는 그런 생명공동체가 돼서는 안된다는 얘깁니다. 그것만 여러분들이 잘 체득하신다고 하면 무궁무진한 모양의 새로운 역사가, 극락이 있다 이 말이야. 그렇기 때문에 생명의 공동체에는 작으냐 크냐, 높으냐 낮으냐 이런 게 없어요. 생사고하 귀천대소(生死高下 貴賤大小), 이런 개념, 큰 것은 큰 거고 작은 것은 작은 거라는 식의 생각을 우리는 하루빨리 극복해야 돼요. 저도 아직 극복하지 못하고 있어요.

앞에서 보셨지만 나락 한 알 속에도, 아주 작다고 하는 머리털 하나 속에도 우주의 존재가 내포되어 있다 그 말이에요. 불교의 《화엄경》 같은 데서 보면, '일미진중 함시방 시방일우주(一微塵中 含十方 十方日宇宙)', 조그마한 티끌 안에 우주가 있느니라 하는 말씀이에요. 예수님도 그런 말씀을 하셨어요. "너희들이 생명에 대한 믿음이 좁쌀만큼만 있으면 이 산보고 저리 가라 하면 저리 가고, 저 바다보고 비켜라 하면 비킬 것이다"라고 한 말씀이 그 모범이에요. '너희들 나처럼 살아라' 하는 말 하셨지? 너희들 속에 생명에 대한 신념이 요만큼이라도 있다면 안되는 일이 없다는 말이에요. 그래서 들에 피는 그 조그만 꽃 속에 무한함이 있다는 걸 압니다.

그래서 빌라도가 "니가 왕이라지" 할 때 "아, 지금 자네가 나보고 왕이라고 했잖아" 하고 말할 수 있는 거지. 왕 아닌 자 어디 있나요? 제 꾀에 제가 넘어갈 사람 누가 있어요. "도대체 네 나라는 어떤 나라냐?" "아, 내 나라! 내 나라는 너희들이 얘기하는 그런 나라가 아니야." 남의 것을 힘 있으면 다 빼앗아 갖고, 가져다가 별짓 다 하고, 반반한 계집년 있으면 데려다가 종년으로 쓰고 몸 버려놓고, 남의 금덩이고 보석이고 있으면 덮어놓고 다 노략질하는 그런 나라 아니란 말이야. 자연 속, 만물 속에 들어가 있는 그 생명의 나라, 끊으려야 끊을 수 없는 나라, 나눌 수 없는 나라, 그러나 그것이 전체를 절대절명으로 지배하는 나라, 그 위대하심이 길가에 피는 작은 꽃 한 송이에도 있는 그 나라, 그걸 얘기했어요. 참 엄청난 말이죠. 그걸 거룩한 사람들, 사심이 없던 사람들, 욕심이 없던 사람들은 일찍이 알아들었지요. 그런 사람들은 성서에서만이 아니라 우리 한반도에도 많이 있습니다.

그런 안목에서 문제를 봐야지. 저쪽 사람들이 이렇게 농사를 지으니까 소출이 좋더래, 그렇게 한 농산물은 음식이 맛이 좋더래, 그렇게 하니까 물건이 잘 팔리더래, 그렇게 백날 생명공동체 해보라고. 그렇게 문제를 풀면 안되지.

생명과 공동체라는 말은 그게 아니다 이 말이야. 삶, 움직이는 삶, 죽지 않는 삶, 죽어서도 살아 있는 삶, 영원히 불멸하는 삶, 그걸 어떻게 연구하느냐 이거예요. 사물의 이치와 우주의 원리가 뭐다 하는 것을 알았을 때 우리의 신앙도 깊어지는 거고, 예수님이 우리에게 가르쳐주시려던 간절한 심정도 우리가 이해할 수 있게 되는 거예요. 지금 우리가 얘기하고자 하는 생명의 실체가 어떤 것이냐. 귀한 것도 천한 것도 아녜요. 높으냐 낮으냐 하는 것도 아녜요. 김지하가 고백운동을 전개하자고 하고 나왔는데, 생명공동체 속에서는 그게 드러나야 해요. 그게 관건이지.

생명공동체가 앞으로 지고 나가야 할 과제는 엄청나게 막중합니다. 그러나 그것을 한꺼번에 실천하면 죽어요. 감당할 수 없으니까. 차근차근히 열성적으로 여러분들이 해주시길 부탁하면서 거짓말 이제 그만하겠습니다. 감사합니다.

왜 한살림인가

묵암선사(默庵禪師)라고 옛 스님의 말씀에 이런 말이 있어요.

  쥐를 위해서 밥을 언제나 남겨놓는다
  모기가 불쌍해서 등에다가 불을 붙이지 않노라
  절로 푸른 풀이 돋아나니
  계단을 함부로 딛지 않노라
  爲鼠常留飯 憐蛾不點燈
  自從靑草出 便不下堦行

이건 옛날 불가에서 말하는 게송이에요. 곧 시인데, 하나의 생명
을 존중한다는 그 도리에 있어서 모기도 남이 아니고 쥐도 남이 아

한살림 활동가 연수회 특강, 1991년 4월.

니고 미물 전체도 남이 아니다 그 말이에요. 오늘 여러분들이 이 연수를 하고, 한살림이 왜 필요한가 얘기를 하면서, 만약 이로우니까 한살림운동을 한다든가, 이러한 먹거리라야 오래 산다고 하니까 그렇게 한다든가, 그런 차원으로 문제를 보게 된다면 거기에는 반드시 무엇이 수반되느냐, 경쟁이 수반됩니다.

《맹자》에 보면 이런 말이 있어요. 양나라 혜왕(惠王)이 맹자를 보고 싶어서 불렀단 말이야. 불러서 "선생님, 나라를 이롭게 하려면 어떻게 해야 하겠습니까?" 그렇게 물으니까 맹자 말씀이 "임금께서는 왜 하필 이로우냐 하는 걸 묻습니까? 그렇게 얘기를 하면 제후들, 저 지방에서 곳곳을 다스리는 자들은 기회 있으면 당신을 노릴 것입니다. 또 공경대부들은 제후를 노릴 것이고, 또 그 밑의 벼슬아치들은 공경대부를 노릴 것이고, 이렇게 되면 나라 안이 편할 날이 없습니다" 그런 얘기를 했단 말이야. 이(利)라는 건 원래가 '나락 화(禾)' 자에 이렇게 '칼 도(刀)' 자로 되었단 말이야. 농경문화 이전에도 문화가 있었지만 중국의 글자가 모두 농사짓는 이치에서 많이 나왔어요. 이(利)라는 건 나락을 베는 것이란 말이야. 그런데 '이'를 따져서 간다고 하면 경쟁이 수반돼. 경쟁이 수반되면 그다음에는 어떻게 되느냐. 효율을 따지게 돼. 이렇게 될 것 같으면 1등 한 놈만 살고 2등 해서는 살 수 없게끔 된다고. 왜? 무시되니까. 그렇지 않아요? 그런데 그런 식이 우리 몸에 아주 배었어요.

그런데 그렇게 해서는 한살림운동의 척도가 되지 않아요. 경쟁과 효율을 따지게 되었을 때에는 일체가 적수가 돼. 그렇게 되지 않아요? 일체가 적수가 된다 이 말이야. 저 사람이 1등을 하면 안될 텐데, 내가 1등을 해야지. 이렇게 되지 않느냐 이 말이야. 그러니까 만인이면 만인이 전부 갈가리 나눠지는 거란 말이야. 제가 제일이고. 이치가 그렇지 않아요? 오늘날 산업문명이 고달픈 것이 경쟁과 효율을 따져 올라가기 때문에 한이 없어요. 인간도 일체가 이용의 대상인 동시에 자연까지도 이용의 대상이니까. 자연까지도 이용의 대상으로서 무자비하게 이용해오다 보니까 결과가 어떻게 되었어요? 사람이 살 수가 없게 되었지.

묵암선사의 이 말씀은 다른 것이 아니에요. 쥐는 사람이 농사지은 곡식이라든가 또 주부들이 잘 다듬어놓은 이불이라든가 옷이라든가 이걸 다 쏠아치우고 해를 끼치는 그런 미물이지만 말이야, 그리고 모기는 여름철이면 붕 하고 날아와서 사람의 피를 빨아 먹는 그런 미물이지만, 이 쥐와 모기가 생명을 지니고 있다 이 말이야. 그렇지 않아요? 그러니까 쥐를 위해서 항시 밥을 남겨놓고 모기를 위해서 나는 등불을 켜지 않노라, 풀이 나면 나는 그 계단을 밟지를 못하겠노라는 말씀이지.

여기에 우리가 한살림운동을 하는 중요한 의미가 있는 겁니다. 지금처럼 이렇게 해서는 살 수가 없는 거니까 여러분들이 이 일을 하는 거란 말이에요. 그렇지 않아요? 그리고 그 이치는 뭐냐? 생명은 하나라는 거예요. 둘이 아니야. 하나지. 그런데 이 생명은 볼 수가 없어. 보지 못하지만 우리가 느끼고 알 수가 있단 말이야. 그런데 한살림운동이라 하는 것은 모두가 하나가 되자는 운동이란 말이지. 여태까지 산업문명에 있어서는 경쟁과 효율을 따지면서 일체가 이용의 대상이 되는데, 그렇게 해서는 살 수가 없게 된다 이 말이야.

생명이 존재하기가 어렵게 되고, 생명이 무시된다 이 말이야.

예를 들어서 태양이 없으면 우리가 살 수 없지 않아요? 지구가 없으면 우리가 살 수 있어요, 어때요? 너무나 어이가 없으니까 대답을 안하시는구먼. 이 지상에 풀이나 나무가 없다면 존재할 수 있습니까? 없습니다. 그런데 지금 보르네오나 사라왁 이런 지대에서 베이는 나무가 엄청나. 앞으로 11년 후면 사라왁의 나무는 다 잘려 없어진다고 요전번에 신문에 났어. 매년 나무 베이는 것으로 1,000만 명 이상이 호흡해야 할 대기의 산소가 없어진다고 그러는데, 다들 보셨죠?

그런데 나무가 남입니까? 옛날에 어떤 공부하는 중이 선생님보고 말이지, "부처님이 어디 계십니까?" 그랬더니 선생님이 "저기 문 앞에 있는 잣나무를 봐라" 그러셨다는 얘기가 있어요. 그러니까 저 잣나무 한 그루도 우주 전체가 없으면 없는 거다. 그렇지 않아요? 그러니까 지금 뭐냐 하면, 우리가 개체 아녜요? 일미진중 함시방(一微塵中 含十方)이라. 이건 불교의 《화엄경》에 있는 얘긴데 티끌 하나에 ―시방이란 우주를 얘기해요― 우주가 들어 있다는 이야기예요. 그러니까 날파리 하나도 우주가 없으면 존재할 수 없지 않아요? 지구가 없다든가 태양이 없다든가 달이 없다든가 별이 없다든가, 어떤 조건 하나만 빠져도 존재할 수 없는 거다 이 말이에요.

왜 내가 이 이야기를 여러분들께 하느냐 하면, 이러한 이치 속에서 우리의 이 운동의 고리가 있는 것이고, 그 고리를 연결 지어 나갈 때에 우리들의 일이 제자리에, 제 모습으로서 전개된다는 말씀을 드리고자 해서입니다. 다시 얘기해서 신선이 따로 있는 게 아니야.

모두가 있으니까 신선이 있는 거지. 선과 악, 높은 거와 낮은 거, 귀한 거와 천한 거, 이런 거 등등도 전부 상대적인 개념이야. 낮은 게 있으니까 높은 게 있고, 높은 게 있으니까 낮은 게 있고 하나의 양면에 지나지 못해. 우리가 지금 살면서 매일같이 엎어지는 것은 무엇 때문이냐 하면, 한쪽만 보기 때문에 엎어진단 말이야. 여기 우리가 모두 소비자인데 농사짓는 사람이 없으면 우리가 이 일 할 수 있어요? 또 소비자가 없으면 농사꾼이 생산할 수 있어요? 바로 그런 관계다 이 말이야. 이게 없으면 저게 없고 이게 있으면 저게 있고. 우주의 모든 질서, 사회적인 조건은 그렇게 되어 있다 이 말이야. 그러면 누구를 무시하고 누구를 홀대할 수 있느냐는 말이지.

최시형 선생은 좋은 말씀을 100년 전에 벌써 얘기를 했어요. 경천(敬天)·경인(敬人)·경물(敬物). 여기서 '경천'이라 하는 것은 우리가 일반적으로 얘기하는 저 하늘이 아니라 자기의 마음, 자기의 마음 가운데 있는 본마음, 이런 생각 저런 생각하는 그런 것이 아닌 타고난 그 본마음, 그걸 크리스천들 말로 하면 하느님 아버지라고 얘기할 수 있죠. 그리고 '경인', 모든 사람을 섬기는 거다 이 말이야. 그 다음이 '경물', 모든 만물을 섬기는 거예요. 아까 저기 쥐에게 밥을 남겨주고 모기 때문에 등불을 켜지 않는다고 하는 그 얘기나 모든 만물을 섬겨야 한다는 얘기나 마찬가지죠.

예를 들어서 아시시의 프란치스코가 들에 나가면 새들하고 대화하고 꽃하고 대화하고 벌레하고 대화하고 이런 것은 뭐냐. 생명과의 대화다 이 말이야. 또 요 얼마 전에 부활절 지냈지만 그 수난절 동안에 빌라도가 예수님보고 "야, 네가 왕이라지?" 그러니까 예수님

이 "당신이 지금 나보고 왕이라고 그러지 않소?"라고 하잖아요. 이
게 아주 중요한 얘기예요. "당신이 나보고 지금 왕이라고 그러지 않
소?" "그래? 그럼 너희 나라는 대체 어떤 나라냐?" "너희들이 얘기
하는 나라와 내 나라는 다르다" 그런 말씀 했죠? 그 얘기는 우리 한
살림운동에 있어서도 굉장히 중요한 얘기예요. 너희 나라와 내 나라
는 다르다 하는 것은 내 나라는 생명의 나라라는 얘기야. 생명의 나
라. 만물이 공생하고 만인이 공생하고 그러기 때문에 만인은 다 왕이
다. 어떤 왕이냐. 하느님 아버지의 아들은 왕이다. 하느님 아버지
의 딸은 왕이다 이 말이지. 하느님 아버지 안 계시면, 생명의 근원이
안 계시면 우리의 존재가 없다 이 말이야.

이제는 바로 그 얘기가 어디까지 발전을 해야 하냐면 벌레 하나,
나무 하나까지도 왕이고, 불가에서 얘기하는 부처라고 하는 차원까
지 가야 된단 말이야. 그렇게 되면 남녀에 대한 불평등이 존재할 수
있어요? 또 그런 차원이 되면 빈부의 차가 있을 수 있겠어요? 그리
고 학력이 있다 없다가 문제가 될 수 있어요?

내가 이런 모임에서 잘 드는 예입니다만, 성경에 보면 포도밭 얘
기가 있지 않습니까? 포도밭이란 뭐냐. 하늘나라예요. 그래서 아침
에 일하러 온 사람에게도 품삯으로 한 데나리온, 저녁에 온 사람에
게도 한 데나리온. 그러니까 아침에 온 사람이 불평을 말해요. "난
아침서부터 왔는데 왜 저녁 다 돼 온 사람에게도 한 데나리온을 주
시오?" "너하고 아침에 약속했잖아. 한 데나리온 준다고 말이야. 그
런데 저 사람하고도 내가 그렇게 약속했단 말이야." 포도밭 주인이
이렇게 말하지요. 이게 생명의 나라 계산법이에요.

여러분들이 농민과 생활을 한다고 하면 여러분들은 농민의 입장이 돼야 한다 이 말이에요. 또 농민은 여러분들의 입장이 되어보아야 되고. 그런데 이것이 처음부터 쉽게 되느냐? 잘 안되지. 왜? 나쁜 습성 때문에 안된단 말이야. 잇속을 계산 보는 습성 때문에 안되는 거라. 문제는 뭐냐. 소비자는 생산자를 살게 해줘야 될 거 아니오. 우리 안에 들어온, 하늘나라에 들어온, 생명의 나라에 들어온 이라면 먼저 왔건 나중에 왔건 다 먹고살게 해줘야 되잖아요? 그게 포도밭의 말씀이라. 우리 유가(儒家)에도 그런 말이 있어요. '천불생무록지인(天不生無祿之人)', 하늘은 말이죠, 인간으로 태어나면 입에 거미줄 슬게 하지 않고 다 먹고살게 해준다 이거야. 그리고 '지불장무명지초(地不長無名之草)'라. 땅에 있는 모든 풀은 무시당할 풀이 하나도 없어. 다 이름이 있다 그 얘기야.

그런데 오늘날 세상은 어떻게 돼 있느냐. 이담에 출세하기 위해서는 압구정동으로 가야 된다면서요? 난 잘 모르겠지만 웃기는 얘기에요. 난 요새 서울 톨게이트를 지나올 때 이런 생각을 해요. "아휴, 여기 사는 사람들 참 불쌍하구나. 또 여기 사는 사람들은 자녀들을 낳아서 여기서 키우니 얼마나 걱정이 많겠는가. 공기가 이렇게 나쁜 데서 아이들을 키우니까 말이지, 하루 이틀은 몰라도 몇십 년 지나서 체질이 말이지 얼마나 허약해지겠는가." 그러니까 생명의 나라, 환경의 나라 이것을 여러분들이 지금 얘기를 안 할 수가 없는 거지.

그런데 예수님께서 말씀하시기를, "수확할 것은 많은데 일꾼이 적다"고 하셨어요. 그것은 무슨 얘기냐. 이런 것을 잘 모르는 분들,

또 아직까지도 잇속에 묶여 있는 모든 이에게, 이렇게 살면 안되고 이렇게 살아가야 됩니다, 하는 것을 펼쳐가야 되는 거다 이런 말입니다. 그렇지 않고 이 운동이 우리끼리만 요렇게 일이 되어 돌아갈 적에는 어떻게 되느냐. 결국은 그거로서 우리 운동은 끝이 나요. 운동이란 것은 여러 사람과 더불어서 같이 가는 거다 이 말이에요.

그래서 공생하자는 것인데, 이제 시대는 공생의 시대예요. 자연과도 공생해야 되지만 제대로 사는 것을 모르는 사람하고도 공생해야 된다 이거예요. 모르는 사람들에게는 우리가 가서 만나고 안아주고 그렇게 하고 그네들의 요구를 들어주고 그렇게 하는 속에서 연대가 되는 거다 이 말이에요. 다시 얘기하면 우리끼리만 맛있는 것 먹고 우리끼리만 몸에 해롭지 않은 거 먹고 뭐 이런 식으로만 운동이 된다고 할 것 같으면 언제 이 일의 영역을 확대해나가겠어요?

그리고 또 한 가지 중요한 것은, 대기와 물은 이게 생명입니다. 이걸 나눌 수 있습니까? 나눌 수 없는 거예요. 물은 어떻게 됐든 이게 내 몫으로 컵에 담겨 있으니까 방편적으로 순간 내 거다 하고 생각하지만, 내 몸에 들어온 물도 다 나가게 되어 있는 거다 그 말이에요. 하나로 돌아가고 있는 거거든. 또 대기도 하나로서 돌아가고 있다고. 현재 여러분들이 대개 짐작을 하시겠지만 우리나라만 지금 이 운동을 하는 게 아닙니다. 일본사람들에도 이런 뜻에 맞는 일들을 하는 사람들이 있고, 미국에도 있고, 구라파에도 있고, 도처에 있어요. 그리고 오히려 원주민, 토인들, 아이누라든가 산업문명과 접하지 않은 그런 사람들이 자연과 호흡을 같이하면서 잘 살고 있어요. 우리가 이젠 많이 반성하고 그런 원주민들의 사는 모습에서도 배워야 될 겁니다.

그렇다고 해서 그 사람네들, 원주민들이 사는 방식으로 돌아갈 수 있느냐. 이미 그렇게 해서는 오늘날의 세계 인류를 먹여 살릴 수가 없어요. 그러니까 우리는 과학을 해야 하는데, 어떤 과학이냐? 생명의 과학. 요전번에는 자연을 이용을 해서 인간들이 편리하기만 하면, 잇속만 있으면 좋다고 하는 물질과학으로 갔지만, 이제는 생명의 과학으로 가야 할 것이다 이 말예요. 그 얘기는 무슨 얘기냐. 이렇게 이렇게 하면 인간에게도 해로울 뿐만 아니라 자연에게도 해롭다. 이렇게 이렇게 해서 자연을 낭비하게 되면, 이렇게 이렇게 돼서 인간은 살 수가 없다 그러니까 이러이러한 방식으로 가야 된다. 그렇게 시각을 달리하고, 자연과 인간 다 같이 건전하게 살아갈 수 있는 방향으로서의 과학이 앞으로 자꾸 태동이 되어서 여태까지 잘못된 것을 후퇴시켜야 합니다. 그렇게 해야지, 기술과학이 나와서 전부 망가뜨려놨다는 생각만 해서도 안된다 이거예요. 여기 앉아 계신 여성, 주부님들 전부 보니까 인텔리들이신데 그런 생각이 드실 것 아닙니까? 과학도 그런 차원에서 앞으로 얘기가 되어야 하겠지요.

오늘 이 자리에서 하고 싶은 얘기, 특히 중요한 것은, 모든 거와는 끊으려야 끊을 수가 없다, 하나라는 것, 모든 생명체와 모든 유기체는 하나로 연결되어 있어 끊으려야 끊을 수가 없다는 것이에요. 그런데 우리는 여태까지 경쟁의 시대에서, 또 인간의 편리함만 생각하고 있던 그러한 시대에서 온 습관 때문에 모든 것을 가리게 되고, 모든 것을 일일이 따지게 되고, 어떤 때는 자기자신만 생각하게 되고, 독선적으로 생각하게도 되고. 인간의 횡포와 독선이 얼마나 이 자연을 망가뜨렸기에 우리가 이러한 일을 하게 되는 겁니까?

문제를 널리 보고 넓게 보고 깊이 보고 그렇게 해서 대처해나가지 않으면 이 한살림운동도 그냥 얘기가 그렇게 될 수도 있어요. "그 옛날에 한살림운동이 있었어. 그런데 거 주부들이 좀 모여서 애썼지. 그런데 뭐 좋은 거 있으면 자기들끼리만 해 처먹고 그러고는 도대체 뭐 상대를 안해주더라고. 결국 그러더니 끝나더구먼." 그렇게 되면 안된다 이 말이야. 넓게 봐야지.

때로 기본적인 문헌이 나가게 되거나 할 적에는 그 문장이 좀 어려울 수도 있죠. 가령 지난번에 나왔던 《한살림선언》 같은 것은 일반적으로는 좀 읽기 어려운 책입니다. 그러나 그것을 풀어서 쓰기 시작하면 또 한이 없어요. 그러니까 그건 그거 나름대로 토막토막 연구를 하고 공부들을 하게 되면 다 해결이 되는 문제니까 그렇게들 공부를 하시오. 문장이 그럴 수도 있어요.

그런데 또 중요한 것은 덮어놓고 자꾸 차원을 높이는 건 안된다는 거야. 수많은 사람들이 한살림에 동참하게 해야 한다 이거야. 그러니까 유기농을 하는 분만이 아니라 농약을 쓰고 비료를 쓰고 그러는 농사꾼까지도 안고 가야 한다는 말이에요. 그렇게 해야 그 사람네들도 그 길이 옳다 하고 그 길로 변화해야 하겠다고 해서 우리와 만날 수 있게 되잖아요. 서로 이해가 다 되는 사람끼리 매일같이 만날 필요 있어요? 그런데 그러자면 말이지, 농약이 있는 농산물도 좀 먹어줘야 되잖아, 어떻게 생각하시오? 바로 그 얘기예요. 문제는 고고연하면 안된다 이 말이야.

예수님이 그러지 않았어요? "나는 세상의 의인을 위해서 온 것이 아니라 죄인을 위해서 왔다." 가장 낮은 자리에 오셨어요. 또 "이년이 서방질을 했는데 돌로 때려 죽이리까 말리까?" 하니까 말이지, "너희 가운데 죄 없는 놈 있거든 돌로 먼저 쳐" 그랬지요? 잘나고 못나고가 어디 있어요? 이게 중요한 거예요. 함께할 수 있다고 하는 게 중요한 거지. 그런데 그 근원은 어디에 있느냐. 하느님의 마음, 생명, 이런 것을 버리지 않고 가면서 기회 있을 때마다 얘기하고 나누고 그렇게 해서 변화하고 그 어려움을 함께 이해해주고, 그게 중요하지 않아요? 넘어진 사람 일으켜 세워줘야 한다 이 말이에요. 여태까지 농약 뿌리고 비료만 가지고 하던 농사를 이제 저농약으로 하면서 변화해가는 동안에 그 농산물이 말이지 엉망진창이 되었다 했을 때, 그걸 어떻게 할 거요? 그런 때에 함께해줘야 되잖아요? 그런 때 함께해줘야만 그 농사꾼은 신뢰를 가지고 난 죽으나 사나 이 사람들하고 같이 갈 수밖에 없다, 하는 마음이 된다는 말이에요.

주가 누가 주예요? 여러분들이 주님이지. 하느님 아버지가 왜 하느님 아버지인지 알아요? 살려주는 분이고 매일 먹고살게끔 해주는 분이기 때문에 아버지야. 이 운동이 그런 차원에서 되어야 된다 이거예요. 그러면 어느 한 시기에 엄청난 자기승화가 있어야 되는 겁니다. 자기승화 없이, 자기 노력함이 없이 어떻게 이 운동을 해나갈 수 있습니까?

요전번에 어느 분이 저를 보고 우리나라 전국에 유기농업 하는 사람들이 약 300명 있는데 약 150명은 골이 안 돈다 이런 말을 해요. 골이 안 돈다는 얘기는 뭐냐 하면, 이병철이네 회사에서 쌀을 무농약으로 한 걸 금년에 만석을 사겠다고 하는데 돈만 많이 준다면 그리 팔아야 되겠다고 하니 이걸 어찌해야 되겠느냐, 그런 얘기였어요. 중요한 얘기예요. 지금 농촌에 가면 대기업들이 다 땅들을 사요. 농사꾼들은 농사를 지을 수가 없으니까, 비싼 값 준다니까 그 땅 팔아치우고 전부 도시로 온다 이 말이에요. 그래야 구멍가게라도 해서 먹고살지. 농사지어서는 먹고살 수가 없으니까. 그렇게 되면 어떻게 되느냐. 대기업이 기계농 하고 유기농 할 수 있겠지요. 그렇게 되었을 적에는 농촌에 남아 있는 사람들, 영감님, 할머니들이 가지고 있는 땅은 아들한테 물려지는 게 아니라 어디로 가겠어요? 기업의 차지가 되어버릴 것 아니에요? 그렇게 된 다음에는 농사 전체도 대기업이 쥐고 흔들겠지. 그렇게 되었을 적에 이 다수 국민은 어떤 꼬락서니가 돼요? 전부가 머슴살이하는 거 아니겠어요? 이게 지금 재벌 공화국 아니냐 이 말이에요. 우리 스스로가 전부 메이커 것만 찾고 말이지. 그러서요, 안 그러서요? 겉돌다 가면 안된다는 말이에요. 농사짓는 사람들 진짜 사랑해야 돼. 그렇지 않으면 다 떠나서 도시로 들어오게 돼.

또하나는 무슨 걱정이 있느냐. 우루과이라운드란 게 타결되면 은행에서부터 학교, 출판까지 안 터지는 게 없어. 그러면 그 경쟁에서 졌을 때 어떻게 되겠어요? 적어도 그렇게 되었을 적에는 우리나라의 중소기업이고 대기업이고 깨지는 게 있을 것 아니오? 경쟁에서 안되면 깨지는 거지. 그럼 거기에 노동자들이고 뭐고 이 사람들 전부 어디서 온 사람들이에요? 도시 있던 사람들이에요, 농촌에서 온 사람들이에요? 농촌에서 온 사람들 기술 몇 자썩 배워가지고 벌어먹다가 안되면 다시 농촌으로 가겠어요? 어디에서 처지겠어요? 도시 속에서 처지지. 밥 굶으면 그 사람들 어떻게 되겠어요?

여러분들이 깊이 생각해서서 농촌에 있는 사람들은 남아서 농사를 제대로 짓게 하고, 자각된 사람들은 농촌에 들어가서 땅을 마련해서 유기농을 짓든 자연농을 하든 간에 문제를 공동체 속에서 해결해나가려고 애를 쓰고, 또 기왕에 농약으로 농사짓고 있던 농사꾼이라도 껴안고 우리의 살길을 같이 협의해가고, 그렇게 돼야 하잖겠어요? 그렇게 하지 않으면 이 땅에서 살 수가 없게끔 분위기가 돌아가는데. 글쎄 제 생각이 잘못되었는지 모르겠어요. 지금 꼴이 자꾸 그렇게 되어가니까.

보급이라는 건 뭘 얘기하는 거냐. 많은 사람들하고 만나고 이야기하고 설득하고 그것을 얘기하는 거예요. 그러면 이 단체는 소비자끼리는 소비자끼리의 그런 걸 하고 간다고 하겠지만 그 숫자와 요구가 많아졌을 때 어떻게 되느냐. 그거 뒷바라지해주는 농촌도, 생산자도 많아지게 되는 거지요. 소비자는 많은데 농촌에 생산자가 없다고 할 것 같으면 이거 지탱해나갈 수 있습니까? 못 하는 거지요. 해나갈 수가 없잖아요? 이치상으로 그렇지 않아요? 그러니까 보급을 하는데, 보급과 향상은 맞물려 가요. 처음부터 높은 차원의 얘기가 되는 것은 아니다 이 말이에요. 지금 농촌의 대다수가 유기농을 안하고 있어요. 유기농을 안하고 있는 사람들도 만나서 "우리들이 이렇게 살게끔 해주세요" 그랬을 때 "그래 그러한 것은 뒷바라지를 할게요" 그런 얘기가 되어야 하고, 그 사람네들이 "그러자면 몇해 농사가 엉망이 되는데요" 했을 때 "그러면 저농약으로 하십시오. 저비료로 하고. 저희들이 함께하겠습니다" 뭐 이렇게 돼야 하지 않겠어요? 그러니까 향상해가는 거나 보급해가는 거나 이게 상호 물려 돌아간다 이 말이에요.

그다음에 이것도 같이 물려 가요. 이렇게 이렇게 해야만 살 수 있습니다, 그렇게 되었을 적에는 아, 필요하구나 하고 알겠지만, 그런데 필요하다고 하는 데까지 가기 위해서는 먼저 해가는 분들이 설득을 해야죠. 자꾸 얘기를 하고. 그렇게 필요를 알게 되었을 때 요구가 발생하게 된다 이 말이에요. 그렇지 않습니까? 그러니까 여러분들이 하는 운동이 필요와 요구를 창출하자면 우물 안 개구리 식으로 일을 해서는 안된다 이거야.

그리고 유사 단체 있잖아요. 우리 한살림 말고 또 이렇게 해가는 단체가 있을 거란 말이야. 만나라는 말이야. 공동의 과제를 밀고 나가야지. 어차피 운동에는 다 각각이지만 각각이라도 연대해가야 된다 이거야. 그렇게 하지 않으면 반생명 세력, 반생명적으로 문제를 끌고 가는 힘에 대항해서 우리가 일을 확산해나갈 수 있겠어요? 그러니까 다만 한 가지라도 사회를 위해서 밝게 일하고 있고 좋은 일하고 있는 그런 단체가 연대를 하자고 할 때는 함께하자는 말이에요. 함께하지 않았을 때 어떤 문제가 오느냐. 아까 얘기한 대로 보글보글 혼자 우리끼리만 놀다가 끝나게 돼요. 생활이라는 것은 음악가는 음악가로서, 화가는 화가로서, 조각가는 조각가로서, 건축가는 건축가로서 생활이 다양하단 말이에요. 정치하는 사람은 정치하는 사람으로서, 동네일을 보는 사람은 동네일을 보는 사람으로서 다양해요. 먹거리를 가지고 일하는 이런 한살림운동뿐만이 아니라 한살림운동의 시각은 정치에서부터 경제, 사회, 문화 전반에 걸쳐서 연대할 능력이 있어야 된다 이거야. 그렇게 되었을 때에 그 운동은 가속화되고 더 깊이 제대로 정착이 되고 그렇게 되는 거지요.

그것은 아까도 잠깐 말씀을 드렸습니다만 생명은 하나이기 때문이에요. 우리가 아직은 이윤추구를 제일로 하는 자본주의사회 체제 하에 있지만 그것이 결국 가게 되는 종국의 단계가 뭐라는 것을 지금 우리가 보고 있잖아요? 막말로 말이지, 정확한 계산은 모르겠지만 핵무기를 지금 사용하면 지구를 열 번 파괴하고도 남는다잖아요. 그런데도 돈벌이가 되니까 자꾸 핵개발을 한단 말이오. 이게 미친 거요 안 미친 거요, 어떻게 생각하시오? 또 후세인하고 미국하고 싸우는데 사람이 죽어 넘어가는데 그걸 전쟁도 아닌 게임으로 하잖아요? 그러면 어떻게 우리가 그러한 것을 긍정할 수 있느냐 이거야. 그럼 우리는 반핵운동을 해야 되지 않아요? 한살림 여러분들은 어떻게 생각하십니까? 반핵, 옳습니다. 우리도 해야지요. 할 수 있어야 되잖아요? 미친 짓이니까.

지금 부엌에 먹거리를 건전하게 가져오는 것은 병 안 들고 옳게 살기 위해서 우리한테도 중요하지만 농사짓는 사람도 살아야 하기 때문인데, 그런데 그것은 또한 우리뿐만이 아니라 이웃까지도 살아야 되기 때문이잖아요. 이걸 잘 알아야 돼요. 그러면 왜 그렇게 하느냐? 우리의 생활을 밝게 건전하게 살기 위해서 하는 거다 이 말이오. 그럼 일체의 모든 운동이 밝게 살기 위해서 하는 운동이라고 할진대 협의하고 토의하고 그 얘기가 옳다고 했을 때 함께해주는 그 태도가 필요하다 이 말이에요. 그것은 무슨 효과를 가져오느냐. 그 사람네들에게 한살림공동체 소비조합을 하는 분들의 일은 옳게 살고 건전하다고 하는 것을 전해주는 것 아니냐 말이에요. 그렇지 않겠어요? 저것들은 먹거리 이외에는 아무것도 안 알아들어, 이렇게 되었을 때에는 어떻게 되겠어요? 사회적으로 그렇게 되었을 땐 말이지, 얘기가 안되는 거지. 그러니까 먹거리를 제대로 해서 우리가 살자고 해서, 이 일을 한다고 할 것 같으면 일체의 반생명적인 세력에 대해서 반대하는 사람들과 몸을 함께하는 태도가 있어야 된다 이거지. 그렇게 되었을 때에 우리의 공동체 소비자운동이 전부 이해가 될 거예요.

또하나는 오늘날 농산물을 생산하는 농민들의 고충을 이해해주었을 때 그들이 "오 주여, 한살림공동체 소비조합에서 일하는 주님들이여" 이렇게 된다구. 그렇게 안되겠어요? 그렇게 이해를 하고, 그런 것이 확대되어가면 한국 농촌 전체도 여러분들이 해결하는 것이 되지 않겠어요? 목표는 거기까지 가야지. 또 나아가서 우리들이 일하는 이것이 건전하고 밝다고 할 것 같으면, 전세계의 모범이 되어 사람들 사이에서 이렇게 살아야 되겠구나 하는 얘기가 나누어질 것 아닙니까. 또 그렇게 사는 사람들끼리 손잡고 가야 되고. 이게 손에 손을 잡고 가는 거지, 누가 혼자 가는 거 아니에요. 혼자 어떻게 가요. 혼자 못 간다 이 말이에요.

생명운동에는 이기주의가 존재할 수 없어요. 사람의 능력은 다르죠. 때로 출중한 사람도 있어요. 그러나 혼자 가지고는 안돼. 협의에 의해서 결정이 되었으면 그걸 수행할 수 있는 자세가 누구에게나 있어야 된다 이 말이야. 요새 우리 한살림공동체는 그렇지 않겠지만 시골에서 20여 년 전에 운동을 해보니까 이렇게 됩디다. 모여서 회의를 하는데 아무개가 조금 활동적이고 앞에 나서기를 잘하니까, '이런 거 합시다' 했을 때, 어떻게 되느냐 하면 "아무개 어머니가 해" 그리고 줄줄이 다 "아무개 어머니가 해" 이렇게 돼. 귀찮은 거니까. 그래서 아무개 어머니가 맡아서 한다 이 말이에요. 그런데 아무개 어머니가 맡고 난 다음에 일이 제대로 안됐어. 그러면 어떻게 되느냐. 전부 그 사람한테 뒤집어씌운다고. 그러면 그이는 동네에서 얼굴을 들고 다닐 수가 없어. 욕을 얻어먹게 되니까. 특히 농촌에서는 어떤 일이 있느냐. 다른 동네 가보니까 농협에서 꿔주는 돈이 나와서 전부 나눠 썼다 하는데 우리 동네는 아무 소식이 없어. 그래서 아무개 어머니를 불러서 "다른 동네에서는 돈 나왔다는데 어떻게 됐지?" 하니까, 아무개 어머니가 아무 말도 못하고 고개를 푹 숙이고 있어. 돈이 나왔는데 다급한 일이 있어서 썼다 이 말이야. 그렇게 되니까 도둑년 소리가 나오지. 그러면 그 사람은 그 동네에서 살지 못하고 도망가게 되는 거지.

이 얘기는 뭘 얘기하느냐. 공공의 생활을 하는 데 있어서는 공공의 결의에 의해 결정된 걸 수행해야 돼요. 각자는 참여해서 자기 몫에 대해서 당당하게 책임을 져야 된다는 얘깁니다. 그것이 훈련이 안되면 이 한살림공동체운동을 수행해나가는 것이 암초에 부닥치게 돼요. 혹 능력이 좀 부족하면 도와줘서 시키면 되잖느냐 이 말이에요. 협동이란 게 뭐야. 협동이란 게 서로 도와가면서 한다는 얘기거든. 중뿔난 능력을 가지고 있는 사람이 없다 이 말이야. 집단적인 오랜 경험을 일러주면 되지. 그건 조합원 자격으로서 일러주면 되는 것 아니겠어요? 각자 책임을 맡아서 일을 해보는 훈련들을 해야 한다 이 말이야. 그 훈련들을 안하고 맨날 아무개 어머니가 하시오, 이런 식으로 하면 말이지, 이기심이 발동되어서 각자 자기책임을 지질 않아. 책임을 지지 않는다는 얘기는 결국 이기심이지. 그러면 단체는 거기서 끝난다 이 말이지. 공공의 합의에 의해서 했으면 각자 책임을 져야 된다 이거야. 일이 경우에 맞느냐 안 맞느냐가 중요한 거지, 누가 얘기했으니까 그냥 따라가야 된다, 이건 안돼.

이걸 왜 내가 얘기하느냐. 남성들도 마찬가지지만 여성들도 모여서 가장 중요한 것은 일이 경우에 맞느냐 안 맞느냐를 따져봐라 이거야. 그래야 공평하고, 공평하면 곧 포용하게 되는 거야. 넉넉함이 있게 되는 거라고. 누구든지 포용할 수 있게 되지. 작은 차원에서는 작은 차원대로, 큰 차원에서는 큰 차원대로 경우를 따지고 이해를 하고. 지금 생명을 모두 제자리에 있게끔 해주는 운동으로서 이것을 한다고 하는 그 잣대 속에서 문제를 풀어갈 적에, 저마다 경우에 맞게끔 맞춰가면 되는 거다 이 말이야. 우리가 이 한살림운동 한다고 하는 것은 환경의 문제를 살펴서 생명의 제자리로 돌아가자고 하는 운동입니다. 다른 거 없어요.

우리 마음은, 생각은 됐는데 몸이 빨리 안되는 거 있잖아요. 이 자연도 이미 독으로 오염이 많이 되어 있어서 하루아침에 빨리 안돼요. 자정능력을 상실한 것이 하루아침에 빨리 어떻게 됩니까? 되어가게끔 해가면서 같이 끌고 가야지.

얘기가 너무 번다스럽게 된 것 같습니다. 그만 말씀드리겠습니다. 감사합니다.

내 안에 아버지가 계시고

오늘 이 귀한 자리에 나와서 여러분들에게 말씀을 드리는 것을 굉장히 주저했습니다. 사실은 제가 근자에 앓고 있습니다. 내가 앓고 있는 뿌리를 찾아보니까, 그동안 철없이 살아서 병이 났구나 하는 느낌을 받고 있습니다. 그래서 아직도 철없는 이 사람이 열심히 착하게 공부하고 있는 여러분 앞에 나와서 말씀을 드린다는 것이 어딘지 모르게 쑥스러운 생각이 듭니다. 사실은 요즈음 누구와 대화를 하는 것을 삼가고 있는 형편인데 안영갑 학장님의 수차에 걸친 당부도 있으시고 해서 엉거주춤 이 자리에 서게 된 것입니다. 그 심정을 여러분들이 이해하여주시기 바랍니다.

오늘날 이 세상이 말의 공해와 유인물의 공해가 얼마나 많은가 제가 잘 알고 있습니다. 우리가 살고 있는 꼬락서니는 최면에 최면

연세대학교 원주분교 특강, 1992년 5월.

124

을 거듭해서 이제는 뭐가 뭔지 모르는 상황 속에 빠져 있다고 생각됩니다. 어떤 사람이 쓴 글을 보니까 지구를 여덟 번 이상 파괴하고도 남는다는 핵 경쟁들을 하고서도 또다시 핵을 만들어야겠다는 얘기를 한구석에서 하고 있는가 하면, 세계 문명의 선두로 있다는 나라치고 큰 무기장사 하지 않는 나라가 없다는 것이 사실입니다. 우리가 이런 속에서 오늘을 살아가고 있음도 간과해서는 안될 것입니다. 그 사람들은 민주주의니 평등이니, 평화니, 자유니 하며 세상에서 가장 좋은 이야기로 인류를 우롱하고 있는 현실입니다. 우리 스스로에 대해 반성을 하는 심각한 계기가 되어야 하지 않는가 하는 생각을 합니다.

또하나, 과학문명의 이기를 가지고 우리가 경쟁을 해간다면 그것은 안된다고 봅니다. 예를 들면 100미터 경주에서 90미터 지점에 머물고 있는 사람과 시발점에 머물고 있는 사람이 경주를 해봐야 참새가 황새를 따라잡자는 격이지 그래가지고 될 바도 아니죠. 지금 지구 전체가 살아남느냐 살아남지 못하느냐, 우주의 기틀이 제대로 돌아가겠는지 안 돌아가겠는지, 하는 심각한 상황인데, 나는 너보다 잘났는데, 내가 아는 것이 더 많은데, 내가 돈이 많은데, 내가 힘이 많은데—이러한 경쟁의 세태, 경쟁의 문화가 지금 한계를 노정하고 있다는 것입니다. 여러분이 아시다시피 소련이라는 사회제국주의가 붕괴하고 있는데, 이러한 현상이 그저 오는 것이 아니라는 것을 인식해야 됩니다. 이제는 경쟁의 시대를 탈피하고 공생의 시대가 아니면 살아갈 수 없다는 엄연한 사실이 지금 우리 앞에 내도하고 있다는 것을 말씀드릴 수 있습니다.

그런데 공생의 시대에 가장 중요한 것은, 모든 존재는 하느님 아버지인 생명의 실체를 모시고 있다는 점입니다. 오늘날까지의 경쟁문명은 서로가 어떻게 이용하느냐, 어디에 이익이 있느냐 하는 것으로 시작과 끝을 이루고 있습니다. 며칠 전 신문에 지구의 온난화로 해수면이 상승한다는 말이 있었습니다. 이런 현상은 결국 인간이 만들어놓은 것이며, 산업문명이 만들어낸 것이죠. 우주질서의 파괴를 실증하는 것입니다. 이제 인간끼리만의 공생이 아니라 자연과도 공생한다는 생각을 가져야 될 시점입니다. 아까 찬송가에서도 나온 말씀이지만 "모든 만물이 하느님 아버지의 나타나심이며, 생명의 나타나심이라" 이런 말씀입니다. 그러니까 "아버지 안에 내가 있고 내 안에 아버지가 있다"고 하는 등식, 이것을 잘 이해해야 될 것입니다. 우리는 그동안 경쟁문화·경쟁문명 속에서 살아왔기 때문에 언제나 모든 것을 일방적으로 본다는 것입니다.

우리는 올림픽에 참가해서 메달을 땄느냐만 보지요. 1등만 인정하고 2등 이하는 인정하지 않는 세상이 문제인 것입니다. 2등 이하 꼴찌가 있어서 1등이 존재하는 것이고, 그러면 당연히 2등부터 꼴찌의 자리가 인정받아야 되는 것입니다. 다시 말씀드리면, 1등의 존재를 있게 해준 것이 2등과 꼴찌다 이 말입니다. 그러면 1등 했다고 오만하거나 세상이 눈 아래로 보이고 안 보이고 하는 잘못된 생각을 버려야 한다는 말입니다. 연세대 여기에 들어온 여러분들은 수재인데, 대학 못 들어온 친구들을 볼 때 자네들은 업신여기지!(웃음)

물론 여러분들은 그렇지 않으리라 생각합니다. 과목 몇개 제대로 공부했는가가 사람 평가의 전부가 아니고 문제를 어떻게 보느냐 하는 점이 중요하지요. 물론 경쟁을 해서 이기는 것이 쉽게 성취된 것이 아닌 것은 사실입니다. 그것을 부정하지는 않지만, 그것이 잘못 간다고 할 때에는 문제가 된다는 것입니다. 모든 사람이 살고, 자연 일체가 살고, 이렇게 되었을 때에 아버지를 섬기는 것이요, 아버지의 자리에 머물게 되는 것입니다. 하느님 아버지는 영원한 분이요, 아니 계신 곳이 없는 분이요, 도처에 있는 분이기 때문입니다. 그것을 잘 현양하고 생활한 이야기의 대목이 《요한복음》 10장 31-39절의 말씀인 것입니다. 일체가 하느님이란 말이며 모두가 하느님인데 하느님과 함께하는 태도로 생활하라, 그런 말씀을 예수님이 하신 것입니다.

"내 안에 아버지가 계시고 아버지 안에 내가 있다"는 이야기의 도식이 앞으로의 문화, 앞으로 살아갈 수 있는 근원이 되는 공생의 시대에 있어서의 사상이요, 핵심이란 말입니다. 풀 하나, 돌 하나, 벌레 하나를 보았을 때 함부로 꺾지 않고, 함부로 살생하지 않는 바로 그것이 중요하다는 말입니다. 그것들 일체가 이용의 대상이 아니란 것입니다.

10년 전 미국의 젊은 친구들이 한국에 왔는데, 마침 돌아가신 함석헌 옹이 원주에 가서 장일순을 만나보라 해서 찾아왔다고 하기에, 제가 그 미국사람보고 "너희 나라에서 달나라에 간 사람 있지?" 하고 물으니까 "암스트롱이 갔었다"고 하기에, "그가 달나라에 가서 성조기 꽂고 왔지?" 했더니 "그렇습니다" 하길래, 그러면 "그 달이 미국 달이 되느냐" 했지. 그게 바로 제국주의야. 내가 먼저 보고 내가 가질 수 있다는 태도 말이지. 미국이 세계에서 대국을 자랑하고 계속 영광을 누리겠다고 한다면 그런 태도 가지고 되겠느냐 이 말이야. 그 달은 일체중생의 살아 있는 유정물과 무정물까지도 다 함께 즐기는 달이잖아요? 우리가 경쟁의식 속에서만 살고 있으며 또 사회가 경쟁을 촉구하고, 바로 이것이 문제인 것입니다.

그러니까 공생의 시대에는 우리 스스로 어떻게 살아야 되느냐 하는 것을 반추하고 실천해야 된다 이겁니다. 옛날 어른들 말씀에 "연자방아 돌리던 망아지는 밭에 가도 돌기만 하고 밭을 못 간다"는 이야기가 있습니다. 내가 요즈음 이 꼴이면서 여기 와서 말은 이렇게 희떱게 ─ 여러분들에게 지금 공생의 시대니까 이렇게 가야 되고, 경쟁의 시대는 이렇게 비극을 가져왔노라 하는 이야기를 하면서도 내 스스로가 밭에 가서 갈지를 못하고 돌고 있다 이 말입니다. 그러나 '내가 밭을 갈아야 되는데 돌고 있다'는 생각을 갖는, 그런 느낌이 있는 사람들끼리라도 자주 얘기를 나누고, 공생하는 생활을 해가고 그게 중요하다 이 말입니다.

그렇게 해야만 모두가 제대로 살아갈 수 있는 길을 가게 되는 것이지요. 이제부터 경쟁을 해서 이기겠다는 생각들을 서서히 벗어나야 된다는 말입니다. 요즈음 모두들 내가 해야만 된다고 하는데, 내가 해야 된다고 하는 이야기로 하면 장님 코끼리 만지기 식이야. 이사람이 보면 이것이 짧고, 저 사람이 보면 저것이 짧은데, 실은 짧고 긴 것은 상수(相隨)야, 같이 따라가는 것이란 말입니다. 긴 게 있으면 짧은 게 있는데 꼭 하나만 보게 만들어서 그 이득은 누가 갖느냐, 제일 큰 왕초가 다 챙기고 만다 이 말입니다. 이 문명의 시대에 모두 챙기고 갖는 사람이 누구냐 말이지. 그러나 그런 태도와 살아가는 방법을 극복하겠다고 할 때는 어떻게 되느냐. 100미터 경주에서 100미터 근처에 가 있는 사람과 시발점에서 출발하는 사람의 게임은 후자가 맨날 들러리 서다 말지 않습니까? 그러니까 우리는 나름대로 생활하는 방법이 있어야 될 것입니다.

1945년 해방이 되었을 때 내 친구들에는 공산당에 경도된 이들이 많았어요. 그때 전문학교, 지금의 대학에 다니는 친구가 동급생 중에 몇명 없었어. 그러니까 나보고 공산당 하자고 찾아온 사람이 많았지. 그런데 그 사람들 이야기가 뭐냐. 우리의 조국은 모스크바고 목적을 달성하기 위해서는 수단과 방법을 가리지 말아야 된다는 논리였습니다. 나는 승복할 수 없어 단호히 거부했던 것입니다. 그런가 하면 이쪽을 보면, 겨레의 독립을 위해서 풍찬노숙하며 모든 것을 버리고 투쟁한 사람들, 독립투사들을 냉대하고, 그 사람들을 잡아 가두고 했던 일본 앞잡이들인 고등계 형사 떨거지들을 데리고 단독정부 수립을 추진하던 이승만이와 합세할 수 없어서 내가 40여 년이란 기나긴 세월을 허송세월했던 것입니다. 물론 그렇다고 해서 독재를 잘한다고 할 수도 없지 않습니까? 그래서 독재하면 안된다고 했으나 잘들 하잖더냔 말입니다.

조금 전에 잠깐 말씀드렸지만 공생의 시대에 있어서는, 저 사람이 나보다 좀 부족하면 내가 도와주면 되는 것입니다. 이것이 경륜인데, 경륜이란 무엇이냐? 한길이고, 큰길인 것입니다. 이 한반도는 작은 것 같지만 큰 나라입니다. 큰 나라이면서 아직도 눈을 덜 뜨고 있기 때문에 고생을 하고 있습니다. 소련이 써먹던 그 방법 가지고 이 한반도에 평화가 오겠습니까? 그렇다고 해서 미국이 써먹던 방법 가지고 되겠느냐 이 말입니다. 이 땅 이 겨레의 문제는 우리 스스로가 하느님의 뜻, 진실한 생명의 실체가 무엇인가를 체득하는 속에서만 해결해나갈 수 있는 것입니다.

미국과 소련이 (문제를) 해결해주는 것이 아니라, 우리 스스로가 잠에서 깨어나서 하느님 아버지와 일체의 만물과의 관계, 하느님 아버지와 인간과의 관계, 이것이 어떠한 존재이냐, 생명의 실체는 뭐냐, 어떤 방법으로 보고 가야 되느냐, 이런 것을 체득해갈 때, 문제는 뚫리기 시작할 것입니다. 그런데 하느님 아버지를 내놓고, 부처님을 내놓고, 담을 쌓고 문을 닫고 가면 되겠는가 이 말입니다. 이제는 일체의 담, 일체의 문을 열고, 공생하는 방법을 서로 연구하고 서로 나누어갈 시기인 것입니다. 그렇게 해야만 모든 문제가 제대로 풀리게 되어 있다 이 말입니다.

모든 것이 나름대로 경우가 있습니다. 우리가 딱딱한 것을 잴 때는 잣대로 길고 딱딱한 것이 필요하고, 액체나 분말 같은 것 그리고 나락 같은 것을 재자면 그릇 같은 잣대가 있어야 하듯, 우리에게 주어진 상황을 극복할 길이 무엇이냐도 잣대가 달라야 된다 이것입니다. 그러니까 소련, 동구라파가 써먹던 방법 가지고 이제는 해결할 수 없으며, 또 그렇다고 미국이 써먹던 방법 가지고 이 땅의 문제를 해결할 수 있느냐, 그것도 아닙니다. 그러한 것들이 해결할 수 있다면 이제껏 이 조국, 이 겨레는 분단되어 있지 않았어요.

오늘 굉장히 중요한 성경말씀을 여러분들은 들으셨고 그것을 항상 되뇌시고 반복해보시라 이 말입니다. 우리는 지금 이 작은 땅 분단의 땅에 서 있으면서도 가장 거룩한 문제에 당면하고 있어요. 한반도에 진짜 자유와 평화가 오면 그것은 전세계에 삶의 빛을 주는 하나의 해결방법이 될 거예요.

여러분, 요르단강 잘 알고 계시지요? 내가 보기에는 요르단강은 한강의 10분지 1도 안될 것입니다. 다녀온 사람 이야기 들어보니까 바짓가랑이 걷고 건너가면 된다고 하더군요. 한강을 그렇게 건너갈 수 있습니까? 한강보다 더 큰 강은 중국의 양자강이죠. 그런데 양자강 소리는 별로 없고 전세계에서 요르단강 얘기는 기차게 크지 않습니까? 바로 그것은 예수님이 멋지게 살고 가셨기 때문에, '아버지가 내 안에 계시고 내가 아버지 안에 있다'고 하는 생활을 하고 갔기 때문에 요르단강이 양자강보다 큰 것이라 이 말입니다.

내가 여기 매지리 연세대학에 온 게 오늘로 세 번째입니다. 여기에서 공부하는 사람들은 참 행복하겠구나 했습니다. 여기서 밖을 바라다보면 선경이에요. 이 아름다운 곳을 여러분들 잘 소화해야 합니다. 여기서 여러분들이 한계가 지워진 이 세상 문명을 새로운 시각에서 문제를 풀어가고 문제를 다듬어가고 이렇게 되었을 때, 매지리는 영원히 지워지지 않는 세계적인 매지리가 될 것입니다. 그것을 가지고 콧대를 높이자는 이야기가 아니라 세상사람들을 사랑하고, 세상사람들을 평화롭게 하고, 세상에 망가진 사람들을 위로하고, 해결해주는 그런 곳이면 이 땅은 요르단강같이 소리가 나겠다는 말이지요.

최후의 진실을 향해 반성하고 헛된 욕심과 헛된 이름들을 전부 버리고 적나라한 자리로 돌아가서 하느님 아버지와 생명의 실체, 생명의 근원은 무엇이냐, 하고 대화해보십시오. 그렇게 되었을 때

문제 해결이 될 것입니다. 바로 우리 스스로의 모든 존재, 모든 일체의 존재는 생명의 근원이신 모든 나타남의 표현인 것입니다. 공경하고, 사랑하고, 아끼고, 정중하게 모든 것을 대하자 이 말입니다. 오만하고, 방자하고, 함부로 하고 이러지 말자 이 말입니다.

이솝우화에서 보듯이, 임금이 호화 사치를 하니까 신하들이 뒷바라지할 길이 없어 끝내는 견디지 못해 신하가 임금에게 "이것은 착한 사람들만 볼 수 있는 천상천하에 하나뿐인 비단인데 이것으로 옷을 해 입으시면 참 좋으실 것입니다" 했고, 그것으로 옷을 해 입고 임금이 거리에 나갔더니 세상에 최면 걸린 어른들은 "정말 좋은 비단옷 입으셨다"고 했는데, 솔직하고 담백하게 세상을 보는 어린 아이들만이 "임금님이 발가벗었다"고 했다 이 말입니다.

지금 우리가 전부 최면에 걸려 있습니다. 그렇기 때문에 아버지와 함께 살지 못하는 것이고 아버지를 모시고 있으면서도 모시고 있다고 생각하지 않고 있습니다. 일체의 행동과 일체의 생각은 아버지 자리에서 나왔다가 들어갔다 하는 것입니다.

아무쪼록 그런 생각 많이 가져주시기를 바랍니다. 우리 동양에 이러한 말이 있어요.

> 만물자생청(萬物自生聽)이거늘
> 태허항적요(太虛恒寂寥)이니라
> 각향정중기(却向靜中起)이나
> 의향정중소(意向靜中消)이니라

이 절구는 오늘의 성경말씀을 잘 말해주고 있습니다. "만물이 자생하는 소리가 들리는데 하늘(아버지)은 항상 말이 없구나." 곧 말 없는 가운데 아버지 있는 곳[起處]으로 가고자 하지만, 뜻은 말 없는 가운데 현상[消處], 즉 생겼다 다 없어지는 상대세계(相對世界)로 가고 있노라는 말씀입니다.

고맙습니다. 안녕히들 계십시오.

사심 없이 자기부정을 하고 가면

방금 목사님께서 소개해주신 원주에 사는 장일순이올시다. 사실은 원주의 학장님과 교목 선생님께서 서울에 있는 학우 여러분들을 한번 좀 만나봐주는 게 좋겠다는 말씀이 있었는데, 원래 태생이 기억력이 박하고 아는 게 없어, 그러니까 거 얘깃주머니가 없어 한사코 고사했는데 어떻게 어떻게 하다 보니까 9월에 방갓 쓴다고 얼마 전에 기별이 왔더란 말씀이야. 좀 와줬으면 좋겠다고. 날짜가 박혔노라고.

그래서 제가 무슨 생각을 했는고 하니, 그 옛날에 예수님께서 제자들을 세상에 파송할 적에 제자들이 몹시 주저했던 말이야. 뭘 어떻게 가서 세상사람들을 만나야 되는가 하고 말이지. 그러니까 예수님께서 제자들에게 "야, 아버지께서, 생명의 근원이신 아버지께서,

---

연세대학교 채플 특강, 1992년 11월.

134

불생불멸하는 아버지께서, 죽지도 않고 살지도 않고 나지도 않고 죽지도 않는 영생의 아버지께서 너희들에게 다 일러줘. 불로심력(不勞心力)이라. 마음에 뭐 걱정하고 애쓸 것 아무것도 없어. 그냥 가. 그러면 일러줄 테니까. 가 얘기해" 하셨는데, 그 작정하고 왔어요.

다시 얘기해서 생명이라고 하는 것은 바로 아버지이시기 때문에, 하나이기 때문에 우리가 다 각각 이 자리에 수천 명이 모여 있지만 수천 명은 그 생명이 앞앞이 내재하면서 또한 하나다 이 말이야. 옛날에 부처님께서 천상천하 유아독존이라, 그런 말씀을 했더란 말이야. 제가 어렸을 땐 "야, 이 양반 몹시 건방진 양반이로구나" 그렇게 생각을 했어요. 그런데 세월이 가고 많은 것을 경험하고 어려운 고비와 죽을 고비를 여러 번 겪고 보니까, 세상에서 지극히 겸손한 말씀이더라 이 말이야. 그 얘기는 뭐냐. 자기부정을 사심 없이, 욕심 없이 철저히 하고 가면 진정한 나를 만나게 되는데, 진정한 나를 만나게 되는 그 순간, 그것은 뭐냐, 아버지야. 아버지와의 대면이야. 그렇게 돼.

아버지와 아들과 성령은 둘이 아니라 하나라고, 바로 이 자리에서 여러분들은 수없이 귀에 젖도록 말씀을 들었을 거야. 철저하게 욕심 없이, 사심 없이, 지공무사한 마음으로 자기부정을 하고 가게 되면 나중에 남는 것은 뭐냐. 아버지밖에 없어요. 생명밖에 없다 이 말이야. 우리 이 각자는, 이 자연은, 나무는, 물은, 새는, 공기는, 땅은, 별은, 이 지구는 모두 다 거기에서 와서 거기로 돌아가는 거야.

근데 필립보가, 아버지를 보여주시오, 이런단 말이야. 그런데 이 성경의 전 구절에 보면 "내가 아버지 안에 있고 아버지가 내 안에 계시다" 이런 말씀을 해. 이것은 굉장히 중요한 얘기예요. 우리는 지금 주어진 상황의 현상에 대해서만 보고 공해문제를 걱정해요. 이거 공해다, 환경을 제대로 해야 되겠다 자꾸 얘길 하고 이러는데, 우리의 일상생활이 이 산업사회 속에서, 특히 수백 년 동안 결정적으로 경쟁의 문화 속에 있어요. 공생의 문화가 아니라 경쟁의 문화 속에서 살고 있다 이 말이야. 그렇기 때문에 내가 이기자면 상대가 져야 돼. 그런데 나는 누구고 상대는 누구냐 이 말이야. 한심한 얘기지. 앞서 얘기했지만 철저한, 사심 없는 자기부정으로 겸허하게 끝까지 가면 그때는 남는 게 아버지밖에 없어요. 바로 영원하신 생명밖에 없다 이 말이야. 일체의 사물, 우주 일체, 우리 모두는 거기에서 와서 도로 거기로 가는 거예요.

그것을 예수님도 생활 속에서, 다시 얘기해서 길 속에서, 독행 속에서 말씀을 해주셨어요. 너희들이 나를 보면 아버지를 봤을 텐데 왜 모르느냐, 이 말이야. 날 믿어라, 이 말이야. 나는 진리이니까, 이 말이야. 나는 영생을 가지고 있으니까, 이 말이야. 모시고 있으니까. 그것이 예수님이 애타게 제자들에게 말씀을 해주신 대목이라고 생각을 합니다.

근자에 이 서대문 밖 연희동을 중심으로 해서, 여러분들을 중심으로 해서 환경을 정화해야겠다고 하는, 지역주민들의 살아가는 모습에 변화를 가져와야겠다고 하는 작업들을 하셨다고 내가 들었어요. 그 얘기를 듣고 지극히 기뻤습니다. 또 여러분들 학내에서 연세의 숲을 살리자고 하는 운동이 있다고 들었습니다. 아주 기뻤습니다. 숲 하나를 살린다고 하는 것 안에서 전세계를 살린다는 도리를,

전세계를 살리는 빛을, 전세계를 살리는 이치를 여러분들은 터득하게 될 것입니다.

일찍이 동학 2대 교주인 해월 선생님께서, "밥 한 그릇을 알게 되면 세상의 만 가지를 다 알게 되나니라" 그런 말씀을 한 적이 있어요. 저는 그 얘기를 몇십 년 전에 보았는데 멍텅구리라서 이게 뭔 얘긴가 하고 수없이 더듬어봤어요. 그런데 그게 다른 얘기가 아니에요. 풀 하나, 돌 하나, 예를 들어서 나락 하나도 땅과 하늘이 없으면, 물과 빛이 없으면, 공기가 없으면, 미물들이 없으면, 이 우주가 없으면 나락 하나가 되지를 않는다 이거예요. 그렇지 않습니까? 그 나락 하나가 우주 없이 될 수 있느냐 이 말이에요. 바로 그 나락 하나는 하늘이다 이거야. 나락 하나도 하늘이야. 그래서 해월께서는 무슨 말씀을 했느냐. 이천식천(以天食天)이라, 하늘이 하늘을 먹는다 이 말이야. 우리가 다 하늘이다 이거야. 우리 안에 불생불멸의 영원한 아버지께서 함께하신다 이 말이야.

예수님만이 아니야. 예수님은 일찍이 깨달으시고 깨달은 바 행하시고 우리 인생들에게 모범을 보이시고 가신 분인데 너희들도 그렇게 하라 이 말이야. 너희들이 나를 믿으면, 모든 사람에게 하느님 아버지가 계신데 그것을 확신을 하면, 그러면 너희들은 나보다 더 큰 일을 할 수 있다 하는 얘기가 오늘 이 성경 가운데 있습니다.

오늘날 가장 심각한 문제는, 전세계에 산업문명 이후에 상혼이 배태되어 모든 것을 잇속으로만 계산하려 들고, 모든 것을 경쟁 속에서만 해결하려 드는 데 있어요. 이제 그러한 시대는 날로 미로에 빠지게 되고 날로 쇠퇴해서 수십 년이면 자취를 감추게 될 거예요.

20세기 초에 이 땅의 현상은 어땠느냐. 마침 여러분들이 연세의 숲을 살리자고 하니까 말인데 지구의 60퍼센트가 숲이었어요. 그런데 100년이 못 돼서 지금은 20퍼센트밖에 남지를 않았습니다. 이걸 누가 이렇게 했겠어요. 사람들이 이렇게 했지. 사람이 잇속을 부리는 데 있어서 필요하다고 하면 자연을 약탈하고, 착취하고, 짓밟고 무슨 짓이라도 다 했다 이 말이에요.

내가 여담을 한마디 하지요. 일본에서 조그마한 공장을 하는 실업가인데 그 사람이 한국에 오면 어쩌다 날 만나요. 이 사람 얘기가, 한국사람들 참 이거 큰일 났다 이거야. 그래 무슨 얘기냐 했더니, 음식점에 가보면 깍두기고 김치고 먹는 음식이 그냥 남아서 나가니 이거 다 버릴 게 아니냐 이 말이야. 그런데 그 무나 배추나 쌈이나 그게 하루아침에 되는 것이냐 이 말이야. 이건 엄청난 낭비다 그런 얘기를 하더라고. 그래서 저는 "자네 말이 옳네. 그것도 아주 큰 문제지. 그런데 너희 나라도 큰 문제더구먼" 했지. "너희들은 전세계의 공장에서 나오는 물건들, 상품을 석 달에 한 번씩 유행을 바꾸더구먼. 그러니까 10년 써도 괜찮을 물건을 석 달마다 모양도 바꿔놓고 뭐 편리하다는 이름으로 자꾸 바꿔놓으니까 10년 이상 20년 쓸 것을 갖다가 그냥 막 버린다더구먼." 그럼 그거하고 깍두기 김치 버리는 거하고 어떤 게 더 대단하냐 이거야.

우리나 전세계나 오늘날 병이 들어도 단단히 들었어. 잇속만 있다면 무슨 짓이라도 해. 요새 들으니까 장사 중엔 무기 만들어 파는 장사가 제일 잇속이 있다는데, 그러다 보니까 미국놈, 일본놈들이 그리고 소련놈들이 무기장사 그동안 많이 했지. 전세계, 지구가

열 번 파괴되고도 남는 그런 핵무기를 만들어놓고도 또 만들겠다고
하니 말이야. 이게 무슨 지랄이고 미친 문명이냐 이 말이야. 그래요,
안 그래요? 왜 묵묵부답이야. 그래요?

엄청나게 미쳐 돌아가는 세상이다 이 말이야. 이런 시기에 중국
은 지금 뭐라 그래요? 산업화해야 되겠다는 얘기 아닙니까? 중국의
반 내지 3분지 1이라도 더럽게 됐을 땐 지구는 못 견딘다고 할 거야.
지구가 견뎌내겠어요? 지금 동구라파 쪽에 가보면 — 저는 가보지
않았습니다만 — 산성비 때문에 숲이 다 죽었다고 해요. 여러분들이
연세의 숲을 살리겠다고 했으면 그럴 때 문제 하나하나를 전부 더
듬어 가보라 이 말이야. 이제 시대는 지구는 하나야. 소련사람, 일본
사람, 한국사람 다 따로따로 나누어져 있는 게 아니야. 환경이라고
하는 그 문제, 생명이라고 하는 이 문제는 하나의 문제로 귀결한다
이거야. 잘나고 못나고도 없어. 아름답고 밉고도 없어.

요새 보라고. 우리들이 입는 이 옷들이 유행이 매년 바뀌잖아. 어
쩌자는 거야. 이거 하나면 10년을 입고도 남는데. 그렇게 되자니 누
군가가 희생을 해야 돼. 자연이 희생을 하거나 누군가 희생해야 돼.
그런데 그 자연은 남이 아니라 바로 나다 이 말이야. 아까 '이천식
천'이라고 얘기했거늘 이제는 먹이사슬 관계는 뭐냐 하면 소비의
대상이 아니라 생명의 주체다 이 말이야. 생명 그 자체다 이 말이야.
근데 생명을 나눌 수 있느냐? 나눌 수 없다. 문제는 거기서부터 봐야
지. 근원적으로. 잇속으로 전세계가 돌아가고 생활하는 패턴은 그렇
게 돌아가면서 공해만 없애자고? 천만에. 공해가 가나? 겉만 깨끗하
다고 그게 공해 없앤 거야? 천만의 말씀이다 이 말이야.

일찍이 노자는 아유삼보(我有三寶)라, 나에게는 보배가 세 가지가 있다 했어요. 하나는 자(慈)다, 자비함이다 이 말이야. 선악을 나누는 것이 아니다 이 말이야. 예수님께서 말씀하신 대로 저 하늘의 비는 선인이나 악인에게 고루 뿌려주시고 저 태양과 달은 선인이나 악인에게 고루 비춰주시고 그러는 사랑 말이야. 왜? 악과 선이 다른 게 아니야. 선이 있으니까 악이 있고 악이 있으니까 선이 있는 그런 거라 이 말이야. 1등이 있자면 2등 이하가 있으니까, 꼴찌가 있으니까 가능한 거라구. 근데 이 세상은 어떻게 되어 있느냐. 1등이면 다고, 2등 하는 놈은 무시돼. 그러니까 세상이 잘못되어 돌아가지. 어떻게 잘못 돌아가? 너나없이 1등 하자니까 골을 싸매고 미쳐 돌아가는 거지. 아는 놈이 모르는 놈 가르쳐주면 좀 좋아. 나눠 주면 된다 이 말이야. 공생해야 하는 거다 이 말이야.

그 공생이라고 하는 것은 물질만이 아니라 정신의 양식까지도 마찬가지야. 그런데 어떻게 해? 요새 세상의 틀이 그렇지 않으니까─연세대학교 오려면 얼마나 힘이 들어요, 얼마나 치열한 경쟁을 여러분들은 했어요? 그러나 뒤돌아보세요. 많은 낙오자들에 대해 여러분들은 가슴 뭉클함이 있어야 될 거예요. 교육제도가, 사회의 근간이 되는 모든 체제가 경쟁체제에서 공생체제로 변하지 않고는 여러분이 이 지역의 환경 애기라든가 연세대학교 내부에 있는 저 숲을 살린다는 것은 불가능해요. 그렇잖아요, 이치가?

내가 여러분들에게 중언부언, 이런 애기 저런 애기, 자꾸 애길 하는데 내가 애기하는 것은 이제 우리가 당면한 과제가 뭐냐는 거야. 두 가지가 있어. 반생명적인 일체의 조건을 다시 보고, 그것에서부터 우리는 탈출해야 돼. 엑소더스. 그런데 그것은 주먹을 쥐고 상대를 때려눕히면서 하는 것이 아니라 상대를 변화시키는 운동으로, 비협력으로 탈출해야 돼. 비폭력으로 탈출해야 돼. 이 비폭력과 비협력은 간디 선생도 말씀했지만 그 이전에 우리의 사상, 수운이나 해월의 동학사상에도 구구절절 기록되어 있어요. 그렇기 때문에 3·1만세에 민족의 자주, 거룩한 민족으로서의 입장을 천명하는 속에서도 비협력과 비폭력이라고 하는 정신이 깃들어 있던 거야. 그건 바로 동학의 정신이야. 또 그 동학의 정신은 뭐냐. 아시아에서 수천년을 내려오는 유·불·선의 맥에서 온 거야. 그런데 이러저러한 것, 모든 종교가 이제는 저마다 가지고 있던 아집의 담을 내리고 서로 만나면서 이 지구에 한 삶터, 한 가족, 한 몸, 한 생명 이것을 어떻게 풀어갈 것이냐 하는 것을 얘기해야 돼.

아까 노자의 '아유삼보'라고 얘기했는데, 자비에 대한 얘기했죠? 두 번째는 뭐냐. 검약해야 된다는 얘기, 알뜰해야 된다는 얘기야. 이웃을 가지고 10년을 입어도 괜찮으면 깨끗하게 빨고 꿰매고 그렇게 해서 10년 이상 입어라 이 말이야. 나머지 수입이 있으면 딱한 자를 도우라는 말이야. 이상한 노릇이에요, 예수님께서 늘 말씀하신 얘긴데 이게 안되고 있으니. 있는 자보고 언제나 나눠 주라고 하지 않았어요? 약자에게 주라 이 말이에요. 높은 자는 낮추고 낮은 자는 드높이고 이게 예수님의 독행이에요. 우리의 앞으로의 과제는 폭력과 경쟁 가지고 하는 것이 아니라, 투쟁 가지고 하는 것이 아니라, 비협력과 비폭력으로써 스스로 적극적으로 해나가는 일입니다. 검약해야 돼. 그러면서 있는 자는 없는 자에게 줘야 돼.

그런데 오늘날의 세상은 어떻게 되어 있느냐. 전세계에 상혼이 깃들어 있는 이 시대는 어떻게 되어 있느냐. 큰 자가 작은 자를 자꾸 훑어 먹어. 그러니까 세상이 제대로 안 돌아가는 거지. 조화를 상실하는 거지. 그러니까 안 돌아가. 숨통이 안 트이는 거야. 그러니까 막히는 거지. 아까도 잠깐 얘기했지만 지구가 열 번 망하고도 남는 핵무기를 만들고도 또 만들겠다고 하는 이 문명의 틀 위에서 우리가 뭘 바랄 게 있어요? 결정적인 결단이 있어야 되잖아요?

그럼 셋째는 뭐냐? 불감위천하선(不敢爲天下先)이라, 세상에서 다른 사람 앞에 서려고 하지 말아라 이 말이야. 오늘도 내가 재수 없게 여러분들 앞에 섰지만, 앞에 서지 마라 이 말이야. 남을 도와서 남이 앞에 서게 하라 이거야. 남이 꽃피우게 하라 이 말이야. 이웃이 잘되게 하라 이 말이야. 꽃 하나 벌레 하나 풀 하나를 보더라도 다 하심(下心)으로써, 겸손한 마음으로 섬기라 이 말이야. 이것을 노자는 나의 보배다, 이렇게 말씀을 했는데, 이거 예수님이 다 말씀한 얘기예요. "나는 길이요" 한 그 길에서 다 말씀한 얘기예요. 우리나라에 엄청난 수의 크리스천이 있어요. 나도 예수쟁이예요. 일말의 반성이 있어야 합니다. 자기에 대한 철저한 낮춤이 있어야 돼요.

여러분들은 지금 그 감각이 안 들어올 거예요. 세상의 어려움을 자기 등에 메고 간 그 마음. "세상에서 멍에를 진 자여, 고통을 받는 자여, 모두 내게로 오라. 내가 여러분에게 위로를 줄 것이다." 그건 뭘로 위로를 주겠다는 얘기예요? 생명으로써 위로를 주는 것이요, 진리로써 위로를 주는 것이요, 사는 나눔의 길에서 위로를 준다는 얘기지.

오늘 여러분들을 이런 좋은 자리에서 만나게 됐는데 환경의 문제, 오늘날 산업문명의 문제의 일각을 말씀드렸는데, 그것을 해결하고자 할 때에 생명의 근원이 뭐냐 그것을 요득하고 파악하지 않고서는, 필립보가 "아버지를 보여주세요" 한 그 답답했던 아버지라는 실체가 뭐냐, 이것에 대한 파악이 없이는, 언제나 본말이 전도된 작업을 하게 될 겁니다. 아무쪼록 깊이 명심하시어서 여러분들의 앞날에, 당장 하는 일에 아버지의 축복이, 여러분의 마음 가운데 계시는 아버지께서 작동하시기를 부탁하면서 얘기를 간단히 끝내겠어요. 고맙습니다.

원주 대성학교 교정에서, 1957년

대성학교 교사 상량식, 1954년

원주가톨릭센타 개관 1주년, 1969년

지학순 주교와 함께, 1972년

천주교 원주교구재해대책반과 함께, 1975년

내외분이 자택에서, 1988년

일본 사이타마현민공제생협 초청 행사, 1989년

해월 최시형 기념비 제막식, 1990년
원주시 호저면(해월 피체지) 소재

원주 개인전에서, 1991년

無有

自然無私

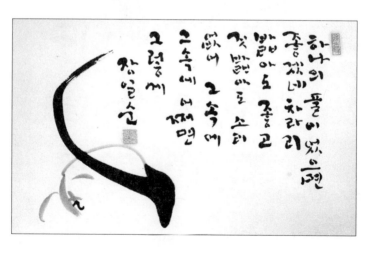

하나의 풀잎이 있으면
좋겠네 자라리
밟아도 좋고 소리
없어 그 속에 비쳐면
그 속에서
그렇듯이

1985년

1982년

1987년

모든 이웃의 벗
崔보따리 선생님
을 기리며

해월 표지석 탁본, 1990년

늘 깨어 있는 사람

대담자 ― 송향숙

하는 일 없이 안하는 일 없으시고
달통하여 늘 한가하시며 엎드려 머리 숙여
밑으로 밑으로만 기시어 드디어는
한 포기 산속 난초가 되신 선생님
출옥한 뒤 내게 이렇게 말씀하셨다.

비록 사람자취 끊어진 헐벗은 산등성이
사철 그늘진 골짝에 엎드려 기며 살더라도
바위틈 산란 한 포기 품은 은은한 향기는
장바닥 뒷골목 시궁창 그려 하냥 설레노니

《생활성서》 1990년 6월호에 발표된 이 대담은 당시 《생활성서》 편집부장이었던 송향
숙 씨의 기록이다.

바람이 와 살랑거리거든 인색지 말고
먼 곳에라도 바람 따라 마저 그 향기 흩으라.

김지하 시인이, 자신의 세례·견진 대부(代父)이자 친아버지와 스승처럼 존경한다고 하는 무위당 장일순 선생을 그린 〈말씀〉이라는 시다. 이 시 이상으로 그를 잘 표현해낼 재간이 기자에겐 없음을 미리 고백하고 싶다. '종교인'으로 불리는 기자가 사람을 볼 때는 무의식중에 어느 정도의 고정된 틀을 갖고 보기 마련이겠고, 그런 것과는 도무지 잘 들어맞을 수 없는 '온전한 자유인'이신 장 선생이 기자에게 무척이나 낯설게, 어쩌면 '전적인 타자(他者)'처럼 느껴지는 건 차라리 자연스러운 일이었을 터이다.

장일순 선생의 자택, 원주시 봉산2동 935의 1번지는 원주시에서도 변두리에 속한다. 봉산 천주교회 건너편에 있는 파출소가 '장일순 선생 때문'에 있다는 말을 얼핏 들었기에 길을 가다가 아예 파출소로 갔다. 정복 입은 경찰은 골목을 가리키며 친절하게 가르쳐준다. "이리 가다가 오른쪽 길로 접어들어 나무 많은 집이에요. 아마 울타리가 없을 겁니다." 길과 집의 경계엔 키 큰 나무들이 촘촘히 들어서 있고 대문 대신 사방 1미터쯤 되는 사립문이 열어젖혀진 그 집은 금방 찾을 수 있었다.

살펴보며 들어선 집 안엔 여러 종의 난과 꽃과 나무들이 맘 편하게 자라고 있고 가재도구들도 자연스레 여기저기 놓여 있다. 기자를 기다리고 있다는 표시인지 마루로 드는 미닫이까지 열려 있었는데,

인기척을 들은 부인 이인숙 씨가 비 오는 날의 손님이건만 반갑게 맞는다. 참 수수하다. 집도, 가구도, 사람들도, 마루나 장 선생의 방까지도.

그러나 무언가에 대해 말하는 장 선생의 눈빛은 타오르는 불처럼 확신에 차 있으면서 동시에 그의 태도는 땅의 흙처럼 겸허하다. 확신에 차 있는 사람은 오만해 보이기 쉽고 겸허한 사람은 자신 없어 보이기 쉬운데, 그에겐 양극처럼 느껴지는 두 덕목이 동시에 있는 걸까? 문득 그가 제자들에게 자주 일러준다는, 노자의 '물처럼 사는 삶'이 떠오른다.

"물은 자기를 고집하지 않는다. 둥근 그릇에선 둥글고 모진 데선 모지다. 많이 모아도 물, 작게 갈라놓아도 물이다. 끓여 증발해도 물이요, 얼어도 물이다. 물은 자기를 고집하지 않지만 끝내 자기를 잃지 않는다.

또한 물은 아래로 아래로 흘러 강이 되고 바다가 된다. 한 방울의 물은 아무것도 아니나 바다의 성난 파도는 무섭다. 즉 가장 유약한 것이 가장 강할 수 있다."

자기를 고집하지 않지만 끝내 자기를 잃지 않는 물처럼 장 선생에게는 확신과 겸손이 함께 있는 것 같다.

1989년 10월 28일, 한살림모임 창립기념 강연 중 장 선생은 그 모임의 지표가 될 만한 내용을 평이한 언어로 말한다. 모신다는 것, 즉 '시(侍)에 대하여' 쉬운 예를 들어가며 말한다.

사람이 일상생활에 있어서 만 가지를 다 헤아리고 갈 수는 없는 거지요. 그러나 자기가 타고난 성품대로 물가에 피는 꽃이면 물가에 피는 꽃대로, 돌이 놓여 있을 자리면 돌이 놓여 있을 만큼 의 자리에서 자기 몫을 다하고 가면 '모시는 것을 다하는 것'이라 고 저는 생각해요. 그렇다고 해서 딴 사람이 모시고 가는 것을 잘 못됐다고 할 수도 없지요. 있음으로써 즐거운 거니까. 동고동락 (同苦同樂) 관계거든요. 요샌 공생(共生)이라고도 하는데 본능적 으로 감각적으로 편하고 즐거운 것만 동락(同樂)하려고 든단 말 이에요. 그런데 고(苦)가 없이는 낙(樂)이 없는 거지요. 한살림 속 에서도 '고'와 '낙'이 함께 있어야 된다고 생각해요. 더불어 함께 하는 것이지요. 즉 공생하는 건데, 공생관계는 각자를 긍정해주 는 것이란 말이에요. 각자를 긍정해줘야 모시는 것이 되는 거잖 아요?(본서 82~83쪽)

김지하 시인은 한살림모임의 발단을 이렇게 말한다.

1970년대 원주에서 무위당 장일순 선생님을 중심으로 김영주 씨, 박재일 씨, 이경국 씨 그리고 그 밖의 다른 분들과 제가 강원 도와 충청북도 지역의 농민과 광산 근로자를 중심으로 협동운동 을 조직했던 일이 있습니다. 특히 협업운동과 신용협동조합운동 에 힘을 많이 쏟았지요. 그러다가 저는 민청학련 사건으로 감옥 에 들어가게 되었지요. 그런데 1980년에 제가 출옥한 후, 그동안 추진해오던 1970년대의 협동운동을 평가한 결과 신협운동을 제 외하고는 모두 실패했다는 결론에 도달하게 되었습니다. 그리고 그 원인이 이념적 토대가 취약했던 데 있다는 것을 알게 되면서,

생명을 억압하고 소외시키며 분열시키고 죽이는 삶의 질서에 대항하며 살아 있는 생명으로서의 인간의 생명을 회복하는 광범위한 운동을 전개하기로 했던 것입니다.(무크지《한살림》)

사실 오늘날의 한살림운동이 탄생하기까지는 약 20년 가까운 피나는 노력과 정성이 필요했던 것이라 하겠다. 이 과정을 줄곧 지켜보고 정신적 지주의 역할을 해온 이가 바로 장일순 선생인데, 그는 결정적으로 1977년에 '종래의 방향만으로는 안되겠다고 깨닫게 되었던 것'이다. 지금까지 자신이 해오던 노동운동·농민운동 등 여러 운동들의 문제점을 발견한 것이다.

"물론 인간이 인간을 착취하거나 억압하는 것은 당연히 종식되어야 합니다. 그러나 자본주의사회나 공산주의사회를 막론하고 오늘날의 이 산업사회가 자연을 약탈하고 파괴시키며 생산해낸 그 결과를 공평하게 나눠 먹자고 투쟁하는 것만으로는 부족합니다. 아니, 오늘날의 핵문제·공해문제·자원보존문제 등등 지구가 죽어가고 있는 이 세계의 문제는 해결되지 않습니다."

물론 "1970년대 유신의 서슬 퍼런 칼날 아래서 원주라는 도시가 지켜냈던 대사회적 비판정신은 장일순 선생을 축으로 한 지역사회운동과 원주교구가 만나 일궈낸 값진 결과였다"는 것도 틀림없는 사실이다. 그러나 그는 "늘 이 길이려니 하고 갔다가 아니면 다시 시작하는" 끝없는 진리 추구자이며, 틀렸다고 느끼는 순간 범인(凡人)들이 취하기 마련인 관성의 법칙과 과감히 결별해버리는, 참으로 용기 있는 스승인 것 같다.

"오늘날 이 시점에 와서는 사람과 사람 사이만이 아니라 짐승, 벌레, 풀들에 이르기까지 모두 하느님 아버지 안에서 한 몸임을 인식해야 합니다. 이젠 경쟁관계는 끝내고 '보완의 관계', '하나의 관계'가 되어야 합니다.

절대세계, 즉 하느님나라에서는 계산법이 다릅니다. 포도밭 일꾼들에게 준 품삯을 보십시오. 아침에 온 사람이나 저녁에 온 사람이나 다 같은 품삯을 주더라. 그건 그들이 포도밭에서 일한 건 일거리와 먹을 것이 필요한 때문이니. 그러니까 목마른 자에겐 물을, 배고픈 이에겐 밥을 주고 엎어진 자는 일으켜주고 깨어진 자는 싸매주는 보완관계를 이루어야 해요. 하늘과 땅과 세상의 돌이나 풀벌레나 모두가 하느님을 모시지 않는 것이 없으니까요.

이런 세상이 오지 않으면 세상은 파멸이며 끝장입니다. 요즘 사람들은 돈만 있으면 눈 하나 깜짝 않고 핵무기까지 만들어요. 그걸 개발이라면서. 그건 모두 돈 사람들이 사는 세상이에요. 이 소돔과 고모라 땅을 탈출해야 해요."

그는 대개 아침에 일어나면 잠깐 자리운동을 하고 묵상하며 '마음의 숙제'를 생각한 후 책을 한 시간가량 본다. 여섯 시쯤이면 산보에 나갔다가 돌아와 마루나 방에서 치울 것 치우고 집짐승들을 돌본 후 조반을 든다. 그 외에는 거의 자기 시간을 갖기보다는 찾아오는 사람들의 원의에 따라 움직이거나 문병을 가거나 딱한 사람들을 찾는다. 사실 그를 찾는 발길은 거의 끊이지 않는다. 리영희, 임재경, 백낙청, 김금수 씨와 같은 비판적 지식인들, 김지하, 김민기와 같은 문화인들, 이창복 씨 등 민중운동가들과 정치인들, 원주역전의 구두닦이들….

동한, 동호, 동천 세 아들이 모두 직장과 학교 관계로 집을 떠나 있어 부인과 둘이서만 살고 있는 이 집은 6·25 직후 그의 밭에 밭흙으로 손수 지은 집이다. 그래서 그의 가족들은 모두 이 집이 오래오래 보존되길 바란다고.

장 선생은 서울에서 배제중학교(고등학교 과정까지)와 서울대를 다녔던 학창시절을 제외하고는 지금껏 원주에서만 살았다. 그가 그토록 원주에 특별한 애정을 갖는 이유는 무엇일까? 이에 대한 대답도 그는 그 특유의 '자신 있는 겸손'으로 지성껏 말해준다.

"임진왜란 때 이곳 원주에서 전사하신 13대조 할아버지 이래로 우리 가족은 원주 토박이가 되었지요. 제 위로 형님이 계셨지만 열다섯의 나이로 세상을 뜨셨으니 차남이었던 제가 장남이 되었지요. 그런데 무엇보다 제가 재주가 없어요, 무능해요.

다른 이유는, 자기 고향을 무시하고 자기 겨레를 무시하는 것은 어려서부터 마뜩지 않데요. 원주는 치악산이 막혀서 사람이 나지 않는다는 옛이야기가 도무지 내 마음에 맞지 않았죠. 착하고 진실하고 성실하게 사는 게 가장 보배로운 삶이 아니겠는가, 그렇게 생각하다 보니 그냥 고향에 남게 되데요."

고향에 대한 이런 열정이 그에게 '지역사회운동가'라는 이름을 갖게 했는지도 모르겠다.

그의 학창시절은 대개 일제 말과 해방 직후여서 좋은 스승과 오랜 인간관계를 맺을 수 없었다고 한다. 그래서 그는 자신의 일생에 가장 큰 영향을 준 분들을 개인적 만남에서 찾는다고 한다. 그들은 그의 조부 장경호(張慶浩) 선생, 시·서·화에 뛰어난 구한말 우국지사 차강(此江) 박기정(朴基正) 선생, 이웃의 동학도 오창세 형들이다.

차강 선생은 일제에 부역하기 싫어서 강원도 평창군 도암에 낙향해서 강원·충북·경기도 등지를 필객으로 돌아다니셨는데 영동에서는 강릉의 열화당에서, 영서에서는 그의 집에서 많이 묵으셨단다. 그는 네 살(만 세 살) 때부터 붓을 들고 그의 조부와 차강 선생으로부터 한문 글씨를 배워야 했다.

그는 특히 조부로부터 살아가는 데 경우와 순서가 무엇인지, 그리고 평등이 무엇인지, 상대를 공경하는 것이 무엇인지, 또한 사람뿐만 아니라 사물을 어떻게 대해야 하는지 배우게 되는데, 그에게 있어서 가장 잊히지 않는 일을 소개해준다.

"열다섯에 돌아가신 형의 상여에 할아버지가 흙바닥에서 넙죽 절을 하셔. 그러니까 '노제'지. 그래서 '할아버지, 왜 손주에게 절을 하세요?' 하고 물었더니 할아버지는 이렇게 말씀하시더군. '네 형이 이 세상에서는 내 손자였지만 이젠 세상을 달리해 할아버지보다 앞서가신 분이야. 그래서 잘 가시라고 말했다.' 당시는 무슨 말인지 잘 못 알아들었지만 그로부터 30년이 지난 후 이 사건은 내게 큰 깨달음으로 다가오더군."

또한 그는 이웃의 오창세 형을 통해 동학의 수운 선생이나 해월 선생의 사상과 접하게 된다. 이것들은 그의 마음에 민족을 사랑하는 마음, 정의감, 우주 만물에 대한 사랑 등등의 씨앗들을 뿌렸는데, 그것은 그가 차츰 성숙하면서 그의 경험과 사고와 더불어 하나로 모아진 것 같다.

그는 일제 말 경성공업전문학교(서울 공대의 전신)에 입학해 거기서 해방의 감격을 맞이했으나 서울대 초대 총장으로 미군 대령이 오는 바람에 그를 반대하다가 제적당한다. 학업을 계속하기 위해 다시 시험을 친 곳이 서울대 미학과(제1회).

6·25 이후 그의 나이 25세 때부터 그는 고향에 도산 안창호의 대성학원의 뜻을 이어받은 인문 중·고등학교 설립에 진력한다. 그가 설립한 대성중·고등학교는 1952년부터 준비되어 1954년 3월에 정식으로 설립된 것. 정식 설립 이전까지 그는 교장으로 있다가 후에 법인 이사장이 된다.

1961년 5월 18일, 그러니까 5·16 쿠데타 이틀 만에 그는 체포되어 약 3년 정도 옥살이하게 된다. 이유는 "우리가 약소민족이긴 하나 미·소 등 외세의 영향과 간섭을 받지 않기 위해 중립화 통일이 되어야 한다"고 주장한 때문이었다. 1963년 말에 출옥한 그를 가로막고 나서는 건 정치활동정화법이었다. 그래서 대성학교도 '잘되기를 기도'하는 것에 그쳐야 했다.

"책만 보고 있을 수는 없더군요, 살기 위한 것마저 아무것도 허용되지 않으니. 서울로 유학 가면서부터 그만두었던 붓글씨를 그때 다시 쓰게 되었지요. 동양에 있어서 예도는 무위자연(無爲自然)의 경지인데, 그러려면 무아상태가 되어야 하는데, 나중엔 참으로 자연과 합일되는 경지까지 가야 하는데…."

그는 자신의 작품이 늘 못마땅하고 장난처럼 여겨져 버리곤 하는데, 정 누군가가 해달라고 부탁하면 '안해드려도 좀 교만한 것 같아 흥치 않은 정도'가 되면 주기도 한다고 한다. 〈한겨레신문〉 제자(題字)나 이돈명·송건호·리영희 씨 등의 회갑 논문집 등에 실린 그의 서화도 그런 경우에 해당한다. 그러나 그의 작품을 볼 줄 아는 이들은, 그의 작품이 영서지방 정통의 묵맥을 이었고 그의 청정한 삶이 녹아 있는 글씨라고들 한다.

17세기 이래 약 300년간 서구인들이 주도해온 세계질서와 그 기반이 되고 있는 세계관, 가치체계, 문화 모형에 대해 전면적 재검토와 재평가를 할 때가 온 것이라 진단한 장일순 선생과 한살림모임은 그 가치관에 있어서 동학의 생명사상에서 그 사회적·윤리적·생태적 기초를 발견한다. 그들에 의하면 동학은 물질과 사람이 다 같이 우주생명인 '한울'을 그 안에 모시고 있는 거룩한 생명임을 깨닫고, 이들을 '님'으로 섬기면서[侍] 키우는[養] 사회적·윤리적 실천을 수행할 것을 촉구하고 있다고 한다. 자연과 인간을 자기 안에 통일하면서 모든 생명과 공진화해가는 한울을 이 세상에 재현시켜야 할 책임이 바로 시천(侍天)과 양천(養天)의 주체인 인간에게 있다고 한다. 그리스도인인 그에게 정작 한민족의 오랜 전통과 맥을 이어오고 있는 동학의 생명사상을 받아들일 용기를 준 것은 제2차 바티칸 공의회를 시작한 교황 요한 23세라 하겠다.

"요한 23세가 걸물이에요. 거물이란 말씀이야. '교회가 폐쇄되어 질식 상태가 되었으니 숨이 막혀서 못 살겠다, 창문을 활짝 열어라'

했거든. 종전에는 사람들이 교회 울안에 들어와야만 구원된다고 고집했지만 이젠 문을 열어 헤어졌던 개신교와도 만나고, 타 종교인들도 만나고, 나아가 교회 토착화까지 말해서 전세계의 민중들로 하여금 자기 지역의 거룩한 민족지도자들, 의인들, 현인들까지 만나게 해주었거든. 이는 그들 또한 예수님의 형제로서 당연한 자리로 모시게끔 선언한 것이라 믿어요."

그가 또한 영적 교감을 갖는 성인은 아시시의 성프란치스코이다. 이 성인이 해·달·별·물·새·꽃들까지 형제자매로 받아들인 것은 그 사물들 안에서 하느님의 모습을 보았기 때문이라고 그는 믿는다. 그러나 그의 사상의 참 원천은 역시 예수이다.

"우리 천주교회는 빵 믿는 교회 아닙니까? 예수께서 스스로 빵이라 했으니까요. 이것을 바꾸어 말하면 '내가 밥이다'라는 이야기죠. 그러니 낟 곡식 한 알 한 알이 얼마나 엄청난 것입니까. 우리 모두는 하늘과 땅이 먹여주고 길러주지 않으면 살 수가 없어요. 만물이 모두 하늘과 땅 덕분에 살아 있고 그의 자녀들이니 만물은 서로 형제자매 관계 아닙니까? 짐승도 하늘과 땅이 먹여주고 벌레도 하늘과 땅이 먹여주고 사람도 땅이 먹여주죠."

그는 예수의 말씀에서도 이런 의미로 해석할 수 있는 말마디가 있다고 본다. "공중의 새들을 보아라. 그것들은 씨를 뿌리거나 거두거나 곳간에 모아들이지 않아도 하늘에 계신 너희의 아버지께서 먹여주신다. … 오늘 피었다가 내일 아궁이에 던져질 들꽃도 하느님께서 이처럼 입히시거늘 하물며 너희야 얼마나 더 잘 입히시겠느냐?"《마태복음》6장 26절 이하) 이 말씀은 바로 아버지께서 그들 안에 계시며 거기서 작업하신다는 의미로 그는 알아듣는다.

예수는 친히 자신을 길·진리·생명이라 하지 않으셨던가. 그분이 "섬김을 받으러 온 게 아니라 섬기러 왔다"는 말씀으로 반생명적 세상에서 섬기는 것이 얼마나 중요한지 이야기해주셨고, 말구유에, 즉 동물의 먹이로 태어났으니 존재하는 모든 것을 해방시키러 오신 것으로 그는 알아듣는다. 그는 "미소한 자에게 베푼 것이 곧 나에게 해준 것이다"라는 예수의 말씀도 이렇게 받아들인다. "고통받는 놈들, 깨진 놈들에게 가봐, 그게 바로 날 보는 거야"라고.

스스로를 좁쌀 한 알(조한알, 一粟子)이라 칭하며 도무지 자신을 드러내지 않고 사람들을 키워내는 장일순 선생. 기운 빠진 놈 기운 돋우어주고, 콧대 높은 놈 쓰다듬어 "그러면 안돼"라고 해, 그분이 있는 곳은 늘 편안했던 예수의 모습 닮으려고 늘상 고심하는 그. 그런 그는 자신을 '몽유병자 같다'고 말한다. 마음의 숙제를 못 풀어 안절부절 못하다가 성서를 읽고 성서에서 딱 와 닿는 이야기가 안 보이면 이 책 저 책 섭렵하게 되는데, 동시대인만이 아니라 시간적·공간적으로 먼 사람들까지 만나려고 끙끙대는 그를 사람들이 잘 이해해줄 성싶지 않음을 알고 있다.

심지어 그는 혁명조차 '보듬어 안는 것'이라 생각한다. 새로운 삶, 새로운 생명에 대한 전제가 없다면 혁명이란 무의미한 것이니까. 그러므로 혁명하는 자의 자세도 사랑이어야, 포옹이어야 한다고 믿는다. 혁명은 인간에 대한 애정, 그릇된 것에 대한 거룩한 해결이 아니면 안된다고 그는 외치고 싶으리라. 결코 자신을 드러내지 않는 이이지만.

참으로 소중한 그의 생각들을 소개하는 데 있어서, 무관심 속에 내동댕이쳐지거나 우리 그리스도인들에겐 자칫 범신론적으로 보이는 사고방식 및 동학적 가치관과 그리스도교와의 접맥이 혹여 걸림돌로 작용하지 않을까 하는 우려를 약간 비쳤더니, 그는 자신과 김지하 시인과의 대화를 소개해준다.

"지하가 80년에 감옥에서 나와 '선생님, 운동방향 바꾸셨죠?'라고 묻더군. '어떻게 알았지?' '간간이 들었습니다.' 김 시인도 사실 감옥에서부터 운동 방향의 전환이 필요함을 절실히 느끼고 나왔기에 난 그에게 글을 쓰라고 했어. 김 시인은 '사람들이 안 읽을 텐데요'라고 하더군. '사람들이 보든 안 보든 일단 던져둬. 씨를 뿌려둬.' 그래서 나온 게 《대설 남》, 《남녁땅 뱃노래》, 《밥》 등의 책이야. 바른 것에 대한 글은 많은 사람 중에 단 몇 사람만 봐도 된다는 신념으로 써야 해."

그의 흔들림 없는 신념이, 그의 바위 같은 신앙이 '산을 옮길' 수 있으리라 믿으며, 전 생태계를 자신의 피붙이로 받아들이려는 데는 얼마나 섬세한 감각과 자기포기가 수반되는 걸까를 생각하고 있는데, 문득 그는 이렇게 말했다. "예수께서 '깨어 있으라' 하셨는데, 그런데 저 같은 경우 24시간 중에 깨어 있는 시간은 한 시간도 못 돼요"라고.

풀 한 포기도 공경으로

대담자 ― 츠무라 다카시

금년으로 세 번째인 한국 방문은 이번에는 겨우 3박의 짧은 여정이었다. 본래는 기준성, 최혜성 두 분이 일본에 왔다가 돌아가는 귀국 일정에 맞춰서 우리가 한국에 가서 자연의학 연수여행을 할 계획이었는데, 참가자 모집 기간이 짧았던 탓도 있고, '생명과 치유의 페스티벌'에서 에너지를 모두 소모한 탓도 있어서 채 열 명도 모이지 않아 중도에서 포기했다. 그래서 가고 싶은 사람은 사적으로 가도 좋다고 방침을 바꿔, 요시다 씨와 기무라 씨와 나, 이렇게 세 사람이 가게 되었다.

짧은 여행이었지만 성과는 상당히 컸다. 올 4월에 마침내 정식 인

최성현 씨가 우리말로 옮긴 이 대담의 출처는 《녹색평론》 제93호(1997년 3-4월)이다. 원문은 일본 관서기공협회(關西氣功協會)의 기관지 《脈脈》 제31호(1990년 6월)에 발표되었다.

가가 난 한국기공협회 고재식 회장과도 앞으로의 협력에 관해 구체적인 이야기를 나누었다. 또한 20년의 역사를 가진 한국요가협회의 김광백 회장과도 만나 교류·연대해가기로 했다. 김 회장 등은 오키(沖)요가의 영향 아래서 출발했지만 그 후 직접 인도에서 연구하여 지금은 "요가든 기공이든 어느 것이 뛰어나냐고 묻는 것은 어리석다. 예로부터의 심신에 관한 지혜를 미래를 위해 보존하자"는 입장에서 활동하고 있다.

한살림의 박재일 회장, 김지하 씨 등과도 충분한 시간을 가지고 이야기를 했고, 공원에서 함께 기공도 했다. 모두 몸은 굳어 있었지만 감은 좋았다. 관절을 푸는 운동에 그들은 대단히 흥미를 나타냈고, '사대(四大)의 기공'으로서 파동공(波動功)을 행하자, 김지하 씨 등은 감수성이 강해서 망아의 경지가 되어 얼마간 시간이 지난 뒤에는 "아, 바람이 되어버렸다"라고 했다.

함께 고재식 회장, 김광백 회장과도 만나 얘기를 나눴는데, 앞으로는 머리가 아니라 몸의 한살림을 하자고, 이야기가 샛길로 벗어났다. 한살림 총회에서 기공을 해보자고 하는 이야기까지 나왔다. 월례강연회 강사이기도 한 서울대 물리학 교수도 기공을 알고 싶다고 이것저것 질문을 했다. 다음 달 월례강연회 강사는 기준성 선생이라고 한다. 분명 '생명과 치유의 페스티벌'에서 만난, 아이누라든가 오키나와라든가 하는 여러 이야기를 전달할 것이리라.

그러나 이번 여행의 최대 수확은 장일순 씨를 만나뵐 수 있었다는 것이다. 원주는 서울에서 차로 네 시간 정도 거리로, 최혜성 씨의 부인이 운전하여 우리를 데려다주었다.

김지하 씨의 에세이 〈난(蘭)〉을 보면, "강원도 원주에 사시는 무위당 장일순 선생님의 권유로" 그림을 그리게 되었다고 나와 있다. "난은 기(氣)에서 시작하고 기에 가닿는다. 특히 긴 잎의 끝에서는 어루만지듯이 그린 사람의 기를 살펴볼 수 있다. 기는 속임수를 쓸 수 없고, 무심에서야말로 참다운 기가 필세(筆勢)를 타는 것이다." 김지하 씨가 '지금이야말로 기의 세계관을!'이라고 이야기하는 것은, 바로 장일순에게 영향을 크게 받은 것 같다. 정말 좋은 기가 흐르고 있어서 '걷는 동학'이라는 느낌을 주는 분이었다. 그의 자택에서 또 강변의 정자 등에서 긴 시간 술을 나누며 나눈 잡담의 기록 일부를 아래에 소개한다.

아무런 이야기도 드릴 것이 없는데 애써 여기까지 찾아주셔서 감사합니다. 최혜성 군으로부터 부디 모시고 싶다는 전화가 있었을 때 나와 만나기보다는 김 시인이나 자네와 충분히 이야기를 나누면 그것으로 족하지 않겠느냐고 했습니다.

저는 명함도 없고, 명함을 주고받는 습관도 없습니다. 죄송합니다. 쫓기던 긴 세월 동안 누군가가 저의 명함을 가지고 있거나 제가 그 사람의 명함을 가지고 있다가 무슨 일이 생기게 되면 폐를 끼치게 되고 마는 상황이었기 때문에 무슨 일이든지 잊고자 했던 것입니다. 화가는 "망각이야말로 그림의 길이다"라고 합니다만, 저는 기를 기르기 위해서가 아니라 사건을 일으키지 않기 위해서 잊어버리고 가는 것입니다. 아내나 아이들의 생년월일도 잊어버리고 제 생일도 모르고 있는 일이 많습니다. 저는 책을 읽어도 한 페이지 넘기면 앞 페이지는 잊어버립니다.

최혜성 씨나 김지하 시인 등과는 이미 25년 이상 사귀고 있는 사이입니다. 김 시인이 서울에서 중학교에 다닐 때부터 사귐이 있었습니다. 저는 아무것도 모릅니다만 그들은 대단히 머리가 좋고 기억도 좋기 때문에, 이것저것 이야기해주는 저의 선생님이자 친구이기도 합니다.

이 사람들과의 연이라고 할 수 있는 것은 1960년대에 한일회담이 있었을 때 굴욕 외교를 해서는 안된다는 반대운동을 하며 서울대학 학생들을 중심으로 수많은 사람들이 일어섰던 것입니다. 김 시인은 서울의 제가 살고 있던 곳과 가까운 곳에서 중학교에 다녔기 때문에 그 전부터 저와 자주 이야기를 했습니다. 그리고 대학에 가서부터는, 감옥에서 나온 나에게 뒤에 서주면 좋겠다고 하는 것이었습니다. 나는 아무것도 모른다고 했지만, 그래도 서주십시오, 해서 섰던 것입니다.

선배이자 아버지 같은 관계이기도 했습니다. "함부로 나서서는 안돼, 마구잡이로는 안된다"는 이야기를 자주 하였습니다. 그들은 머리가 좋으므로 제게 여러가지를 가르쳐주었습니다. 저는 그들의 선생이 아니라 그들과 동시대의 사람일 뿐입니다. 노인 취급을 당하는 것은 기분이 나쁘잖습니까? 시대가 주는 문제를 동시대의 사람이 모두 함께 힘을 모아 해결해가지 않으면 안되겠지요.

매스컴 등에서 젊은 사람들에게 어떤 이야기를 하고 싶으냐고 제게 물어오는 일이 있습니다. 그러나 아무것도 없어요. 저는 세대론에 반대합니다. 누구라도 순수하게 정직하게 살면 일생 소년입니다.

일생 어린아이이지요. 스물 전후라도 생각이 썩어 있으면 노인이지요.

여러분이 힘써주셔서 중국에도 이《한살림선언》을 가지고 가주셨다는 이야기를 듣고 폐를 끼치게 되어 부끄럽다고 생각했습니다. 본래 그것은 이쪽에서 하지 않으면 안되는 일이었습니다.

한살림운동은 '여기에 모여라'라고 하는 것이 아닙니다. 제각기 이렇게 살면 행복하지 않을까 하고, 강요하는 것이 아니라 어디까지나 서로 도와가는 모습으로 이야기해가고자 하는 것입니다. 상대가 쓰러져 있으면 일으켜 세워서 함께 가지 않으면 안됩니다.

환경의 제약이라고 하는 것은 무시할 수 없습니다만 넓게 생각해보면 본래 없는 것입니다. 거기에 울타리를 만들어 방해하는 것이 있기 때문에 제거해가지 않으면 안되게 됩니다. 오랜 문명의 습관에 의해 중요한 것을 잃어버리는 일이 있습니다. 충고가 필요합니다. 그 가장 기초가 되는 것은 자연의 일물에 이르기까지 주권을 인정하고 가는 마음입니다.

이 집에서는 벌써 35년간이나 살고 있습니다. 본래는 원주의 도심 가까운 곳에 살고 있었습니다만 남북 전쟁으로 환경이 나빠져서 도심에서 조금 떨어진 곳에 농지를 사서 흙담집을 지었습니다. 동란 기념 가옥입니다.(웃음)

아닙니다. 정원 손질을 할 만한 여가도 없고 해서 풀이 자라는 대로 내버려두고 있습니다. 먼지투성이라서 부끄럽습니다.

이 선화(禪畵) 말입니까? 과거에 알던 비구니 스님이 있었는데,

고려지(高麗紙)를 연구하고 계신 분이었습니다. 오늘날의 종이는 200년이나 300년이 되면 못쓰게 됩니다만, 고려지는 1,000년을 갑니다. 금강산의 스님으로 그림의 명인이 있었는데, 그 사람이 이 비구니 스님에게 〈십우도(十牛圖)〉를 주었을 때 그것을 병풍으로 만드는 일을 도왔던 일이 있었습니다. 그러자 비구니 스님이 그 스님에게 부탁하여 저를 위해 그린 것이 이것입니다. 달을 머리로, 산천을 몸으로 비기고, 달을 가리키고 있는 것입니다.

是是非非都不問(시시비비도불문)
山山川川任自聞(산산천천임자문)
莫問西天安養國(막문서천안양국)
白雲斷處有靑山(백운단처유청산)

〈삼락자제(三樂子題)〉

이 위에 십자가가 걸려 있는 것이 이상하게 생각됩니까? 형이 결혼도 하기 전에 열다섯 살에 골암으로 죽었습니다. 1938년의 일입니다만, 그 유언에 가톨릭 공동묘지에 묻어달라고 하는 것이 있었습니다. 거기에 묻히면 버려지지 않고 잊히지 않을 테지, 하고. 그런 영향도 있어서 1940년에 가톨릭에 입신했습니다. 그러나 가톨릭에는 한국인의 생활에 맞지 않는 부분이 있습니다. 그때는 가톨릭에서 조상에게 제사를 지내는 것을 금하고 있었던 것입니다. 할아버지가 그러한 것은 안된다고 해서 신부와 약속하고 조상께 제사 드리기를 계속했습니다. 그래서 집안 분위기에는 유교도 있고, 도교도 있고,

불교도 있고, 그리스도교도 있는 셈이었지요.

동학과 만난 것은 5년 연상의 이웃 형님이 천도교 포교소를 하고 있었던 탓입니다. 천도교는 동학입니다. 유교도 불교도 노장(老莊)도 하나가 된. 동양의 일반적인 경향이 그렇지 않습니까?

한살림의 동학과 천도교의 동학은 어떻게 다르냐구요? 한살림에는 아무런 벽이 없으므로 누구와도 대립하는 일이 없습니다. 해월 최시형의 증손에 해당하는 사람이 《한살림선언》을 읽고서, 당신들은 나의 증조부에게 올바른 빛을 비춰주었다는 이야기를 해주었습니다. 동학이라고 하면 동학혁명을 거론하게 됩니다만, 수운과 해월의 사고방식은 비폭력주의로서, 무장봉기를 찬동하지 않았습니다. 그러나 이미 주위로부터 외국의 군대가 밀려오고 있었고, 제자들이 이래도 그만두라고 하시면 동학은 외국세력을 끌어들였다는 오명을 입게 될 것이라고까지 해서, 어쩔 수 없이 동의했던 것입니다. 수운·해월의 생각에 따르면, 내란으로 되느냐 하면 결코 그렇지 않습니다. 그 본래의 생각을 오늘의 상황에 맞춰 바르게 이야기하는 일이 필요합니다.

새로운 그릇이 필요하지요. 당신도 작년의 당신이 아니잖습니까? 모든 단체가 자기개혁을 해가면서 나아갈 필요가 있습니다. 천도교 안에 있는 사람이 아니기 때문에 잘 모릅니다만, 바깥으로부터 보는 한 그러한 면이 부족한 듯이 보입니다. 한살림은 자기혁신을 과제로 하고 있습니다. 새로운 상황에 따라 변화해가는 것이 중요하다고 생각하고 있습니다.

약이라고 하는 것은 값이 비싸다고 좋은 것이 아니라 체질에 따르고 시기를 맞추지 않으면 안됩니다. 산업문명으로 세계가 죽어가고 있는 상황에서 수운·해월의 이야기는 시의적절한 약이라고 한살림에서는 주장하고 있는 것입니다.

해월은 이렇게 말했습니다. "여자든 어린아이든 그 행동이나 말이 올바르면 나의 선생님이다"라고. 그것이 우리들의 바탕이자, 인간관계의 모든 것이라고 생각합니다. 그것이 들풀 한 포기에도 존경을 바치는 마음이라고 할 수 있겠지요.

자신의 생활체험으로부터의 이야기, 실생활 위에서의 이야기가 아니라면 훌륭한 이야기도 생명력이 없잖습니까?

40대에 두려움도 없이 자주 강연을 하고 돌아다녔습니다. 지금은 두렵기도 하고 사람들에게 이야기할 것도 없고….

남북동란 때는 사소한 일로 수많은 사람들이 죽었습니다. 병사들이 구덩이를 파고 그 위에 사람들을 늘어세웁니다. 그러한 상황에서 저 혼자 살아남았던 일도 있었습니다. 한국 상황은 북쪽의 공산주의로도, 미국식 방법으로도 해결할 수 없지요. 그것을 깨달은 것도 한국동란 때였습니다. 이론만으로 해결할 수 없는 숙제를 허둥지둥 숨을 헐떡이며 오늘날까지 과제로 삼아왔습니다. 그러한 가운데 이 땅위에서 살아온 사람들의 사상을 저의 사상으로 삼아왔던 것입니다.

1945년에 한국 농민은 잘 알고 있었습니다—미국을 믿지 마라. 소련에 속지 마라. 일본은 또 일어선다, 한국인이여 주의하라. 이것은 대체로 옳은 말이지요. 한국의 방법은 압정에 시달림을 당해온 민족을 평화와 자유로 이끌어주지 않았습니다. 북쪽도 또한 마찬가지입니다. 그러한 생각을 가진 사람은 남쪽에서도 북쪽에서도 뿌리를 내릴 곳이 없었습니다. 언제나 감시를 당했고, 직접 감시를 당하지 않더라도 극히 불안정한 생활을 강요받아왔습니다. 그리고 뭔가를 솔직히 이야기하는 사람은 감옥에 감금을 당했습니다. 그것은 남북이 모두 마찬가지입니다.

지금 한국은 새롭게 눈뜨고자 하고 있습니다. 지금까지와는 다른 시대를 맞는 것이지요. 그러나 한국 내의 각성만으로 해결될 문제가 아닙니다. 세계 각국의 평화를 사랑하는 사람들의 유대 속에서 해나가지 않으면 안됩니다.

한살림은 원주에서 시작되었다고 들으셨다구요? 그렇게 말씀하시면 곤란합니다. 누가 시작했느냐는 그다지 문제가 안되지 않겠습니까? 100년 단위로 생각해볼 때, 시대적으로 그렇게밖에 되지 않을 수 없는 일이 시작된 것입니다. 이 운동의 주역들은 50대의 사람들입니다. 그들은 돈벌이에도 출세에도 관계없는 사람들입니다. 한반도에 자유와 평화를 가져오기 위해서는 진리가 필요합니다. 진리가 없다면 자유와 평화가 있을 수 없잖습니까. 그들은 모두 한눈팔지 않고 진리를 찾아온 것입니다.

박재일 의장도 일생 농민들을 위해 살겠다면서 1966년 원주에 왔습니다. 그때 계급운동이 아니라 협동운동 속에서야말로 미래가 있는 것이 아닐까라는 이야기를 함께 나눴습니다. 그것도 계산된 협동은 안됩니다. 성서에도 나오지요. 하루 포도밭에서 일하면 한 데

나리온 준다. 아침부터 온 사람에게도 저녁에 온 사람에게도 한 데 나리온이므로 아침부터 일한 사람은 더 많이 받아야 한다고 생각합니다. 실제 상식적으로는 아침부터 열 배 일을 하였다면 그만큼 더 돈을 주어야 하겠지요. 그러나 자연의 나라, 자유의 나라에서는 그렇지 않은 것입니다. 일찍 온 사람도 한 데나리온, 저녁때 온 사람도 한 데나리온, 그러한 협동으로 좋지 않겠습니까.

본래 유럽으로부터 온 소비조합이나 신용조합, 생산조합이란, 압정에 시달림을 받아오던 사람들이 산업혁명 이후 자신을 지키기 위해 시작한 것입니다만, 지금은 대기업의 하청업과 같은 것이 되어 버렸습니다. 지구가 위험해지는 상황에서 '신용'도 '협동'도 다른 개념이 되지 않으면 안됩니다. 어떻게 바뀌어갈 것이냐는 정해진 답이 없습니다. 무엇이나 그 답이 나와 있는 듯이 생각하고 있는 사람은 행복합니다만, 그것은 환각에 지나지 않습니다. 말 그대로 창조적 진화가 요구되고 있는 것입니다. 형제들이 모두 제각기 진실을 발견하고 있지 않습니까? 일본에서도 지금까지 없었던 듯한 견해가 나오고 있습니다. 이번의 아이누나 인디언 등의 만남은 커다란 의미를 가진 것이라고 생각합니다.

아무런 선물도 드릴 것이 없으니 먹으로 장난을 좀 하게 해주십시오. 그림이라든가 서(書)라고 부를 만한 것이 못 되므로 장난이라고 늘 말하고 있습니다. 기분에 따라 하는 변덕스러운 것입니다.

우선 요시다 선생님,

天地與我並生(천지여아병생), 萬物與我爲一(만물여아위일)

장자의 말입니다만, 생명 만물과 하나가 되어가는 경지가 오늘날의 과제겠지요.

츠무라 씨께는

泰始皇榮不如野一草(태시황영불여야일초)

와 또 별개의 난을 그려 드리겠습니다. 진나라 시황제는 무엇인가를 지키고자 하여 수많은 희생을 해가며 만리장성을 쌓았습니다만 지키고자 했던 것은 이미 사라지고 단지 죽음의 잔해만이 남아 있을 뿐입니다. 그렇다면 그것보다는 쓰러졌다가 다시 건강하게 살아나는 한 포기의 풀이 연면한 생명을 지금까지 이어오고 있는 것입니다. 그러므로 아무리 훌륭하게 보이는 것도 죽어 있으면 살아 있는 풀에 미치지 못합니다. 그것이 한살림이겠지요. 그것이 '관서기공'이겠지요.

기무라 씨께는,

地藏大悲(지장대비)

당신이 차별받는 부락 어린이들을 모아서 하는 활동에 관한 이야기를 듣고 있자니 이렇게 쓰고 싶어졌습니다. 자신을 위해서가 아닌 커다란 자비 말입니다.

그 외에 드리고 싶은 분으로―아, 진순신(陳舜臣) 선생님은 한살림의 토론에도 참가해주셨습니다. 물론 성함을 알고 있고, 그분의 책도 몇 권인가 읽은 일도 있습니다. 그러나 직접 드리는 것이 아니므로 '츠무라 선생을 통해서'라고 쓰겠습니다. 골짜기에 난이 있고, 그 난이 바람과 비를 같이 즐기는 의미입니다.

또하나만 더 하지요. 관서기공협회 사무국 분들께 드립니다. 가장 소중한, 그러나 눈에 띄지 않는 일을 하고 있는 분들입니다. 안부 전해주십시오.

瞻彼闋者(첨피결자)

이것은 《장자》의 인간세(人間世) 편에 나오는 글입니다. '기'라고 하는 것은 보이는 곳을 보는 것이 아니라 보이지 않는 곳을 보지 않으면 안되는 것입니다.

혁명이라고 하는 것은 때리는 것이 아니라 어루만지는 것이라고 생각합니다. 본래 만물이 위대한 것입니다. 풀 한 포기에 대한 존경심이란, 마음에 들지 않는 사람을 만나면 사라져버리는 그러한 것으로는 곤란합니다. 잘못된 생각을 가지고 있는 사람도 또한 한 포기의 풀과 같이 존경하지 않으면 안됩니다. 본래 전부 위대한 것입니다.

어려서부터 형이나 누나는 언제나 1등이었습니다. 저는 1등을 해본 일이 없으므로 언제나 아버지에게 바보 취급을 당하고 있었습니다. 그때 할아버지가 "잘했다, 다음에는 보다 분발해라"라고 해주셔서, 그때 여러가지 것을 생각해볼 수 있었습니다. 2등 이하가 없으면 1등이 없는 것입니다. 최하위까지 모두 동일한 가치가 있는 것이고, 그것을 인정하지 않으면 1등도 없는 것입니다.

서울의 번영은 죽은 번영입니다. 풀 한 포기의 아름다움이란 우주 전체의 생명이 깃들어 있기 때문입니다. 솔로몬의 도시보다도 한 포기의 백합이라고 하는 성서의 언어를, 젊었을 때는 지나친 말이라고 생각했습니다만 나이가 들면서 진짜라는 것을 알았습니다. 사명당의 스승인 서산대사의 글에 이러한 시가 있습니다.

萬國都城如蟻垤(만국도성여의질)

千家豪傑若醯鷄(천가호걸약혜계)

어느 도시를 막론하고 개미의 집이며, 거기에 모이는 호걸도 식초 항아리에 모이는 초파리와 같은 것, 자신은 창으로부터 쏟아져 들어오는 달빛을 맞으며 솔바람 소리를 듣는 것이 좋다는 것이지요.

아름다운 이야기가 있으면 사람들에게 전하지 않으면 안됩니다. 얼마 전에 들었는데 기뻤다, 라고 사람들에게 전할 수 있겠지요. 그것이 오늘날의 바이블인 것입니다. 시간적으로나 공간적으로 떨어져 있어도 아름다운 이야기는 그 역할을 다합니다. 복음이란 것은 만남 속에 있는 것으로, 그 밖에는 없습니다. 1970년대에 정치범이 재판을 받으면, 가족 중 한 사람밖에 방청을 할 수 없었습니다. 그 가족이 용기를 가지고 피고가 재판정에서 어떤 아름다운 말을 토로했는지를 외부에 알려, 외국의 친구들에게 전하지 않으면 안됐던 것입니다. 국내는 얼어 있었기 때문에 그 말을 외국에 전하는 것이 중요한 일이었습니다. 실제로 1960년대와 1970년대의 국제적인 연대가 없었다면 우리는 매우 힘들었을 것입니다. 당신이 김지하 시인의 말을 훌륭하게 일본 친구들에게 전한 것도 마찬가지로 매우 소중한 일이었던 것입니다.

김 시인이라고 하면, 츠루미 슌스케(鶴見俊輔) 씨가 방문해주셨을 때의 일을 잊을 수 없습니다. 김 시인은 일본을 대단히 미워하고 있었기 때문에 일부러 멀리서 만나러 와준 츠루미 씨에게, "당신은 나를 도울 수 없습니다. 내가 당신 일본인들을 도울 수 있죠"라고 말했습니다. 그러나 츠루미 씨는 어떻게든 김 시인의 마음을 열고자 다음 날 아침 또 가서 산책하자고 권했습니다. 그리고 해변을 거닐면서 "아아, 이 안개 참 아름답군요"라고 했습니다. 그러자 김 시인은 "그러나 태양이 떠올라 안개가 걷히면 더러운 곳입니다. 일본도 머잖아 그렇게 될 테지요"라고 했습니다. 두 번이나 츠루미 씨에게 상처를 입혀버리고 만 것입니다.

용서해주십시오. 일본과 한국의 관계 속에서 부모의 죄를 자식이 넘겨 맡지 않으면 안되는 일이 있습니다. 그러나 여기서는 인간이 인간을 구하러 왔기 때문에 김 시인의 태도는 옳은 것이 아니었습니다. 그런데 거기서 그대로 돌려보내는 것은 안됐던지 원주에 장이라고 하는 사람이 있는데 그 사람을 만나달라고 김 시인이 말했던 것입니다. 그래서 츠루미 씨는 동료들과 헤어져서 혼자서 나를 만나러 와주었습니다. 그리고 일곱 시간이나 이야기를 했습니다. 단 한 잔의 맥주를 앞에 놓고 일곱 시간이나 이야기를 계속했습니다. 이러한 연대에 힘입어가며 한국도 변해왔습니다.

《한살림선언》은 아직 뼈대뿐입니다. 우리의 밥은 소찬으로 충분합니다. 김치를 많이 놓든 놓지 않든 관계가 없습니다. 그러한 기분으로 선언을 만들었습니다. 그것을 읽고 아직 소화가 안돼 있다고 생각하는 사람도 있을 테지만, 지금 이 자리부터 시작하는 것이 중요하다고 생각합니다.

겨레의 가능성은 대중 속에

대담자 — 여운연

30년 만에 실시되는 지방자치제 선거를 앞두고 '참여와 자치를 위한 시민연대회의'가 출범했다. 정치인의 타락과 사회 곳곳의 부정부패를 막으려면 시민 각자가 제 몫을 다해야 한다며 뜻있는 시민들이 뭉친 것이다.

1991년 3월 4일 서울 프레스센터에서 열린 시민연대회의의 발기인 모임에 고문 자격으로 참가한 장일순 씨. 그는 이날 뜬 시민연대회의만큼이나 세상에 별로 알려지지 않은 인물이다. 1928년 강원도 원주 태생으로 서울대 미학과 1회 졸업생. 육십 평생에 이렇다 할 경력이 없는 그이지만 사회 저변의 알 만한 이들로부터 많은 존경을 받고 있는 사람이다. 김지하, 김민기 등 이른바 70년대 운동권의

〈시사저널〉 1991년 3월 21일자에 실린 이 기사는, 당시 이 주간지의 기자였던 여운연 씨가 작성하였다.

정신적 메카가 원주였다면, 바로 그 원주그룹의 핵이 장 씨였다. 그는 1970년대 말부터 정치투쟁이 아닌 생활운동을 통해 사회운동을 이끌어왔고, 생명운동 단체인 한살림운동을 태동시킨 장본인이다.

장 씨는 시인 김지하의 정신적 스승으로 김 씨의 생명운동에 큰 영향을 끼친 것으로 널리 알려져 있는데, 신분과 계층을 떠나 많은 이들의 '사상적 선배'로 통하고 있다. 좀처럼 나서지 않는 그가 시민연대회의의 발기인 모임에서는 '오늘의 정치·사회 현실과 시민운동'을 주제로 강연을 해 눈길을 끌었다. "취재 거리가 없는 모양이구만." 원주시 봉산동 자택으로 찾아간 기자에게 그는 이렇게 말문을 열었다.

— '연대회의'에 참여하게 된 까닭은 무엇입니까?

사회 전반에 걸쳐 누수 현상이라고나 할까, 자기도 모르는 사이에 붕괴될 가능성이 있기 때문에 시민의 다양한 생활 영역에 대해서 각성을 촉구하기 위해 참여했습니다. 이제는 통치와 지배 차원으로는 이 복잡한 중층적 사회현상을 극복할 수 없습니다. 시민이나 주민이 객석에 앉아서 하는 대로 맡길 수 없는 세상이 됐어요. 시민 각자는 자기 영역에서 올바르게, 건전하게 자기의 생활을 보호하고 지켜나가야 할 책임이 있습니다.

— 지자제 선거를 앞두고 원주는 어떤가요. 개인적으로 이번에 실시될 지자제에 어떤 기대를 갖고 계십니까?

선거바람이 불고 있는데 그 형태는 구태의연해요. 이번 선거는 국민이 각성하는 계기가 돼야 합니다. 우선 서울 등 대도시에서부터라도 시민연대를 통해 건전한 사람을 지자제에 내놓도록 하고, 시민연대운동이 각 생활 영역에 건전하게 뿌리내리고, 그것이 발전해 시민주권사회가 이루어져야 한다고 생각합니다. 처음엔 구태의연한 방법으로 당선되는 사람도 생기겠지요. 그러나 시민들의 올바른 의견이 시정에 반영된다면 지자제에 나서선 안될 사람들은 그 다음에는 후퇴하게 되고, 올바른 생활을 구축하려는 대표들이 앞으로 나설 수 있지 않겠는가 봅니다.

— 원주 토박이이신 걸로 아는데, 이 집에서는 얼마나 오래 사셨습니까?

36년째입니다. 원주시내 복판은 6·25가 터진 지 사흘 만에 다 타버려 옛집은 재가 됐습니다. 수복 후 이리로 옮겨와 직접 이 집을 지었습니다. 이게 토담집입니다.

난 해방 당시부터 이승만이를 좋아하지 않았어요. 자유당 정권이 들어섰지만 이승만에게 협력을 안하니까 그때부터 요시찰인물이 됐습니다. 이승만이 망가지기 직전에는 미국과 소련이 한반도에서 나가고, 중립화 통일이 돼야 한다고 주장했지요. 그런 것 하다 보니 감옥에 붙들려 가고, 거의 평생을 '요시찰'이거나 엉거주춤한 생활로 보냈습니다. 그러니 넉넉한 생활을 하게 됐어야 말이지….

— 1970년대 김지하, 김민기 씨 등을 주축으로 원주에서 형성된 원주그룹의 핵심 인물이었던 것으로 알고 있습니다.

쑥스러운 얘기지만 무능하나마 그 입장이었다고 볼 수 있겠지요.

— 1980년대 들어서면서 한살림운동을 통해 외부에 모습을 나타내기 시작하셨지요?

한살림운동은 몇십 년 동안 생각해왔던 것이고…. 또하나는 70년대 소비자협동조합운동을 해나가는 과정에서, 또 반독재운동을 계속하다 보니까 종전의 맑스 패러다임에서 벗어나야겠다는 생각이 들었어요. 그것 가지고는 문제의 해결은 말할 것도 없고 악순환이 계속되겠더란 말입니다. 농약·비료를 마구 뿌리고 도시·산업화를 꾀하는 것을 보니 이 강토 전체가 황폐화되겠더라구요. 환경도 살고 우리도 살자는 방향으로 가지 않으면 안되겠더군요.

6·3사태 이후에 원주에서 농촌운동을 하려고 한 박재일 씨와 함께 1977년부터 기본적으로, 살아가는 데 있어서 공동체 내지는 농토를 살리고 먹거리를 살리는 방향으로 가야 되지 않겠는가 하고 얘기했어요.

김지하가 옥중에서 "선생님, 방향을 바꾸지 않으셨어요?" 하더군요. 그래 어떻게 알았느냐 하니까 "아, 눈치 보면 알지요. 들어오는 쪽지도 그렇고…" 하는 겁니다. "그래, 바꿨다. 종전의 이데올로기 가지고는 안되겠다." "선생님, 저도 생명운동 아닙니까." "맞다. 그 방향으로 가야 된다." "그렇게 하면 대중들이 먹지 않을 텐데요." "안 먹어도 던져라. 너는 글재주가 있으니까." 그래서 〈밥〉이니 〈南〉이니, 모든 게 그때부터 나가기 시작한 거지. 그런 것은 생명운동의 시작이었단 말입니다.

— 사회운동에 눈을 뜨게 된 것은 누구의 영향입니까?

조부님과 글을 가르쳐주신 차강 박기정 선생, 해월 최시형 선생이었어요. 우리집 바로 앞에 천도교 포교소가 있었습니다. 그래서 동학을 알게 됐습니다. 1946년에 수운 최제우와 해월을 알게 되었지요. 영원한 세계, 이 땅에서 행복하게 살 수 있는 말씀들을 다 가지고 있더라구요. 그렇게 되니까 이 쑥배기가 함부로 갈지자를 못하겠더군요.

— 요즘 사람들은 어려운 상황에 처했을 때 충고를 구할 어른이 없다고 합니다. 그 점에 대해서 어떻게 생각하십니까?

시각을 거목들에게서 찾으니까 볼 수가 없지. 문명이 쇠락기로 접어들면 보이지 않는 일반 대중 속에서 변화가 일기 시작합니다. 그것이 바로 이 조국의 가능성입니다. 요새는 촌에서도 덮어놓고 표를 찍지 않습니다. 훌륭하다는 놈들이 전부 도둑놈이란 걸 알기 때문이죠. 그게 얼마나 큰 변화입니까. 요새 사람들은 자기가 어느 위치에 있고 무어란 걸 잘 압니다. 그런데 그것은 대체로 이름도 없고, 가난한 사람 속에 많습니다. 위정자들은 그런 사람들이 바른 소리를 하면 지금까지 '빨갱이'라고 몰아치며 정치를 해왔는데, 그런 게 아니고 그런 사람들이 세상이 잘못 간다는 것을 먼저 알고 있는 것입니다. 그러니 그것은 위대한 가능성이지.

— 가치관의 혼돈으로 사람들이 갈피를 못 잡고 있습니다.

우선 자신이 잘못 살아온 것에 대해 반성하는 고백의 시대가 되어야 합니다. 지금은, 삶이 뭐냐 생명이 뭐냐, 하는 것을 헤아려야 할 시기입니다. 뭘 더 갖고 꾸며야 되느냐에 몰두하는 시대는 이미 절정을 넘어섰어요. 글 쓰는 사람들이 가급적이면 고백의 글을 많이 써줬으면 좋겠어요. 갖겠다고 영원히 가져집니까. 원칙적으로 나의 것이란 없는 거지요. 이 자리에서 내가 말하는 것도 다 훌륭한 분의 영향에 의해 얘기하는 거지, 나 스스로 알아 얘기하는 게 아니란 말입니다.

— 걸프전쟁이 일단락됐지만 나라 안팎으로 시끄럽습니다. 안으로는 수서사건으로 어수선하기 짝이 없습니다. 조용히 살고 계시지만 관심은 남다르실 것으로 생각되는데요.

나는 그것을 산업문명이 퇴락하는 하나의 징조로 봅니다. 기름 때문에 저러는 거 아니오. 그러나 자원은 한정된 거고, 미국의 군수 산업가들이 무기를 팔려고 저러는 거 아닙니까. 그런 가운데 나 혼자 원주에서 조용히 지내고 있으니, 그런 점에서 죄를 많이 짓는 것 같아요.

정치에 대한 구조적 변화가 없이는 안됩니다. 지금까지 해온 식으로는 서울이든 농촌이든 정경이 유착 안할 수 없단 말입니다. 그렇게 되니 졸부들이 정치하겠다고 나서지, 정말 건전한 정치의식을 갖고 있는 사람들은 정계에 나갈 수가 없습니다. 아무리 진보적 정당을 만들어 신선하게 나가려 해도 현재의 선거법과 국회 가지고는 될 수 없어요. 직능별 또는 계층별로 선거법을 고쳐야 하고, 또 그렇게 해서 국회를 구성해 운영해야 합니다.

— 도덕적 위기를 막기 위해 당장 제도를 뜯어고칠 수는 없을 테고. 지금 이 고비에서 벗어나기 위해서 무엇이 가장 시급하다고 생각하십니까?

이미 구성돼 있는 시민단체·농민단체들이 연대해야 돼요. 공신력을 세워야 할 구심점이 있어야 되거든요. 특히 각 단체들이 시민연대를 통해 이 난국을 극복해야 될 겁니다. 다른 데는 믿을 수가 없잖아요.

— 선생님께서는 정치에 관심이 없었던 것은 아닌 걸로 알고 있습니다. 이승만 정권을 무척 싫어했으며, 4·19 후 혁신정당, 5·16 직후엔 중립화통일론을 주장, 계속 정치활동을 규제받으셨습니다. 그러나 기회가 닿았다면 정치에 관여할 수도 있었을 것이고, 주변에서 끊임없이 유혹했을 텐데요.

그건 사실입니다.

— 어떻게 유혹을 뿌리쳤습니까?

그렇게 정치에 참여했으면 3년도 못 가 도둑놈이 됐을 겁니다. 정치구조가 그렇게 돼 있어요. 그렇게 되면 소망했던 일을 할 수 없고. 또하나는 나와 함께 가는 분들, 가르쳤던 학생들에 대한 배신이지요. 그것은 내가 생활해오며 만난 사람들에 대한 배신일 뿐만 아니라 겨레에 대한 배신입니다.

— 누구든 어떤 부류에 합류하는데 선생님께선 늘 혼자였습니다.

특별한 이유라도 있는지요. 혹 인생관에 허무주의 같은 것이 깔려 있는 것은 아닙니까.

그렇진 않습니다. 이러저러한 것을 하는 분들에 의해 사회가 잘 되기를 바랐죠. 직감이란 게 있지 않습니까. 해방 당시에는 세계연방정부 운동을 생각했었지요. 20대 초반에는 '원월드운동'에 참가했습니다. 왜냐하면 세계를 대표한다는 미·소가 한반도를 점령했어요. 그걸 들여다보니 그것을 뛰어넘는 우리의 철학이 없이는 한겨레의 문제를 해결할 수 없더란 말입니다. 이미 철학이 있다는 것을 1940년대에 알았지만 그것이 대중화되지 않았어요. 그 이후에도 군사독재 정권에 참여할 수는 없었습니다. '국민주권'이 아니라 '주민주권' 시대가 왔다고 얘기하는데, 독재 형태에서는 주권을 인정하지 않아요. 국민으로부터 주권이 나온다고 말하지만 진정한 요구와 바람이 그러한 집단 속에 들어가면 일회용으로 써먹히고 걷어차입니다. 내가 왜 그런 데 참가해요. 적어도 만민이 평등하게 다 자유롭게 자기 생활을 보호할 수 있는 협동적인 사회를 만들어야지. 그래서 나는 협동운동을 몇십 년 동안 하고 있습니다. 요새는 소비자운동을 돕고 있습니다만.

— 선생님의 지론은 모두 협동운동으로 귀착되는 것 같습니다.

맞습니다. 우주의 모든 생태가 다 그렇게 되어 있어요. 갈라놓을 수 없고, 갈라놓고 지배하는 형태가 아니라. 남북의 분단도 그렇지 않습니까? 갈라놓고, 지배당하고, 지배하는 쪽에 붙어먹는 패거리들이 있습니다. 적어도 하나의 생명 단위로 태양과 지구가 있고, 그 안에 존재하는 모든 것이 협동적으로 존재할 때만이 생명을 유지하는 겁니다. 그런 안목에서 문제를 풀어가야 합니다. 지금까지는 전부 내 소유로 하겠다고 갈라 가졌어요. 그러니 자연히 이상이 맞지 않아 함께할 수 없었던 거지요.

— 폭넓은 인간관계를 갖고 계신 것으로 알고 있습니다. 여야의 정치인 중에도 선생님의 친구가 많다고 하던데요.

사실 1980년대 전까지 여권에 있는 사람들은 나를 혐오했어요. 이제는 통일의 시대가 와야 합니다. 김일성이와 대화를 할 수 있다면 남한에서는 누구와도 대화를 할 수 있어야 합니다. 욕심을 채우거나 치부하겠다는 것이 아니라 통일을 준비하기 위해서도 그런 자세가 필요하다는 것이지요.

— 서예에도 일가를 이루고 계시죠. 1980년 김지하 씨가 출옥한 후에 난 치는 것을 가르치셨다면서요. 서예전도 몇 차례 여셨지요?

쑥스러운 얘기입니다만 도회(韜晦)였어요. 들어앉아서 책만 보면 공산주의사상만 깊게 들어간다고 오해하잖아요. 그러니 붓장난이라도 하고 있어야 '저 사람 서예 하며 지낸다'고 하지 않겠습니까. 그것은 한 면이고, 서예는 서예 나름대로 '기'의 예술이거든요. 마음을 가라앉히는 데 도움이 많이 돼요. 감옥에 오래 있다 나온 이들은 대개 한자리에 오래 앉지 못해요. 감옥에선 오래 견뎠는데 출옥 후에는 이상하게 착심이 잘 안되지요. 난 같은 걸 치면 시간 가는 줄을 몰라요. 기를 한군데로 모으니까. 그래서 김 시인이 나왔을 때 난

을 쳐보라고 했지요. 그 사람은 하나를 일러주면 열 가지를 헤아리
는 사람이지요.

서예전은 다섯 번을 열었는데 서울에선 한 번 했어요. 도회를 해
야 되니까 전시회를 했던 거지요. 전시회를 열 때마다 언제나 부끄
럽고, 폐만 끼치고 그랬어요.

— 종교를 갖고 계십니까?

옛날에는 불교 신자였는데 가톨릭 신자가 된 지 꼭 50년 됐습니
다. 모든 종교의 말씀은 다 같아요. 어차피 삶의 영역은 우주적인데
왜 담을 쌓습니까. 그것은 종교의 제 모습이 아닙니다. 이제 생명의
단위는 우주의 단위입니다. 모든 생물은 태양과 지구가 존재해야 살
아갈 수 있습니다. 종교에서 생명이 빠지면 종교가 아니지요.

새로운 문화와 공동체운동

대담자 ─ 정현경

─ 오래전부터 선생님을 뵙고 싶었는데 이렇게 오늘 뵙게 되어 감사하게 생각합니다. 선생님께서는 '문명의 전환'이라는 용어로 현시대를 평가하시는 걸로 알고 있습니다. 그 구체적 내용을 알고 싶구요, 또 한국사회에서 새로운 문명을 얘기한다면 구체적으로 어떤 문명에서 어떤 문명으로 가고 있다고 말씀하실 수 있는지요?

그런 내용은 얘기가 거창해서 내가 말하기에는 좀 적당치 않군요. 이 기계적인 문명이라는 것은 아무래도 경쟁과 효율을 따지게 되니까, 결국에 가서는 자기까지도 소외시키지 않습니까? 그래서 서양문명은 산업문명이 극도에 달해 돈만 가지고 얘기하는 세상이 되었는데, 이제는 그 돈만 가지고 얘기하는 세상도 넘어가고 있지 않습니까?

이 대담은 《대화》 1991년 여름호에 발표되었다. 대담자는 여성신학자 정현경 교수이다.

어떤 방향으로 나아가고 있고, 또 나아가야 하느냐는 꼭 집어서 얘기하기가 힘듭니다. 길이 뭐냐 진리가 뭐냐 생명이 뭐냐고 하면 딱 집어서 얘기할 수 없잖아요. 생명이든 길이든 진리든 그 안에 다 있기 때문이죠. 그래서 수운 최제우의 경우도 천(天)을 설명하지 못했다고 합니다. 그걸 어떻게 말로 설명을 하느냐는 거지요. 그러니까 불가에서도 부처님이 뭐냐 했을 때《유마경(維摩經)》의 주인공인 유마힐(維摩詰) 같은 사람도, 말하지 않고 입을 다물고 있음으로써 대답을 대신한 경우도 있거든요.

그럼 이걸 어떤 말로 표현해야 하느냐, 생명운동이라고 해야 되느냐 생명문화라고 해야 되느냐 하는 거죠. 생명이라고 해도 좋고 말은 뭐라고 해도 좋을 겁니다. 그럴 때, 과학도 생명과학 시대로 가야 되는 때가 아니냐는 겁니다. 이제까지는 자연이 무한하다고 생각해왔는데 자연에도 한계가 있지 않습니까. 그래서 피드백이 자연스럽게 되면서 순환이 되어야 하는데, 그러려면 자연의 조그마한 것 하나에까지 우주 전체가 깃들어 있다고 보아야 하는 거지요. 이렇게 보면 무엇 하나 따로 나눌 수가 없습니다.

과학만 봐도 여태까지는 이용할 수 있으면 뭐든지 이용했죠. 이제는 그러나, 그것을 사용해서 자연이 상하지 않느냐, 인간이 상하지 않느냐를 생각해야만 생명과학이라고 할 만한 것이 되지 않느냐는 겁니다. 인간도 그렇고 일체의 존재가 상하지 않아야 합니다. 물질과학이라고 말해왔다면 생명과학으로 전환을 해야죠.

생명이라는 것은 혼자는 아닙니다. 일체가 유기적인 상관관계 속에 있기 때문에 일체가 협동하고 공생하는 시대로 전환해야 하는 겁니다. 예를 들면 다국적기업 같은 것은 공룡처럼 제가 먹을 수 있는 건 다 먹어치웁니다. 그런 건 안됩니다. 협동하고 공생하는 시대로 전환해야 하지요.

— 이런 전환이라는 것이 우리 주변에서 일어날 여건이 되어 있다고 보시는지요.

그것은 우리 부엌에서부터, 농촌에서부터 일어나야 한다고 봤거든요. 사람은 먹지 않고는 못 살고 일용품을 쓰지 않으면 못 살잖아요. 농촌에서는 유기농 내지는 자연농이 되어야 하고, 또 그것만 가지고서는 안되지요. 오늘날 이렇게 많은 인간들이 살고 있기 때문에 폐기물을 가급적이면 적게 내고 폐기물을 재활용하는 시민운동 내지 주민운동이 시작되어야 해요. 생활의 변화 내지는 실천이 점차적으로 시도되지 않고는 방법이 없다고 봅니다. 이제는 주민들이 직접 실천하고 직접 요구하는 자유 속에서 서로 같은 뜻을 지향하는 무리들끼리 연대하는 것이 최선의 방법일 거라는 생각이 듭니다.

— 우리가 협동의 시대, 공생의 시대를 지향하고 나갈 때, 문제가 되는 것이 우리사회 안에 내재되어 있는 갈등이라고 봅니다. 예를 들면 5공 비리라든지 식민지 잔재라든지, 부당하게 힘을 가진 사람들을 걸러내지 않고 외형만 변해가는 현상 때문에 많은 갈등이 있다고 봅니다. 우리가 이런 것들을 극복하고 협동의 시대로 가야 하는데, 참된 회개와 용서 없이 협동의 시대로 간다는 것은 좀 낭만적이라는 느낌이 듭니다. 이런 문제는 어떻게 보십니까?

제가 1970년대에 반독재운동을 계속하다가 70년대 후반에 농촌의 곡가와 생산비를 보장하라는 운동을 했었어요. 그러다가 내가 잘못 가고 있다는 것을 깨달았어요. 1977년이었지요.

지금 제일 중요한 것은 통회하고 회개하는 것인데 아직까지도 나도 속이 들끓고 있다는 것이 어려운 문제로 남습니다. 그런데 이 문제도 문화의 궤, 축이 달라지면 됩니다. 궤가 맞는 사람들이 서로 같이 돌아가면 됩니다.

그건 예수하고 빌라도의 대화에서도 나타나고 있어요. 빌라도가 예수더러 "네가 유대인의 왕인가?"라고 물으니까 예수가 "그것은 네 말이다"라고 대답하지 않습니까. 바로 차원이 다르면 선과 악에 대한 조건이 달라지는 겁니다. 옛날에 잘못한 것을 재차 또 저지른다고 한다면 문제가 있지만, 옛날에 살던 방식으로는 새로운 문화 속에선 살 수가 없게 되어 있어요. 차원이 다르니까.

성경에 포도밭 일꾼들 품삯 가지고 비유해놓은 게 있죠. 포도원 주인이 아침 아홉 시부터 일한 사람하고 오후 다섯 시부터 일한 사람하고 똑같이 한 데나리온의 품삯을 주었지요. 그러니까 아침부터 일한 사람이, 왜 온종일 일한 자기들에게 오후에 조금 일한 사람과 품삯을 같게 주느냐고 항의를 하지 않습니까. 생명의 나라, 하늘의 나라는 이런 형태입니다. 똑같이 대우해주는 겁니다. 일꾼이 말한 것처럼 온종일 일한 놈하고 저녁 무렵 잠깐 일한 놈하고 왜 품삯을 같게 주느냐는 식의 잣대를 가지고는, 생명과학의 차원이라든지 새로운 사회로 넘어갈 수 없습니다.

지금은 잘못하는 사람들이 천하를 쥐고 흔들고 있지만, 우리가 지금 여기서 협동하고 공생하자는 생활의 모습은 그들의 생활방식과는 완연히 다르단 말이죠. 그런데 저 사람들이 이 새로운 삶의 방식을 찾아야겠다고 기어들면 좋지만, 그렇지 않다면 자기들 나름대로의 죽어가는 세상을 가는 거지요.

용서한다는 것은 같이 공생하려고 할 때의 얘기입니다. 그들이 공생 안하겠다고 한다면 우리는 비폭력·비협조 해야죠. 이 두 가지는 굉장히 중요한 잣대입니다. 그런 사람하고는 비협력해야죠. 그리고 상대는 폭력을 쓰더라도 우리는 비폭력으로 대해야죠. 그 폭력의 세계라는 건 정복을 한다거나 소유를 한다는 범주의 얘기들이니까 억울함이라든가 분함이라는 것도 똑같은 역사의 궤적을 갈 경우에 따르는 문제이지요. 우리는 우리끼리 만든 다른 궤적의 역사를 가고 있으니까 억울함이나 분함이 문제되는 것은 아닙니다. 지금 세상은 얼마나 빠르게 변합니까. 우리가 그렇게 살아가는 모습을 보여주면 가졌던 놈들도 다 놓게 될 겁니다. 내가 너무 나이브하게 생각하는 건지는 모르겠습니다.

— 요즘 현대신학 쪽의 해방신학·여성신학·민중신학을 보면 억눌린 자의 입장에서 하느님이 하신 일을 보자고 합니다. 그중에서도 해방신학을 보면 그 기본적인 틀이 맑시즘 분석이거든요. 또 한국 내에서도 유물론에 근거한 신학을 펴는 분들도 있지요. 선생님께서는 젊은 시절 그런 쪽의 공부도 많이 하셨고 또 어떤 계기로 생각이 바뀌셨다고 하던데요, 요즘 젊은이들이 갖는 그런 경향을 어떻게 보십니까?

제가 어디선가 읽었는데 "맑시즘이라고 하지 말아라, 이것도 시간이 지나면 흘러가는 것이다"라는 말이 있더군요. 맑스도 자연에 대한 얘기는 했지만 오늘날의 이 시점에 와서 생긴 자연의 한계 문제 등은 생각을 안했거든요. 또하나, 물량을 넉넉하게 생산해서 공생하자는 얘기는 했지만, 지금은 그것 가지고 될 수 없게 변했습니다. 이미 그런 테두리와 바탕으로는 얘기할 수 없어요. 자연 자체의 위격도 인격과 조금도 다르지 않다는 정도로 높여놓지 않으면 해결이 안되는 겁니다.

그러니까 방대한 물량을 생산해서 낭비를 한다는 것은 살생행위라는 것을 체득해야 하는 거죠. 불교에서 말하는 살생이라는 것도 오늘날에 와서 더욱 진지하게 얘기될 수 있구요. 동학에서는 경천(敬天)·경인(敬人)·경물(敬物)이라고 해서 같은 격으로 물질도 높여놓았습니다. 물질은 이용을 하는 대상이 아니라 아끼고 공경할 대상이며 생명의 분신이라는 생각의 차원으로 가지 않고서는 지금의 문제를 풀지 못한다는 거죠.

— 선생님께서 생각하시는 운동이라는 개념은 갈등 이론에 근거한 운동과는 차원이 다른 것 같습니다. 선생님에게 운동이란 무엇입니까?

다릅니다. 전체가 다 공생하자는 얘기죠. 운동이라는 것이 뭐냐 했을 때, 으레 투쟁이 기본이냐 아니면 조화가 기본이냐로 갈리죠. 나는 조화가 기본이라고 보죠. 전부 떼어내버리면 생명이 존재하는 거냐.

통일문제를 보더라도 김일성이가 공산당 했다고 해서 바닷속에 집어넣어버릴 거냐 이겁니다. 그렇게 해서는 통일이 안되거든요. 가지고 있는 걸 살리고, 극복을 해야죠. 상대를 없애버리는 해결은 해결이 아니라고 보는 거죠. 저것이 있는 것은 이것이 있기 때문에 가능한 것이지 없애버리면 해결이 있을 수도 없죠. 과제는 무엇이냐 하면, 제3의 지평이 나와야 한다는 겁니다.

— 제3의 대안을 내서 끌어안는다는 말씀이시군요.

그럼요. 한 10년 된 얘기인데 박정희 씨가 죽고 나서 외신 기자들이 날 찾아와서 얘기를 하는데 "선생님은 혁명을 어떻게 생각하세요?"라고 물어요. 그래서 "일반적으로 얘기하는 혁명을 묻는 거냐, 아니면 내가 생각하는 혁명을 묻는 거냐"고 반문했더니, 선생님이 생각하시는 혁명을 말씀해달라고 하더군요. 그래서 나는 "보듬어 안는 것을 혁명이라고 생각한다"고 말했어요. 그랬더니 그런 혁명도 다 있느냐고 묻더군요. 혁명은 새로운 삶과 새로운 변화가 전제가 되어야죠. 새로운 삶은 폭력으로 상대를 없애는 것이 아니고, 닭이 병아리를 까내듯이 자신의 마음을 전심 투구하는 노력 속에서 새로운 삶이 태어나는 것이잖아요. 새로운 삶은 '보듬어 안는' 정성 없이는 안되니까요. 그래서 나는 일반적으로 사회과학자들이 말하는 혁명의 논리와는 다르다고 얘기했어요. 그랬더니 처음 듣는 얘기라고 하면서 기사화해도 좋겠느냐고 묻더군요. "그거야 자네들 일이니까 자네들이 알아서 할 일"이라고 말했죠. 지금도 그 생각엔 변함이 없어요.

— 선생님께서 그렇게 생각하시게 된 계기가 있으셨어요?

나는 해방 직후에 '원월드운동'을 했었어요. 그것은 아인슈타인이나 세계 과학자들이 먼저 시작했지요. 히로시마(廣島)와 나가사키(長崎)에 원폭이 투하된 뒤로 아인슈타인이 반성을 많이 하지 않았습니까. 세상에 못할 짓을 했다구요. 그러면서 세계는 하나의 연립정부를 만들어야 한다는 얘기를 했었죠.

남북이 분단이 되었는데 보니까 미국도 소련을 감당 못하고 소련도 미국을 감당 못하니까 거기서 그냥 꽉 막히더라구요. 어느 한쪽의 힘이 우세했다면 일방적인 통일이 이루어졌겠죠. 그게 안되니까 통일을 못 했어요. 그때 이 바닥에 살고 있었던 우리들이 어떻게든 통일을 해야겠다고 정신을 차렸더라면 양군이 점령해 있었다고 해도 우리 나름의 통일국가를 이룰 수 있었겠죠. 그때는 우리 국민에게 그런 역량이 없었던 거지요. 계속 그것이 마음에 걸렸고, 단독정부를 세우겠다는 이승만 씨가 미워서 협조를 안했던 거죠. 그래서 매일 감시당하고 붉은 딱지를 붙이고 살았어요.

민주가 뭔지, 민족공동체가 뭔지, 해방 당시만 해도 잘 모르고 살아왔지 않습니까. 많은 사람들이 40년 가까이 일제통치를 받아왔고 해서 민족공동체가 뭐고 민주가 뭔지 사람들에게 좀 교육을 시키자 해서 6·25 수복 후 학교 만드는 사업을 좀 하려고 했었는데 여의치가 않았어요. 그래서 국민학생(초등학생)이, 선생님이 너 이거 몇 장 써와라 했는데 숙제를 안한 것처럼 기분이 늘 그래요. 지금도 숙제 안한 소학생 같아요.

그러니까 민족공동체는 형제자매가 다 함께 살아야 되고 살아가는 방식도 새로 도출이 되어야 됩니다. 그래서 우리의 통일이 우리만의 통일이 아닌 전세계의 통일이 될 수 있다는 짐작을 하는 겁니다. 그런 생각을 하면, 지금도 더듬거리는 사람이고 낙제생입니다. 책을 읽어도 몇 구절은 눈에 들어오는데 다 들어오지가 않아요. 계속 더듬거리고 급제 한번 못 하고 사는 거죠.

— 저는 신학을 공부하니까 종교에 관해서 좀 여쭈어보고 싶습니다. 불교에서 가톨릭 신자로 가서 오랜 신앙생활을 하신 것으로 알고 있는데, 선생님께는 종교의 기본 가르침이란 무엇이고, 이 두 종교는 선생님 안에 어떻게 자리 잡고 있는지 궁금합니다.

한국의 대부분 가정이 그런 것처럼 유가적인 전통은 있었고, 태어나 보니 불교였다가 부모들이 가톨릭으로 가니까 따라갔어요. 10대 중반이었지요. 교리라고 외우라고 해서 외웠지요. 동학의 경우는, 바로 우리집 앞이 해방 직후에 포교소였어요. 신앙이라고 하는 것도 자라나면서 느끼고 성숙하는 것이라고 보죠.

그런데 근자에 와서는 모든 종교는 담을 내려야 한다고 봅니다. 그리고 너는 어떤 종교이고 나는 어떤 종교라는 걸 존중은 하되 생활과 만남에 있어서는 나누어져서는 안된다고 마음먹고 있습니다. 생명은 하나니까요. 종교에 생명이라는 것의 내용이 없다면 그 종교는 거짓말이죠.

— 그러면 선생님 내부에서는 불교에서 배운 것과 가톨릭에서 배운 것이 전혀 갈등을 일으키지 않는지요?

문제는 어떤 종교든지 나중에 체제화되고 내용은 탈각되면서 형해화하는 것이지요. 그러니까 형해를 탈각하는 거예요. 그러면 예수가 부처를 만나도 서로 부둥켜안고 형이요, 아우요 할 거란 말이죠. 노소남녀가 없고 막힐 것이 없잖아요. 생명은 막히면 죽잖아. 그런데 왜 종교를 만들어놓고 자꾸 막히게끔 해. 막힌 요소를 우리는 자꾸 하나하나 제쳐두고, 하나됨이라는 것으로 지향해갔을 때에 앞으로의 종교는 살아남을 수 있어요. "우리 종교는 유일무이하다" 하고 나갔을 때에는 그 얘기 자체가 죄악이 되는 거죠.

예수의 멋진 말씀, "나는 죄인을 위해서 이 세상에 왔노라, 의인을 위해서 온 것이 아니노라" 이건 참 멋있는 말씀이죠. 이 얘기에 어디 막힌 게 있어요. 묶어놓은 자를 풀어주러 왔지. 묶어놓는 것이 죄란 말이지. 나는 그렇게 생각해요.

— 그럼 선생님께서 느끼시는 갈등은 외피에서 느끼는 것이지 내용 면에서는 갈등이 없으시군요. 그렇다면 우리는 왜 예수님의 참뜻과 석가의 참뜻을 다른 것이라고 외피로만 이해해왔을까요?

무아(無我)의 경지에서는 다 하나됨이 되거든요. 풀 하나 돌 하나를 만나도 그것이 자기라는 걸 느끼게 될 것 같으면 하나가 열을 말해주는 겁니다. 불교에서 말하는 각(覺)의 순간이란 것은 작은 데서 발견되거든: 어떤 지향을 두고서 정진을 하고 가면 각의 순간이 다가오거든. 묶여 있던 자기 기반은 정진 속에서만 풀리거든.

부엌에서부터 식품공해를 추방하자든가, 핵폭탄은 터뜨리지 말자든가, 하천을 오염시키지 말자든가, 유기농을 하자든가 하는 이

것들은 만나고 보면 다 같은 얘기야. 그러니까 자신의 계기에서 이 것저것을 다 깨닫고 가게 되는 거지. 그런 사람들끼리는 서로 만나고 잘 돌아갈 수 있잖아. 어디 막히는 것이 없잖아. 그런 사람들끼리는 농산물 값도 시장가격을 굳이 따지지 않고 생산자를 살게끔 해주는 거지.

일본의 생활협동클럽을 보면, 지금 한 70만 명 정도가 하고 있다고 하는데, 소비자들이 생산자들에게 가계부를 보여달라고 해요. 생산자가 우리만큼 살 수 있는지 알아야 될 게 아니냐는 것이지요. 우리만 살아서 되겠느냐는 것이지. 그러니까 너, 나가 없고 종교도 이 것저것이 없지. 그건 엄청난 사회적인 변화지요. 생활이 막힘없이 돌아갈 수 있으니까.

— 그럼 종교와 변혁운동과의 관계는 어떻게 보시나요?
종교가 지금 얘기대로 외피에 칩거하지 않았다면 이 세상은 벌써 밝아졌어요. 그게 안되고 있죠.

— 선생님께서 지금 종교에 대해 하신 얘기가 한국 기독교와는 많은 거리가 있다고 여겨져요. 선생님께서는 한국 기독교를 어떻게 보시는지요.
사실대로 얘기하면 돌에 맞아 죽을 겁니다. 그러나 미워할 수는 없잖아요. 나도 인간이라서 순간적으로 미워하기는 하지만 미워할 수는 없습니다. 미워했다가도 자괴심 때문에 다시 돌아옵니다. 미워한다는 거 자체가 벌써 내가 넘어진 거죠. 시대가, 또 모든 사람이 자기도 모르는 사이에 이런 지경에 이르도록 만들어주고 방조해준 책임도 있다는 걸 잠잠히 생각해야 합니다. 확실히 구교든 신교든 오늘날의 교회가 그렇게 가서는 안됩니다. 구체적인 얘기가 무엇이 더 필요하겠습니까.

― 선생님께서는 생명운동, 한살림운동을 하시는데, 선생님께도 스승이 있으시겠죠. 선생님께서 영향을 받으신 스승이 계시다면 어떤 분들인지 알고 싶습니다.

내 조부님은 구한말에 도 감영, 지금의 도청에 들어가셨던 모양이에요. 그때가 열일곱 살 때인데 국권이 흔들리고 가렴주구가 심하고 나라 꼴이 말이 아닐 때죠. 그러다 거길 나왔대요. 그러고는 당나귀를 한 마리 사 가지고 원주서부터 서울을 올라 다니면서 장사를 하신 모양입니다. 증조부 때부터 가난해졌대요. 살림을 해결하기 위해서 장사를 하시면서 밥도 제대로 못 사 자시고 떡을 사서 자셨대요. 그래서 그렇게 모은 돈으로 땅도 좀 마련하고 불쌍한 사람도 도와주고, 교육이 필요하다 학교를 지어야 한다고 하면 돈도 기부하고, 땅도 기부하고 학교도 지어주신 분입니다.

그런데 이 양반은 팥알 하나 쌀알 하나가 마당에 떨어져 있어도 그걸 전부 이남박에다 주워서 담으셨습니다. 하늘과 땅과 농부가 애써서 만든 것인데 그냥 버리면 되느냐구요. 그리고 종이 하나도 함부로 버리시지 않고 차곡차곡 모아놓고는 귀하게 쓰세요. 그러니까 아침에 일어나서부터 주무실 때까지 하시는 행동이 일관돼요.

거지가 와서, 한술 주세요 하면―그것 때문에 우리 어머니가 고

생은 좀 하셨지만—사랑에 계시면서 안채에다 대고 크게 호령을 하세요. "야, 어멈아 손님 오셨다." 그러면 상 받쳐다 마루에다 대령해야 되죠. 또 겨울에는 방에 들어가 자시라고 국밥을 말아 줬어요. 그리고 타작이 끝나면 소작인들이 오셔서 보라고 하거든요. 공평히 나눌 테니까 와서 보시라구요. 그러면 조부님은 가볼 게 뭐 있느냐고 안 가세요.

돈을 꿔줘도 가서 달라 소리를 안하세요. 내가 아홉 살 땐데, "돈 300원을 아무개가 꿔 가서 안 가져오시니 제가 가서 얘기를 할까요" 하고 우리 아버지가 할아버지한테 여쭈었어요. 그러니까 내 조부님 말씀이 "너도 자식을 키우잖니, 돈은 줬으면 그만이지 달라는 소리를 해서는 안된다" 하시는 거예요. "갚을 마음이 있어야 되는 거지, 갚을 마음이 없는 사람한테 가서 돈을 달라면 돈은 받지도 못하면서 사람을 잃고, 또 갚을 마음은 있는데 돈이 없어 못 갚는 사람한테 가서 달라면 그 사람 마음이 얼마나 안타까워. 그러니 그런 슬기롭지 못한 짓은 하지 마라" 하고 당신 자식을 그렇게 가르치시더라구요. 나는 못 들은 척하고 마당에서 들었어요. 그러던 분이세요.

또 시골 마당에 울안이 넓으니까 과일나무가 많았는데 내가 학교에서 와서 과일을 따 먹으면 내 이름을 부르시고는, "그건 니 아범이 심은 나무 아니냐. 네 게 아니잖아. 그게 다 익으면 그때 따서 할아비, 할미, 또 일하는 분까지 고루 먹으면 좋지. 아직 덜 익은 걸 그렇게 따 먹으면 되겠니" 하셨어요. 일거수일투족이 그랬어요. 그리고 돌아가실 때 유언이 뭐냐 하면 "하늘을 보고 땅을 보고 사람을 보고 허리를 굽히는 사람이 되어서는 안된다"고 하셨어요. 그게 나한테 주신 유언이에요. 그러니 일상생활이 모범인 거라.

글씨를 가르쳐준 분은, 할아버지도 가르쳐주셨지만, 차강 박기정 선생이라고, 열일곱 살 때부터 배웠어요. 이분은 워낙 선비 집안인데 통감부가 생기니까 낙향을 해서 강원도 지방 평창 도암에 내려와 사시면서 평생을 묵객(墨客)으로 지냈지요. 20세 때는 유인석 장군 밑에서 의병투쟁도 했구요. 그래서 일본애들이 그 양반 글씨를 못 받아갔어요. 이분은 묵객생활로 번 돈으로 생활하시면서 남은 돈을 임시정부로 보내는 거지. 루트를 통해서 해외에 보냈지.

예수님도 내게 가르쳐준 게 많아요. 동학의 2대 교주인 해월 최시형 선생의 생활 있잖아요. 그분의 삶은 내가 보기에 오늘날 이 땅에서 평화롭게 살 수 있는 모범적인 사례라고 생각해요. 그렇게 그분처럼 살면 이 세상엔 평화가 와요. 그가 있었기 때문에 손병희가 있었고, 손병희가 있었기 때문에 3·1만세도 있었고, 3·1만세가 있었기 때문에 중국의 5·4운동에 충격이 되었고, 간디의 비폭력·비협력 독립투쟁이 있었던 거죠. 원래 인도의 사상에도 있었던 거지만 3·1운동의 지표가 비폭력·비협력 아닌가. 우리는 우리대로 가겠다는 거지. 그런 분들이 그간에 나한테 인간적인 삶에 있어서 많은 도움을 주셨고, 나는 그분들의 가르침을 100분지 1이나마 실행을 했으면 하고 생각을 하지요.

— 저는 여성신학을 공부했습니다. 여성신학의 내용 중에서 가장 중요한 것이 이원론을 극복하자는 것입니다. 그러다가 어느 날 김지하 선생의 《밥》도 읽고 요즘에 많이 나오고 있는 생명운동에 관한

이론을 들어보니까, 급진적인 여성운동을 하는 사람들이 말하는 새로운 문화와 생명운동을 하는 사람들이 말하는 새로운 문화가 동서양으로 떨어져 있음에도 불구하고 많은 점이 닮아 있다는 것을 느꼈습니다.

말씀 중에 이원론 얘기하셨는데 남성, 여성 할 것이 아니라 모성이라는 말을 썼으면 합니다. 자식을 여럿 키우다 보면 영특하고 훌륭한 아이도 있지만, 좀 빠지고 제구실을 못하는 아이도 있거든요. 제구실을 못하는 아이에게 어머니의 마음은 더 가거든요. 사랑을 고르게 주시는 어머니의 마음이죠. 모성을 발휘하고 부성을 발휘하는 입장이 되면 누구를 소외시키는 게 없다는 말씀입니다. 그래서 그런 쪽으로 얘기가 되어야 되지 않나 봅니다.

— 여성운동에도 여러 종류가 있는데, 요즘의 주류는 지금까지 선생님이 말씀하셨던 경쟁관계, 지배와 종속의 관계에서 벗어난 상호 협동의 관계, 서로가 분리된 나와 타자가 아니고 서로가 연결되어 있는 관계라는 쪽으로 방향이 많이 바뀌고 있습니다.

요즘에 서양의 분위기를 익히고 돌아온 사람들이 "여성이라고 해서 눌려만 살아서 되겠느냐, 남자처럼, 남성보다 더 잘할 수 있다"라는 식의 얘기를 하는데, 그 얘기의 발상은 상대적인 관계 내지는 경쟁관계 같아서 푸근한 맛이 없습니다. 그런데 어머니처럼, 누나처럼 하면 얘기가 그냥 자연스러워집니다. 원래 남자 없는 여자가 어디에 있고, 여자 없는 남자가 어디에 있어요. 그건 어떻게 나누어지는 게 아니죠.

─ 그래서 페미니즘, 즉 여성주의라 하지 않고 에코페미니즘이라고 해서 생태계와 함께 가는 여성운동 쪽으로 방향이 많이 발전하고 있어요. 선생님 말씀과 많이 다른 것 같지는 않습니다. 다만 문제가 되는 것은 옛날에 아주 교조적으로 만들어졌던 남성성·여성성이므로 그 도식에서 벗어나자는 얘기들을 많이 하는 것 같습니다.

요즘 환경문제 얘기가 나오니까 주로 건강에 초점이 모아지고 있습니다. 원래 불가에서 나온 얘기지만 성명쌍수(性命雙修), 여기서 '성'은 무엇이냐 하면 양덕(養德), 즉 덕을 키우는 것이고, '명'은 신체의 건강을 다스려서 몸을 다스리는 것입니다. 마음을 다스리는 것과 몸을 다스리는 것을 같이 해야 한다는 겁니다. 나부터도 때가 묻어서 도덕이라는 얘기를 하면 진부하게 생각하거든요. 그런데 사실 도덕이 많이 결여되어 있잖아요. 덕을 키운다는 것, 그게 바로 사랑입니다. 성명쌍수 하는 것처럼 오늘날의 에코페미니즘도 그렇게 가야 한다고 봅니다.

─ 선생님의 생명사상이 여성운동의 내용과 닮은 점이 많이 있는 것 같습니다. 혹시 선생님께 영향을 주신 여성은 누구인지요?

그 여성은 어머니시지요. 내가 옥에 있을 때 돌아가셨는데 몸은 아주 잔약하신 분이지만 아주 슬기로우셨어요. 내가 밖에 나가서 무슨 일을 하고 돈 한 푼 벌어오지 않아도 언제나 따뜻한 밥상 차려주시고 잘 먹으라고, 잘되라고 하셨어요. 조건이 없잖아. 지금도 어머니 생각을 하면 어린아이처럼 눈시울이 뜨거워져요. 아버지도 내가 출옥한 후에 혈압이 높아서 돌아가셨는데 어머니도 혈압으로 돌아가셨어요. 이분들은 너무 착한 분들이었어. "영악스럽지 말라"고, "그다음엔 반드시 앙화가 온다"고, 그런 걸 우리 어머니가 많이 가르쳐주셨어요.

― 선생님께서 생명운동을 펼치시거나 다 함께 잘 살자고 하실 때, 혹시 주변에서 변절했다고 나무라는 분들은 없었나요?

많이 있는데, 내 앞에 와서는 그러지 못했지요. 한 3년 만에 한 사람이 찾아왔어요. 내가 1980년에는 뭐라고 했느냐 하면, '전두환이도 사랑하라'고 했어요. 그랬더니 그 사람이 "선생님 그런 소리 하셔도 벼슬도 못 하시고, 돈 번다는 소리도 못 들었는데, 어떻게 된 것입니까?" 해요. 그래서 이렇게 말했어요. "문제가 그런 차원이 아니지 않으냐. 분단의 책임이 우리 내부에도 있는데, 내가 듣기로는 전쟁에서 살상자가 600만이라고 하는데 그 책임을 김일성이에게 물을 거냐 묻지 않을 거냐. 묻는다고 할 거 같으면 통일의 대화가 되겠어? 김일성이한테 그 얘기도 못 물어보는 주제에 전두환 죽이라는 소리는 어디서 나오느냐" 이거지. 그런데 "죽여야겠다는 얘기는 미워하겠다는 건데, 누구를 미워해서 해결할 차원이 아니야. 할 말 있으면 해봐" 그랬어요. "그렇게 얘기를 하면 미국놈들 소련놈들 다 죽여야 되는데 다 죽이면서 해결을 할 거냐, 다 살리면서 해결을 할 거냐?" 하고 물었죠. "난 다 살리면서 하는 길을 택하려고 사랑하라고 했다" 그랬어요. 그랬더니 머쓱해하더군요.

뒷구멍에서는 날 욕해요. 그러면서도 같이 일을 좀 해줬으면 해요. 많은 사람들이 날 찾아와요. 그러면 난 걱정해주고, "참 안됐구나, 이러니까 이렇게 해라" 그러죠. 왜? 현실적으로 고달프고 억울한 건 억울한 거니까. 사마리아인이, 두들겨 맞아 쓰러져 있는 놈이 강도질을 했었는지 죽을 짓을 했었는지 그거 계산해보고 구해준 거 아니란 말이지. 처참하게 당하고 있으니까 무조건 업어다 놓은 거지.

— 선생님 우리는 아직 막 자라나고 있지 않습니까. 요즘 학생들이 분신을 하고 그러는데, 제가 대학 다닐 때를 회상하기도 합니다. 정말 학생들이 그렇게밖에 될 수 없게 만드는 막힘, 여러 면에서 진리라고 하는 것을 따라 살려는 사람들은 그 막힘을 항상 느끼는 것 같습니다. 선생님께서도 그런 것을 많이 느끼셨을 텐데 어떻게 그 좌절을 극복하세요?

그것은 평소에 가정교육이 중요하다고 생각해요. 기(氣)가 단(斷)하면 죽음이 옳다고 가벼이 생각할 수 있겠지요. 그러나 기가 강하면 이걸 이겨내고 일을 제대로 해봐야 하겠다 생각하거든요. 그러니까 죽는 것만이 능사가 아니고 감옥에 가는 것만이 능사가 아니야. 일을 끝까지 해내야지. 대통령 되는 게 능사가 아니잖아. 이 사회를 어떻게 평화롭고 자유롭게 할 것이냐가 중요하지.

그러면 나름대로의 평소 자기정진이 필요해요. 자기한테 해를 끼치는 사람에 대해서 "아 저 사람은 그렇구나" 하는 정도여야지, 미움을 가지면 안되지. 자기가 자꾸 차원을 극복을 해서 넘어가야지. 아리따운 나이에 분신을 해서 뭔가 좀 되었으면 했겠지. 그렇지만 세상은 너무 영악스러워서 떼죽음을 해도 놓지를 않아. 그렇게 해서는 되지를 않아. 전혀 새로운 삶의 문화 형성이 확대되어가면서, 그것은 자연히 소외되어서 박피가 되게끔 만들어야 해요. 일대일로 복싱하듯 해서는 안되지. 살아가면서 "이것은 참 미래가 있는 삶의 모습이구나, 소망이 있는 삶의 모습이구나" 하고 스스로 깨닫게 돌아가야지. 그러면서 기존의 것은 박피가 되어 자연히 떨어져 나가게 해야지.

— 선생님은 그 정진을 어떻게 하십니까?

그건 성경에 좋은 얘기가 있어요. "일흔일곱 번 넘어져도 다시 일어나라." 내가 매일 넘어져요. 그동안 사회에서 배운 게 있어서 안 하겠다고 하면서도 자꾸 저질러요. 저질렀다고 생각했을 때는 벌써 넘어진 거지. 그럴 때는 내가 잘못했구나, 하면서 털고 일어나야지. 그러는 수밖에 방법이 없잖아요. 그건 내 집안 식구가 아는 것도 아니고 나만이 알고 가는 거지. 누가 그걸 알겠어요.

— 서양에서도 그렇고 동양에서도 그렇고, 그러한 삶의 막힘을 극복하려는 많은 분들이 — 스님들은 좌선도 하고 마당도 쓸고 기독교에선 명상도 하고 기도도 하고 금식을 하는 등 많은 방법이 있잖아요. 선생님은 개인적으로 어떻게 하시는지요?

그럴 때는 휘, 혼자 산보를 해요. 사람을 많이 만나니까 술도 많이 먹었어요. 술 몇 잔 얻어먹고 나서 돌아올 때는 꼭 방축으로 걸어서 오지요. 그래서 "이 못난 나를 사람들이 많이 사랑해주는구나" 하는 감사도 하고, 또 "내가 이러이러한 허튼소리를 했구나, 오만도 아니고 망언에 지나지 않는 얘기를 했구나" 하고 반성도 합니다.

"내 자신이 건전하게 대지 위에 뿌리박고 있지도 못하면서 그런 얘기를 했구나" 하면서요.

또하나는 돌 틈에 끼어서 짓밟혀 있으면서도 풀이 턱 버티고 서 있는 걸 보잖아요. 풀은 뿌리를 대지에 박고 있고 주야로 태양과 달을 의연히 맞이한다 이 말이야. 그 하나의 모습에도 내가 못 미치거든요. 걸어오면서 내 마음을 씻는다고 할까, 많은 도움을 받았어요. 또 어떤 때는 붓을 들기도 하는데, 하루 종일 붓장난을 하는 날도 수두룩해요. 마음을 많이 세척하고 기를 한군데로 모아서 밝은 기분을 되찾기도 하지요.

그래서 지금은 누가 잘됐다고 하면 기쁘긴 하지만 누가 나한테 금덩어리를 갖다준다고 해도 "이걸 누굴 주면 요긴하게 쓸까" 그 생각뿐이지. 그 금덩어리가 만고에 뭐가 필요한 거야. 조반석죽하면 되는 거지요.

— 한살림운동의 미래는 어떻게 보십니까?

그런 많은 운동이 제기되고 다양한 많은 이론들이 제기되고, 동네 이름을 붙여서라도 시작을 하니까 그 미래는 그렇게 같이 하나가 되겠죠. "이제 우리도 이래야 되겠구나" 하고, 그런 똑같은 운동을 시작할 테니까. 또 그렇게 되어야 정상이고.

세상이 변하는 데 있어서의 착실한 한 역할 그것으로 만족해야죠. 그런 운동이 누구를 지도한다든가 지도적 역할을 하겠다든가 하는 건 맞지 않죠. 나누는 게 되어야 되지 않겠어요? 경험의 나눔. 머릿속에 있는 걸 나눈다든가 또는 방법을 나눈다든가 힘을 좀 나누어서 하나가 되면 되지 않겠어요?

— 그런데 운동을 하는 분들을 두루 접해보면, 운동이라는 것을 삶의 영역에서 따로 떼어 내서 특수화하고 규율도 만들고 사고의 틀도 만들어서, 자신을 또다른 어떤 속박으로 가두는 측면도 없지 않다고 생각하는데요. 그 가두는 측면에서부터 자유로울 수 있는 게 필요하다고 보는데 어떻게 생각하시는지요?

좋은 얘기고, 나도 늘 그게 마음에 걸려요. 노자의 얘기에 보면 천망회회 소이불실(天網恢恢 疏而不失), 하늘이 악인을 잡기 위해 쳐놓은 그물은 넓고 커 성긴 듯하나 놓치지 않는다란 얘기가 있어요. 하늘의 법은 엉성하지만 잃는 것은 없다는 거지. 온 인간을 위해서 자기를 다스리는 자기통제는 중요한 것이지요.

《논어》에 보면 화이부동(和而不同)이라고 있잖아. 그게 중요합니다. 그런데 '나는 운동가다'라고 했을 때는 동이불화(同而不和)하기가 쉽다구. 같은 유니폼은 입지만 속에서는 매일 싸우잖아. 동이불화지. 그렇게 되면 생명은 빠지고 형해화되어 버리는 거지. 조심해야 되지요. 그러니까 앞으로 에코페미니즘이라든가 무슨 운동이든 얼핏 외견상으로는 맞아떨어지지 않는다고 할지라도 생명의 기본 조건에 맞느냐는 것을 앞에 내세우고 자기가 적응해야지요. 그렇게 생각했을 때 규율은 그 과정 속에서, 느슨해 보이기도 하겠지만, 자연적으로 형성되어나간다고 봅니다. 그러니까 장구한 노력 속에서 돌아가야지 처음부터 타이트하게 몰아가지고 갈 때 이 생명운동은 해낼 수가 없다는 말이지.

여태까지 걸려 있던 것은 얼마나 영악스럽게 단단한지 몰라요. 이건 부드러운 게 아니어서는 못 풀어. 강한 것 가지고는 백번 처봐야 당하게 되어 있어. 그러니까 페미니즘이 굉장히 중요한 것이 뭐냐 하면 여성의 핵은 부드러운 거라구요. 지금 페미니즘의 개념을 정확히 잡고 얘기하는 건 아니지만 부드러운 게 아니고서 페미니즘이라고 한다면 생명을 상실한 거지. 모든 생명은 연하잖아. 그러니까 살아 있잖아. 그렇기 때문에 그 딱딱한 대지를 뚫고 나오는 거지. 언제나, 일 처리가 부드러우냐, 주변 사람을 괴롭히지 않느냐, 주변 사람을 기막히게 코 막히게 하지 않느냐, 그런 설정서부터 되어 돌아가야 하겠지요.

— 부드러움, 즉 페미니즘에서의 힘에 대해서 얘기할 때 종래의 힘과는 다른 힘을 얘기합니다. 옛날의 힘 하면 강권, 즉 지배하고 부수는 힘을 얘기하는데 페미니즘에서 얘기하는 힘은 같이하는 힘 그리고 내부로부터 오는 힘이라고 얘기를 합니다. 지금까지의 힘으로는 근본적인 변화가 올 수 없다는 것이죠. 선생님께서는 물론 부드러움이라는 것이 나약함만 있는 것이라고는 말씀하지 않으셨지만, 전통적 가부장제 사회에서는 나약함만으로 받아들이기도 합니다. 심리학에서는 남성들은 자기성숙을 해갈 때 자신과 타인을 분리시켜서 "나는 저 사람하고 이렇게 다르고 이렇게 동일점이 있다"라고 구별해서 생각할 때 성숙이라고 본답니다. 그러나 여성 심리학자들이 볼 때는 여성들의 인식 방법이나 성숙은 "어떻게 내가 이 관계 안에서 성숙할 수 있는가"라는 것입니다. 관계 속에서의 성숙으로

가야지 인간도 자연도 다 같이 살 수 있는 세상이 오지 않는가 그런 것이지요. 참 재미있게도 기독교 내의 많은 여성 신학자들도 불교와 관계해서 많은 얘기를 합니다. 그게 우연은 아닌 것 같습니다. 제가 참석했던 학회에서 했던 이야기입니다만, 많은 서양의 여성이나 여성 신학자들이 "기독교가 희랍의 이원론에 근거해서 정신은 남성적인 것, 몸은 여성적인 것으로 해서 몸을 천대해왔고 여성들을 억압해왔다"는 생각에서 기독교를 떠나기도 했어요. 서양의 여성 신학자들이 어떤 얘기를 하냐 하면, 자신들은 동양의 불교라든지 샤머니즘에서 더 페미니즘적인 관련을 본다고 하더군요. 어떤 종교가 새로운 땅에 뿌리를 내리고 복음을 전할 때는 순수함을 유지하는 것 같아요. 그런데 자리를 잡고 큰 집을 짓고 하게 되면 그 순수함을 잃어버리고 억압하게 되지요. 그래서 "서양의 여자들은 불교를 생명을 위한 종교로 고쳐서 동양의 여자들에게 주고, 동양의 여자들은 기독교를 새롭게 해서 다시 서양 여자들에게 주자"라고 결론이 났어요. 그래서 중간쯤에서 만나자 그랬어요. 남자와 여자가 적대관계로 싸우자는 얘기가 아니고, 지금까지 남자들이 지배해온 문명이 그다지 건강하고 살리는 문명이 못 되었지 않느냐는 거죠. 그래서 많은 여자들도 소명을 갖고 임하고 있어요.

고맙게 잘 설명해주셨습니다. 그렇게 될 거예요. 세월이 그렇게 될 거예요.

— 요사이 정국이 시끄럽고 우리는 또 많은 혼돈을 겪을 것 같습니다.

문제는 뭐냐 하면, 태양이 없으면 우린 죽잖아. 지구가 없으면 우린 죽잖아. 별들이 없으면 우리 죽잖아요. 그러면 태양이 '나'고, 지구가 '나'고, 별이 '나'고, 다 '나' 아냐. 그런 '나'가 뭐냐. 빌라도가 예수더러 "네 나라는 어떤 나라냐?" 했는데, 내 나라는 이런 거야, 하고 구체적으로 얘기 안해주었을 뿐이라구. "약한 놈들 후려치고 뺏고 마음대로 부려먹는 그런 나라가 아니야, 다 살리는 나라지" 그런 말씀 아니겠어요? 빌라도한테 얘기 안했을 뿐이지.

여기 앉아 있는 사람들이 지금 그런 나라에 살고 있는 거 아니겠어요? 그렇게 생각하면 더 바랄 게 뭐가 있어요. 그렇게 생각하면 평등, 자유, 평화, 그런 거 다 여기에 있는 거지. 뭘 자꾸 갖겠다고 하니까 이 지경이지.

— 선생님 말씀 들으니까 제가 공부하는 것이 더욱 소중하게 느껴집니다. 에코페미니즘에서 얘기하는 것과 선생님 말씀에 공통부분이 많은 것 같아요. 그래서 제가 좀 많이 배우고 한국적인 지혜와 전통을 가지고, 서양에서 일어나긴 했지만 이 페미니즘을 연결시켜 보면 좋을 거라는 생각이 들었습니다.

오늘은 내게 질문만 하셨지만 다음에는 저를 가르쳐주서야지요. 고맙습니다.

반체제에서 생명운동까지

대담자 — 황필호

— 선생님은 1960년대, 1970년대 반독재 투쟁에 앞장서서서 그야 말로 옥고도 치르시고 그 후에도 지학순 주교님을 위시해 여러 사람과 같이 이 원주 지방에서 재야운동가로 활동하고 계시고, 또 최근에는 '땅이 살아야 사람이 산다'는 기치 아래 무공해식품을 생산·판매하고 권장하는 한살림운동을 전개하시고, 또 듣기로는 서예에도 일가견이 있으시다고 그렇게 들었습니다. 그런데 선생님께서 대중매체에 얼굴이 나오는 것을 싫어하셔서서 저희들이 겨우 모시게 되었습니다. 선생님, 허락해주셔서 아주 고맙습니다.

변변치 않은 사람을 이렇게 찾아주시니까 아주 미안하고 쑥스럽 군요.

이 글은 1992년 6월 11일 MBC 텔레비전 프로그램 〈현장인터뷰, 이 사람〉에 방영된 내용을 녹취한 것이다. 대담자 황필호 씨는 전(前) 동국대 철학과 교수이다.

― 아휴, 선생님도…. 여기가 선생님이 쓰시는 서재입니까?

서재 겸 손님 오시면 접대하는 방 겸 다용도로 쓰고 있습니다.

― 선생님은 이 집에서 오래 사셨습니까?

55년도 수복 후 좀 있다가 그때 이리 와서 지은 집이에요. 토담집이지요.

― 아, 토담집이구먼요. 그래서 이렇게 많이 쌓아놓으셨군요.

네, 네. 원체 흙벽이 돼놓으니까.

― 호랑이 새끼라도 나올 만하네요.

네, 네.(웃음)

― 선생님은 특별히 난(蘭) 치고 이런 것을 좋아하신다고 들었는데 요즈음도 가끔 하십니까?

뭐, 어쩌다 파적으로 좀 합니다.

― 제가 듣기로는 또 시인 김지하 씨한테 직접 난을 가르치셨다고 그러던데 그게 사실입니까?

네, 출옥한 뒤에. 대개 재옥(在獄)했던 사람이 나오면, 옥중에서는 감방에서 잘 건디는데 나오면 한자리에서 5분 있기가 좀 힘들어요. 그런데 그 심기를 풀어주고 처리하는 데 있어서는 사군자 가운데서 난이 제일 적절하지요. 그래서 난을 좀 쳐보라고 했습니다.

214

— 김지하 시인의 정신적 스승이라는 이야기가 틀린 말이 아니구
먼요.

뭐 그런 것보다는 같이 상의하고 또 좋은 이야기 있으면 서로 나
누고, 뭐 그런 사이죠.

— 시인 김지하 씨하고는 언제부터 인연을 맺게 됐습니까?

아마, 고등학교 3학년 때 알게 됐습니다.

— 아주 어릴 때부터네요. 어떻게 알게 됐습니까?

네. 김 시인도 원주에 살고 또 저도 대를 두고 원주에 사니까 절
찾아왔더구먼요.

— 아니, 어떤 계기로 고등학교 때 선생님을 찾아왔습니까?

공부도 많이 하고 또 생각에 있어서도 좀 물어볼 것도 있고 그래
서 아마 찾아왔을 걸로 지금 (생각되네요) 오래전 일이니까, 그렇게
기억합니다.

— 그다음에도 쭉 이렇게, 자주 만나시고 했습니까? 최근에는 언
제 선생님을 찾아뵈었나요?

네. 기억에 구정 때가 아닌가 생각합니다.

— 시인이 아마 세배를 드리려고 찾아뵈었겠구먼요. 그런데 선생
님, 요즈음 병환 중이라고 들었는데요.

작년 6월에 위암으로 수술을 했었습니다.

— 수술을 받으셨습니까?
네. 그래 지금도 일주일에 한 번씩 통원치료를 하고 있습니다.

— 그런데 환자 같지 않으세요?
아유 저, 글쎄올시다. 우리 말에 앓으면 벼슬한다는 이야기가 있는데, 이 암이 시대의 병 아닙니까?

— 하하하, 그래서요?
그러니까 자연도, 지구도 암을 앓고 있고, 자연 전체가 암을 앓고 있는데 사람도 자연의 하나인데 사람이라고 왜 암에 안 걸리겠어요. 그러니까 큰 것을 나한테 가르쳐주느라고, 결국은 지금 뭐냐 하면 너 좀 앓아봐라 하고 그러시는 것 같아요.

— 그래서 앓는 것을 벼슬한다 그렇게 이야길 합니까?
네, 그렇게 생각합니다. 그래서 잘 모시고 가지요.

— 병을요? 그럼으로써 진리에 가깝게 가게 되고 깨닫게 된다, 이 뜻입니까?
네, 네.

— 병을 앓는 것이 벼슬하는 것이라는 말은 정말 처음 듣습니다.

몸도 자연인데, 자연에 대한 섬김이 부족하기 때문에 병이 생긴 거니까, 뭐냐 하면 하늘이 엄청난 것을, 벼슬을 주시고서 처리하라고 그러는 거죠.

— 그렇구먼요. 그런데 선생님, 그러면 역시 60년대, 70년대 반독재투쟁에 앞장섰던 그 모습을 우리가 잊지 못합니다. 바로 선생님께서 나가시는 성당에서 시작된 재야운동, 저항운동, 그 사실을 좀더 확실하게, 그리고 생생하게 선생님께서 들려주시면 좋겠습니다. 선생님은 천주교를 중심으로 해서 1960년대에 반독재투쟁에 많이 나서시기도 하고 뒤에서 도와주시기도 하고 또 옥고까지 치르셨다고 들었는데 그간의 경위가 어떻게 되는 것입니까?

그게, 1950년대부터 늘 주장해오던 것입니다만 미국의 점령과 소련의 점령에 의해 이 겨레가 겪은 좋지 못한 일에 대해서 주로 많이 이야기했지요. 그러니까 북에서는 소련에 대해서, 남에서는 미군에 대해서 터부시돼 있었지 않습니까? 그런데 그것에 대해서 자각을 촉구하는 이야기를 비교적 많이 했습니다. 그런 것이 빌미가 돼서 박 정권이 쿠데타를 하고 나오면서 사흘 만에 투옥이 되었었죠.

— 그래서 얼마나 계셨습니까?

3년에서 조금 빠집니다. 그러고는 1968년 8·15까지 정치활동정화법에 묶였었죠. 그다음에는 사회안전법에 묶이게 되고.

— 꽤 오랫동안 정치활동을 못 하셨네요.

뭐, 원래가 정치활동 기질이 아니지요. 기질이 아닌데, 바른 도리라고 할까 겨레의 자각을 촉구하다 보니까 자연히 집권층이 기분이 나빴겠지요. 그러다 보니까 용공이라는 라벨을 붙여서 투옥을 시키고, 그렇게 되더군요.

— 그러나 선생님은 1970년대에 들어오면서 반독재투쟁을 조직적으로 하지 않으셨나 그런 생각이 드는데요.

네, 그것은 많은 뜻있는 분들 사이에 그렇게 해야 되겠다는 내적 성숙이 되어 있었고, 또 한 가지는 60년대 말에 박정희 정권은 이미 굉장히 경직되어 있더군요. 그래서 국민들이 살아가는 데 있어서 경우에 맞지 않는 것에 대해서 정부가 대처할 능력이 있어야 되는데 전혀 대처할 능력이 없더라구요. 그렇게 되니까 이 시기에 각성을 주지 않으면 안되겠다고 해서, 교회가 사회에 있어서의 그리스도가 되자면 뭔가 올바른 길을 비춰줘야 되지 않겠습니까? 그래서 1971년도 10월에 사회정의를 위해 저항을 했던 것이죠.

— 그야말로 교회가 빛과 소금의 역할을 해야 된다는 그런 것이지요?

네, 네.

— 그래서 구체적으로 어떤 일을 하셨습니까?

그래서 그때에 박정희 정권이 국민에게 주어진 여러가지 문제에 대답을 제대로 못하는 데에 대해서 낱낱이 연구를 해서 이야기들을 하게 됐었지요.

— 그때 참여하신 분들이 대개 어떤 분들이십니까?

그때 같이 참여하신 분들이 많습니다. 김지하 씨 같은 분도 하고, 또 주교님이나 여기 신부님이나 수녀님들이, 모든 분들이 그런 뜻에 공감을 하기 때문에. 교우님들이고, 말씀이 합당하니까 다들 합세가 돼서 정부에 호소를 하고 그렇게 됐었습니다.

— 결국 1970년대를 지나면서 지학순 주교님도 그렇고 김지하 씨도 그렇고 선생님도 많이 피해를 당하시고 고초를 당하시고 도망도 다니시고 뭐 그러셨다고 들었는데요.

정치를 하고 싶어서 참여한 것이 아니라, 억울하게 당한 사람들을 건져내야 되겠다고 하다 보니까 자연히 정치권에 발언도 하게 되고, 이래서는 안된다고 이야기도 하게 되고. 건전한 의미로 보면 그것은 사회정의운동이지 정치운동이 아니지요. 아닌데, 정치 담당자로 봐서는 왜 종교가 정치에 간섭하느냐, 또 그런 분야에서 왜 이야기들이 많으냐 그런 이야기가 되더군요.

— 70년대에 대한 평가가 여러가지입니다. 경제성장이 이룩됐고 보릿고개를 면했다, 이런 긍정적인 평가도 있고 또 그 반대 평가도 있습니다. 선생님께서는 이 시점에서 1970년대를 어떻게 평가하시는지 말씀을 해주시면 좋겠습니다.

그것이 일장일단이 있는데, 일단은 산업문명의 극복을 요구하는 시대가 되었다는 것입니다. 그렇게 가서는 살 수가 없고, 그렇기 때문에 정치, 경제, 문화 모두가 거기에서 소위 탈출을 해서 새로운 문화를 형성해서 창출해내지 않고서는 지구가 살아남지 못한다고 하는 시기에 와 있습니다. 그러면 그러한 기준으로 봤을 적에는 과오로부터의 하나의 발전 과정이지 정상적인 생명의 변화라고 볼 수는 없는 거지요. 그러니까 여태까지는 경쟁의 시대였다고 하면 이제는 공생의 시대로서 문제를 처리하고 가지 않으면 이 문제를 해결할 수가 없습니다.

  ― 그래서 결국 한살림운동을 선생님께서 마지막 사업으로 시작하신 것입니까?

그런데 이것도 지금 이야기입니다만, (그것은) 저와 같이 일했던 주변의 많은 분들의 성실한 생활에서 온 것이지, 나 혼자 눈을 떠서 이렇게 할 수 있겠습니까? 지금 시간도 없고 그러니까 이 사람 저 사람 다 헤아리지는 못합니다만 일단은 어려웠던 시기에 모든 것을 제대로 해보자고 함께 성실하게 살았던 사람들, 그분들의 합작에 의해서 한살림운동이 된 것이죠.

(원주시 행구동 한살림 생산지에서)

— 선생님, 이제 한살림운동의 현장에 왔습니다. 여기서 직접 여러가지를 재배하고 있나요?

네, 네. 수확이 됐을 때는 다른 작물로 바꿔가면서.

— 뭐, 뭐를 합니까, 대개?

뭐 참외, 수박도 하는 경우가 있고. 이것은 참외군요. 또 철에 따라서 배추, 무 등 다양하게 윤작해가면서 해나가고 있습지요.

— 여기에서 재배하는 소채가 다른 점은 무엇입니까?

이건 순전히 퇴비와 그런 거 가지고서 하기 때문에 농약이라든가 비료를 쓰질 않아요. 금비(金肥)를 쓰지 않고 있습니다.

— 그야말로 무공해군요.

네, 네.

농민 선생님 안녕하세요?

그래, 잘 있었어? 더운데 혼나는구만.

농민 선생님 오신다는 말씀 듣고도 면도도 못 하고….

아, 괜찮아.

— 저도 인사를 드리겠습니다. 황필호입니다. 안녕하세요?

농민 안녕하세요, 텔레비전에서 좀 뵌 적이 있습니다.

― 아, 그렇습니까. 반갑습니다. 뭘 하세요?
농민 퇴비 작업과 풀베기 작업을 하는 거예요. 논두렁에요. 퇴비
도 좀 쓰구요.

― 이래가지고 벌이가 됩니까?
농민 글쎄요. 뭐 이렇게 안한다고 해서 벌이가 되는 것도 아니
고…. 기왕이면 좀더 나은, 그러한 걸 생산해보기 위해서 시작했습
니다.

― 언제부터 이렇게 유기농법을?
농민 작년서부터 했습니다.

― 아, 작년에요? 어때요, 해보시니까?
농민 작년에는 파종이 30퍼센트는 실패했구요. 올해는 아직까지
는 작황이 좋은 편에 속하고 있습니다.

― 작년에 왜 그렇게 30퍼센트나 실패를 하셨어요?
농민 네, 갑자기 비료를 끊고 유기물만 넣었더니 질소질 이런 것
이 부족했었던가 봅니다. 땅 자체도 산성화가 많이 돼 있고요.

― 선생님, 죽은 땅을 살리려면 시간이 좀 걸리겠는데요?

222

네, 몇해 걸리죠.

— 네, 그래도 이게 소생을 할 수 있다는 것이 다행이군요.
네, 가능성이 있지요.

— 이게 지금 뭘 하는 겁니까? 저는 잘 모르겠는데요. 내려가서
설명을 해주시죠.
농민　참외를 심은 거예요. 요즈음은 조기 출하를 원하니까 비닐멀
칭을 해서 열을 많이 받게 하구요.

— 아, 열을 많이 받게 하기 위해서 비닐을 깐 겁니까?
농민　그리고 주위에 볏짚을 간 것은 다음번 거름도 되구요, 또 제
초 역할을 해요. 풀 나는 거를 인력으로 다 매기도 힘들구. 제초 작
업하는 것보다 짚을 까니까 바짝 말랐어도 이 속은 이렇게 습기가
있어요. 짚이 습기를 유지해주는 역할을 많이 해서요.

— 이 짚을 깔아서요?
농민　좀더 짚의 역할을 자세히 이야기하시는 분들 얘기로는 짚이
땅에서 올라오는 균을 막아준대요. 살균 역할을 해준대요. 벼 같은
것이 쓰러졌을 때 보면 미끌미끌하잖아요, 잿물 같은 것이 나와서.
그렇게 많은 살균 역할까지 해준다고 하더라구요.

— 선생님은 무슨 약 같은 것은 안 치고 비료 안하고 농사 하겠다

는 거지요?

농민 살충제 같은 것을 칠 시간이면 제가 생각할 때, 거름을 더 주어서 튼튼하게 하는 것이 더 낫죠.

— 선생님, 이렇게 하면, 어렵게 하니까요, 값이 비쌀 수밖에 없겠네요?

그건 반드시 그런 것은 아니지요. 우리 한살림공동체에서는 생산자와 소비자가 미리 계약을 합니다. 그렇게 해서 결정된 것에 의해서 출하를 하게 되고, 또 그것을 소비자들은 사서 소화를 하니까.

— 계약이라는 것은 생산자와 소비자가 하는 겁니까?

다 협의해서 결정하는 거죠. 그만하면 우리 생산하는 사람도 괜찮다, 그런 가격으로 결정되는 겁니다. 그러니까 어떤 해에는 시장에서 김장 값이 다락같이 높아지는데 한살림 생산자는 그 10분의 1로 낼 수밖에 없는 경우도 있죠. 약속에 의해 그렇게 되는 거지요.

— 그러면 어떤 때는 시중 가격보다 더 비쌀 수도 있겠네요?

많죠. 그런 경우도 많습니다.

— 이런 것이 원주 이외의 다른 지방에도 있습니까?

이것이 지금 전국으로 확산되어가고 있습니다. 그렇게 해서 지금 이러한 생산을 하는 농가 세대가 전국에 약 300세대 됩니다. 그리고 소비자들은 전국에 지금 약 2만 세대가 좀 넘습니다.

— 2만 세대, 소비자 세대가요? 그러면 그 추이는 어떻게 됩니까, 많아집니까?

자꾸 증가 추세지요.

— 거기에 참여하는 소비자 세대들의 반응은 어떻습니까?

첫 번에는 공해가 없는 작물이다 해서 선호하죠. 사람이 건강하고 오래 살려는 욕심은 있지 않습니까?

— 그렇죠.

그러나 어떻게 하면 싸게 처리할까 생각하는데, 생산 현장에 소비자들이 나옵니다. 그래서 한창 바쁠 때는 거들어주는 손도 많아요.

— 참 아름답네요.

네. 그렇게 자기가 직접 해봄으로써 아, 농사가 간단한 것이 아니구나, 농사를 짓는 자연 속에서 자기가 배우고 가는 거지요. 또하나는 그렇게 함으로써 생산자는 소비자의 생활을, 건강을 우리가 보장해주어야 되겠구나 하는 이해도 깊어지지요. 그러면서 도시와 농촌과의 직거래 관계가, 공동 유대 관계가, 도시는 도시고 농촌은 농촌이다 하는 분리됐던 관계가 하나의 관계라고 하는, 옳게 살아가는 유대를 창출해내고 있는 거지요.

— 선생님 말씀을 듣고 보니까, 이게 단순한 어떤 먹거리운동 차원을 떠나 어떤 정신적인 유대감, 이런 것을 확산해야 된다는 생각

이 드는군요.

네, 네.

— 선생님, 그러면 앞으로 이 운동을 어떻게 더 발전시키려는 생각이십니까?

아직은 첫 단계이기 때문에 소비자들은 건전한 식품을 선택하고 자기 건강을 유지하고 또한 오래 살겠다고 하는 그 욕망 때문에 참가하는 분들도 있는데, 나름대로 작은 지역마다 소모임들을 만들어 열심히 공부를 하고 있습니다. 그래서 자기네 식탁에서부터, 가정생활에서부터, 공해를 가져오는 데서부터 탈출하는 그러한 연구모임들을 하고 있습지요.

— 우리나라가 지금 우루과이라운드로 농촌이 그야말로 큰 위협을 받고 있습니다. 아직까지는 조그만 이 사업이 우리나라 농촌을 구할 수 있다고 생각하십니까?

네, 구할 수 있지요.

— 아, 그래요?

네. 농산물은 부패가 빠릅니다. 그렇기 때문에 외국에서 수입해 들여오는 농산물은 약 처리를 하지 않으면 안돼요. 그러한 약 처리한, 벌레도 못 먹는 농산물을 우린 먹게 된단 말씀이야. 그러니까 그 해독이 엄청난 거지요. 바구미도 안 먹는 쌀을 우린 먹어야 된단 말씀이야. 이게 아주 굉장히 말도 안되는 이야기지요. 그러니까 농산품은 제 지역에서 생산되는 걸 제 지역에 사는 사람들이 먹어야 하늘의 도리에 맞게끔 먹고 사는 것이지. 이치가 그렇게 되는 거지요. 그러니까 시간이 가고, 살아가는 모든 사람들이 이해만 하면, 우루과이라운드 같은 건 자동적으로 해결이 되는 문제가 아닌가 이렇게 봅니다.

— 선생님의 운동이 농촌을 살리는 것은 시간문제다.

시간문제지요. 다시 이야기해서 수입되는 농산품은 약 처리를 안 해서는 건더내질 못하니까. 그런데 그 약 처리를 한 것은 벌레도 못 먹는다 이 말이야. 안 먹는다 이 말씀이야. 벌레도 안 먹는 걸 사람이 먹으니 그게 병이 날 수밖에 없잖아요.

— 그러니까 땅이 살아야지 사람이 산다.

네.

— 한살림운동, 이렇게 설명을 듣고 제가 아주 감동을 받았습니다. 그런데 제가 생각하기에는 그 사상적인 배경에는 동학사상이 있지 않은가 생각됩니다. 그리고 선생님께서는 동학의 해월 선생님에 대해 직접 글을 쓰시고 기념비까지 만들었다는 이야기를 들었습니다. 거기에 가서 선생님의 한살림운동과 그것을 뒷받침하는 정신, 어떤 사상이랄까, 그리고 수운 선생님의 사상, 해월 선생님의 사상, 이런 것을 자세히 듣기를 원합니다.

네, 네. 알겠습니다.

(원주군 호저면 솔골, 해월 최시형 선생 기념비 앞에서)

여기가 옛날에 해월 최시형 선생이 체포되어 갔던 집인데, 동학 교도인 원진 여(汝)씨가 살던 집이죠. 여기 숨어 계시다가….

― 원진 여씨가 살던 집이 바로 이 고추밭, 여깁니까? 집터가?
네, 네.

― 아, 여기가 바로 동학교도 원진 여씨가 살던 집터고. 그러면 최시형 선생님이 관군에 체포되신 곳이 정확히 어딥니까?
여기죠.

― 그래서 선생님이 저쪽에 비석을 세워놓으셨구먼요.
표적으로 저것을 세워놓았습죠. 기리는 비는 저 길가에다가 세워놓고.

― 선생님께서 직접 이것을 쓰시고?
네.

― 그런데 선생님, 왜 이렇게 최시형 선생님이 중요하다고 생각하세요?
최시형 선생님은 우리 민족의 거룩한 스승 아닙니까? 그분이 안계셨다면 3·1 만세운동이라든가 망국의 한을 갖다가 어디에 기초하여 뭘 할 수 없지 않았겠습니까? 그분이 계셨기에 손병희 선생이

228

계셨고, 또 3·1 만세운동도 됐고, 또하나는 뭐냐 하면 아시아에 있어서 식민지 상황에 있던 중국이라든가 인도에도 커다란 각성을 준 게 아닙니까? 그래서 최시형 선생이 대단한 분이라고 저는 생각합니다.

— 바로 이게 선생님이 세운 비석이구먼요. 그러니까 이렇게 훌륭하신 선생님의 비석 하나 없는 게 안타까우셨던가 보지요?

네.

— 네, 그만치 우리가 훌륭한 선생을 기리지 못하고 있지 않은가, 그런 생각이 드는데요.

네.

— 선생님은 또 동학의 생명사상, 이런 이야기를 많이 하시는데요. 그것도 설명 좀 해주시지요.

겨레의 구원을 위해서 수운 선생님이 무척 진력하셨고, 또 그 제자인 2대 교주 해월 선생이 38년 동안을 동학사상, 바로 천지인(天地人)의 기본 사상을 풀이하고 가셨기 때문에, 또 그거에 의해서 우리나라의 주권을 찾고자 했던 노력들이 집결돼 있고. 그래서 그런 점 저런 점으로 봐서 오늘날에 와서도 최시형 선생님의 말씀은 중요하다. 예를 들어서, 천지만물(天地萬物) 막비시천주야(莫非侍天主也)라. 한울님, 즉 생명의 본질을, 본체를 모시지 않은 게 하나도 없다. 그것은 불가에서 이야기한다면 풀 하나, 돌 하나도 부처라는 이야기이고, 성경에서 이야기하는 일체의 존재에는 하느님 아버지께서 같이하신다는 이야기와 그 생명사상은 다 같은 거지요.

— 하찮은 미물, 고추나무 하나라도 한울님같이 모셔야 된다는 그런 뜻입니까?

네.

— 그런데 그것이 오늘날 특별히 필요한 것이다, 이런 이야기겠네요?

네. 그런 점에 있어서 우리는 이 최수운 선생, 최해월 선생 속에서 생활의 모범을 봅니다. 특히 해월 선생은 38년 동안 그 뜻을 가르치면서 돌아다니셨는데, 언제나 그 지역에 가서 모든 사람의 생활을 돕고, 일을 하면서 도와주고, 말씀하시고, 천세의 모범이셨죠. 그래서 선생님을 기리지 않을 수 없다, 하는 얘깁니다.

— 그러면 그런 동학의 생명사상, 선생님의 한살림운동과 연관된 그런 생명운동을 어떻게 계승, 보전, 발전시켜야 되느냐. 여기 오니까 새소리도 들리구요 아주 좋은데요, 그렇지만 이렇게 그냥 기리고 추억만 가지고 있어서는 안될 것 아닙니까?

물론 그렇습니다. 그렇기 때문에 우리의 일상생활과 선생님의 말씀과, 또 비단 동학이나 해월 선생님의 말씀뿐만 아니라 지난날 예수님이라든가 부처님이 말씀하신, 선인들이 생명에 입각해서 말씀하신 모든 것을 다시 새겨서 생활 속에서 전개해가야 하겠지요.

230

— 그러면 선생님이 하시는 한살림운동이란 것이 이런 모든 성현들의 생명사상에서 나온 것이로구면요.

네, 네.

— 정치운동이라고 하면 선생님이 싫어하십니다만, 그래도 옛날에 사회운동을 하셨는데 그런 일을 하시다가 풀 한 포기를 가꾸는, 이렇게 변하셨다고 할까, 그렇게 되신 동기는 어디 있습니까?

기본적으로 운동을 하다 보니까, 이 산업문명 자체가 계속 자연을 파괴해가고, 우리가 살아가는 땅마저도 망가뜨려가고 또 그 속에서 생산되는 우리들의 농산물까지도 많은 사람들에게 질병을 가져다주고 이렇게 되니까, 이래가지고는 우리 노력이 아무 의미가 없지 않느냐. 땅이 죽고 사람이 병들고 그러면 끝나는 게 아닙니까? 자연이, 생태계가 전부 파괴되고. 그것은 정치 이전의 문제요 근원적인 사람의 문제다, 이 말씀이야. 그러니까 오늘날의 정치라든가 경제라든가 이런 것은 경륜이 없는 거라. 살아가는 길이 없는 거예요. 막힌 짓들을 하고 있어요. 그래서 살아가는 길을 틔워주는 방향에서 우리가 서로 이야기가 되어야 하지 않겠느냐, 그렇게 저는 생각을 하고 있는 겁니다.

— 그런데 요즘 사람들, 그렇게 생각하지 않잖아요. 정치만 잘되면 된다는….

정치가 사람 살리지 않고, 사람 사는 길로 가지 않고 어떻게 잘될 수 있습니까? 그건 거짓말로 그러는 거죠.

― 정치 이전의 문제요, 본질의 문제요, 생명의 문제가 중요하다, 그런 뜻이 되겠네요?

네. 그러니까 주판도 잘못 놓게 되면 털고 처음부터 다시 가야 하는데, 바로 그것이 자연서부터, 근원적인 문제서부터 다시 회상하면서, 반추하면서, 다시 들여다보면서 인간과 인간끼리, 인간과 자연이 조화를 이루는 그러한 문제가, 해결의 길이 동학에도 있고, 예수님 말씀에도 있고, 부처님 말씀에도 있고, 노장에도 있습니다. 그런 한길 속에서 이야기가 서로 나눠지고 이야기가 됐을 때, 우리가 살아가고 이 어려운 난국을 극복해가는 실마리가 잡히지 않을까, 전 그렇게 생각하죠.

― 아유, 참 귀중한 말씀 같습니다. 선생님, 오늘 이렇게 노구를 이끄시고 여러 군데서 수고도 많이 하셨고, 저도 많이 배웠습니다. 그런데 또 제가 의문이 많고 질문이 많은 사람입니다. 몇 가지 여쭤보고 싶은데요. 첫째는 김지하 시인에 관한 이야깁니다. 그야말로 선명한 투쟁가였었지요. 최근에 김지하 시인의 변신을 변절이라고도 하고 배반이라고도 하는 시각도 있습니다. 선생님의 견해는 어떻습니까?

1980년 말에 출옥을 하면서 저보고 "선생님, 운동의 방향을 바꾸셨더군요" 그러더군요. "그걸 자네 어떻게 아는가? 난 사실은 77년서부터 결정적으로 바꿔야 되겠다고 생각을 했네. 땅이 죽어가고 생산을 하는 농사꾼들이 농약중독에 의해서 쓰러져가고, 이렇게 됐을 적에는 근본적인 문제서부터 다시 봐야지. 산업사회에 있어서 이윤을 공평 분배하자고 하는 그런 차원만 가지고는 풀릴 문제가 아닌데. 그래서 나는 방향을 바꿔야 되겠구나, 인간만의 공생이 아니라 자연과도 공생을 하는 시대가 왔구나 하는 것 때문에 이제 방향을 바꿔야 하겠다고 생각을 했지." 그랬더니 김 시인이 이렇게 말합니다. "저도 옥중에서 반성을 많이 했습니다. 잘못됐다고 하는 것, 공정하지 않다고 하는 것만 가지고, 분배가 잘못되었다고 하는 것만 가지고는 문제를 풀 수가 없겠더군요." 그래서 사실상 60년대, 50년대 말에 자신이 헌신했던 운동에 대한 반성을 김 시인은 옥중에서 하고 나왔던 겁니다. 그러니까 근자에 변한 것이 아니지요. 《밥》이라든가 《남녘땅 뱃노래》라든가 이런 모든 것은 벌써 민족전통에 거룩한 사상의 맥을 두고 생명의 문제를 얘기한 겁니다.

그런데 오늘날 문제를 환경의 문제다, 이렇게 봤을 때는 자연을 들러리 세우는 입장밖엔 안되는 거지요. 또하나 오늘날 독일의 녹색당이란 것은 생태학적인 관점인데, 그 방법은 대상과 나와의 관계에서 이야기가 되는 것이기 때문에 그것도 차원이 그렇게 돼서는 안된다고 봅니다.

— 그러니까 주객이 분리된 상태가 아니라 같이 사는, 그런 이야기여야 한단 말씀이지요?

네, 그래서 앞으로의 문제는 생명의 세계관이 아니어서는 극복할 수 없다고 하는 데 대해서 저나 김 시인이나 마찬가지 생각입니다.

— 그러면 선생님의 견해에 의하면, 김지하 씨가 한 차원 높아졌

다, 이렇게 이야기해야 되겠군요?

네. 문제를 보는 시각을 달리하고 그렇게 가는 거지요.

— 그러나 선생님도 그렇고 김 시인도 그렇고 한때는 확실한 투쟁가였지 않습니까?

그것은 남들이 그렇게 보는 거고, 또 그렇게 보겠지요. 그러나 그거 가지고는 안되겠더라 이 말씀이야.

— 이거 실례되는 질문인지 모르겠습니다만, 선생님 연세도 많으시니까, 선생님의 생사관을 듣고 싶습니다.

글쎄요, 단적으로 말씀드리기는 어렵겠네요. 그러나 사는 동안에는 건강하게 살아야 되겠구나. 또 최소한 자기를 속이지 않는 삶을 살다 가면 지극히 행복하겠구나 하는 생각을 합니다. 그런데 맨날, 그럼에도 불구하고 자기를 속이는 생활을 많이 하거든요. 그래서 매일 넘어지지요. 넘어지고 난 다음에는 아이구 이러면 안되는데, 하고 다시 툭툭 털고 일어서고, 그런 꼬라지예요.

— 죽은 다음에 천당 가는 건 중요하지 않습니까?

그런 거 생각 안해요. 천당이고 지옥이고 다 여기 있으니까. 잘못하면 잘못한 만큼 보상을 하고 가야 되지 않겠습니까? 그렇지 않다면 세상이 불공평해서 재미가 없지요. 예수님께서는 나는 죄진 자를 위해서 세상에 왔다고 하니까 지옥을 자청했고, 또 부처님께서도 다 극락에 가지 못한다면 나는 지옥에 남겠다고 말씀을 했는데….

― 보살사상이지요.

네.

― 선생님, 마지막으로 시청자들을 위해서, 우리나라 국민을 위해서 하시고 싶은 말씀이 있으면 한마디 해주시면 좋겠네요.

어차피 어떤 한 시대가 가고 변화하는 시대가 아니라, 문명 자체가 지금 종말을 고하는 세상이고, 지구가 죽느냐 사느냐 하는 그런 시대니까, 삶의 방향이 어디로 가야 되는가에 대해서 결정적으로, 결단적으로 다시 생각해야 하는 위기에 왔다고 하는 것을 한마디 드리고 싶어요. 이것은 기복신앙이라든가 미신신앙에 있어서 어떤 극락에 가야 하겠다든가, 언제 지구가 망한다든가 하는 그런 것이 아니라, 현실적으로 인간이 저지른 과오 때문에 자연이 파괴되고 인간과 인간끼리의 영성이 다 파괴됐는데 이것을 회복해야 하는 중요한 국면에 놓여 있다고 하는 것만은 명심해야 되겠다 하는 얘기입니다.

― 우리 국민이, 우리나라가 희망이 있습니까, 앞으로?

우리가 그만큼 고생했으면 희망이 내재하지 않겠어요? 우리 각자의 마음 가운데 있는 생명의 아버지, 거기서 길이 트일 것이 분명하다고 생각합니다. 오겠지요.

― 선생님, 오늘 하루 종일, 그야말로 장시간 그리고 여러 곳을 다니면서 이렇게 수고해주셔서 대단히 고맙습니다.

아니에요, 도리어 내가 황 교수님한테 미안해요.

— 아닙니다. 참 고마웠습니다.
고마워요.

한살림운동과 공생의 논리

대담자 — 김종철

 오늘날 한살림공동체운동은 우리사회에서 비교적 널리 알려진 이름이 되었다. 이 운동은 원래 별로 눈에 뜨이지 않는 소규모 유기 농산물 직거래 조직으로서 출발하였지만, 불과 10년이 채 못 되는 사이에 전국의 주요 도시와 농촌을 잇는 공동체적 연대의 그물을 다양하게 형성하기에 이르렀다. 아직까지 한살림운동은 주로 유기 적인 도농 간 농산물 직거래망을 유지하고 확대하는 일에 주력하고 있고, 그것을 위해서 생활협동조합이라는 형태로 운영 중에 있지 만, 앞으로 이것이 어떤 방식과 수준으로 계속하여 발전할 수 있을 것인지는 지금 속단하기 어려운 대로 그 발전의 잠재성은 매우 큰 것으로 보인다.

 이 기록은 《녹색평론》 발행·편집인인 김종철 교수가 《녹색평론》 창간 1주년 기념호 (1992년 11-12월호)를 위해 쓴 글이다.

한살림공동체운동이 종래의 주류 사회변혁 운동에 비교하여 특히 새로운 점은 그것이 철저히 비폭력적인 수단을 통하여, 지금까지 우리의 삶을 지배해왔던 권력추구적, 배타적 경쟁의 원리를 넘어서서 어디까지나 자율적이며 협동적인 공생의 질서를 지향할 뿐만 아니라, 그러한 공생의 논리를 지금 당장의 생활 속에서 실천하려고 한다는 사실일 것이다. 그렇기 때문에 이것은 흔히 보아왔던 경쟁적 권력투쟁과는 매우 거리가 먼 방식, 즉 각자의 비근한 일상적 삶 속에 자치와 협동의 공간을 가능한 한 확보하고 넓혀가려는 대안적 생활문화운동의 형태를 취하게 되는 것이다.

물론 자치적 생활협동운동은 역사적으로 오랜 전통을 가지고 있다. 유럽에서 처음 산업화가 시작된 이래 공동체의 파괴와 노동 소외와 착취관계를 극복하려는 시도는 인간정신이 살아 있는 한 다양한 형태로 끈질기게 이루어질 수밖에 없는 것이었다. 그런 움직임 가운데서 가장 큰 줄기가 산업노동자의 혁명세력화를 통한 사회주의의 건설이라는 전략으로 표현되어왔다는 것은 우리가 다 아는 일이지만, 그러한 주요 흐름과 나란히 또한 생활협동운동이 일찍부터 일어나서 자본주의의 지배적인 시장기구로부터 자유로운 자치적 삶의 공간을 확보하려는 시도가 되풀이하여 있어왔던 것이다.

오늘날 이른바 현실사회주의의 패퇴로 새로운 사회의 목표와 그것에 도달하기 위한 방법에 대한 근본적인 반성이 제기되고 있는 상황에서, 여태까지 일반적으로 많은 지식인들의 관심 밖으로 밀려나 있었던 자치적 생활협동운동은 다시금 진지한 조명을 받아 마땅한 것으로 보인다. 이제 자본주의 시장경제밖에는 길이 없다면서 체념하거나 구태의연한 계급투쟁 논리에 대한 충성을 새삼스럽게 다짐하는 것으로써는 활로가 열리지 않을 것이라는 것은 분명한 일이다. 자본주의 시장 논리가 오늘날 세계를 지배하고 있는 것은 사실이라 하더라도, 아직도 세계의 큰 부분에서 삶을 지탱하고 있는 것은 비시장 논리라는 것, 그리고 이른바 산업문명사회 내부에서도 자치적 삶의 공간을 발견하는 것이 아직도 가능하다는 사실을 주목할 필요가 있다. 프랑코 독재하의 엄혹한 환경에서 한 시골 신부의 헌신적인 노력으로 시작되어, 드디어 모든 노동자들이 생산수단을 공유하는 노동자생산협동조합으로서 성장하여 오늘날 스페인의 가장 중요한 산업기지가 되었을 뿐만 아니라 그 조합원들로만 하나의 자치 도시를 형성하게 된 스페인의 몬드라곤공동체가 갈수록 크게 주목되고 있는 것은 우연이 아닐 것이다. 그러나 몬드라곤의 경우를 예외적인 성공 사례로만 보는 것은 잘못일 것이다. 몬드라곤 못지않은 성공을 위한 잠재적인 가능성이, 아직도 풍부하게 세계의 많은 곳에 남아 있다는 믿음을 우리는 가질 필요가 있다. 몬드라곤의 역사를 보면, 객관적으로 주어진 악조건을 극복하는 데 무엇보다 필요한 것은 자기희생과 상상력이 풍부한 마음, 다시 말해서 꺾이지 않는 인간정신이었던 것으로 생각된다.

그러나 몬드라곤의 경우를 포함해서 최근까지의 생활협동운동은 대체로 생태학적 전망을 결여하고 있었다는 사실을 간과하지 말아야 한다. 특히 몬드라곤의 경우는 노동자에 의한 생산수단의 공유라는 어떤 사회주의적 이상을 실현했다고는 하지만, 대외적으로 자본주의적 시장 논리를 철저히 존중하는 틀 안에서 경쟁능력을 높여왔고, 이제는 로봇까지 생산해내는 기술공동체로 발전하였다. 지구의 생명지원체계 자체가 파손 직전에 도달한 오늘의 상황에서 이와 같은 몬드라곤 방식의 생산공동체운동이 과연 진정한 대안이 될 수 있는지 우리는 생각하지 않을 수 없는 것이다.

본래 생활협동운동은 산업노동을 중심으로 생각하는 변혁 논리와는 대조적으로 인간 생존의 기초로서 땅이나 농업문제에 유의해 온 것이 사실이다. 그러니까 이 전통은 자연스럽게 오늘의 가장 절박한 문제인 생태학적 관심과 곧바로 연결될 수 있는 것으로 보인다. 실제로, 낭비와 파괴를 구조적으로 강요하는 자본주의적 시장기구로부터 가능한 한 독립성을 유지하여, 자치적 '해방구'를 만들어 보려는 노력이 생활협동운동이라고 할 때, 이러한 독립을 위한 노력 그 자체는 생태학적 건강을 되찾으려는 과정에 필수적이라고 할 수 있다. 오늘의 시장에서 우리의 삶에 필요한 것들은 모두, 이윤추구밖에 아무런 고려가 없는 기업에 의해서 상품이라는 형태로 공급될 수밖에 없는데, 바로 이러한 이유로 가장 치명적인 손상을 입는 것이 농업생산물인 것은 새삼스럽게 말할 필요가 없다. 생활협동운동은 인간생활의 필수품들을 그것의 교환가치가 아니라 진정한 유용성의 견지에서 수용할 수 있는 틀로서 구상되었기 때문에 이것이 다른 무엇보다도 농산물 직거래를 앞세우는 것은 당연한 일이다.

그런데 우리의 한살림운동은 여기서 한 걸음 더 나아가 유기농산물을 장려한다는 데 그 선진성이 있다고 볼 수 있다. 지금 농업문제를 보는 여러 시각이 있지만, 무어니 무어니 해도 가장 심각한 문제는 땅이 사라지는 것과 땅이 오염되어가는 문제일 것이다. 토지 소유관계가 중요하고 또 근본적인 것이기는 하나 사막이 된 땅, 독성 물질로 병든 땅, 그리하여 농업이 불가능하게 된 땅을 가지고 그 소유관계를 말해보았자 의미 없는 일이다. 실제로 머지않아 농업이 전면적으로 포기되는 상황이 오는 것인지도 모른다. 만물을 기르고, 인간의 삶을 지켜주는 근원적인 바탕인 땅을 없애고도 살아남을 수 있을 거라고 생각하는 사람들에게 동조할 수 없다면, 마땅히 지금 우리가 전력을 기울여야 할 것은 유기자연농업을 되살리는 노력일 것이다. 이것은 외국산 농산물로부터 우리의 농업을 지키고, 우리의 건강을 지키려는 자구적인 노력이기도 하지만, 이대로 가면 파국에 직면하는 것이 거의 틀림없는 산업기술문명의 진로에 근본적인 대안이 될 만한 새로운 문화의 시작을 위해서도 반드시 필요한 일이다. 우리는 그 새로운 대안적인 문화는 어차피 농적(農的) 문화일 수밖에 없다고 보는데, 농적이라고 하는 것은 우리 각자가 모두 실지로 농사를 짓든 아니하든 유기농업을 중심으로 삶을 재조직해야 할 필요가 있기 때문이다. 지구라는 유한체계 속에서 생명활동에 참여하는 것이 인간의 운명이라고 할 때, 우리의 삶이 '지속가능한' 것이 되려면, 재생·순환이라는 자연법칙에 순응하는 삶의 방식을 떠나서는 다른 선택이 있을 수 없다는 것은 너무나 명백한 일이다.

그동안 우리나라를 포함하여 세계의 많은 지역에서 압도적으로 활개를 쳐온 것은 개발 이데올로기였다. 이것은 각각의 사회에 고유한 토착적 풍토와 전통을 완전히 무시하고, 구미(歐美) 산업사회의 생활양식을 무조건적으로 모방해야 한다는 것을 의미하였다. 그리하여 공업화를 통한 발전전략이 패권적인 지배를 누려왔고, 여기에 따라 농업도 오로지 생산성의 증대라는 한 가지 목표를 배타적으로 추구하도록 강제된 결과, 거의 모든 농토는 엄청난 화학약품과 기계의 적용으로 생명력을 잃어버리게 된 것이다. 더욱이 공업 우선 정책이 수십 년이 넘게 끊임없이 강화되는 동안 농촌인구가 도시로 거의 다 빠져나가고 마을에 사람이 없는 사태가 되었다. 사람이 없으니까 농업의 기계화, 화학화의 필요성은 오히려 더 높아지고, 그러면 그럴수록 땅은 회생 불능의 상태로 되어간다는 악순환이 깊어지는 것이다.

아마도 한살림운동이 현재 벌이고 있는 농산물 직거래와 같은 활동은 어떤 사람들의 시각에서 볼 때, 이 공해세상에서 자기들만이라도 살아남아보고자 하는 자구적인 소시민운동쯤으로 보일지 모른다. 혹은, 이 운동이 급속도로 와해되어가고 있는 농촌에 유기농법으로 농사를 하는 사람이 살 수 있고, 그래서 마침내 살아 있는 땅과 마을을 새로운 형태로 돌이키는 데 기여하고자 하는 필사적인 노력의 하나라는 점을 이해한다 하더라도, 그런 노력이 무슨 현실적인 효과가 있겠느냐고 냉소적인 태도를 보이는 사람들이 있을지도 모른다. 그러나 스스로의 생존의 바탕을 무자비하게 파괴하는 것을 '진보'라고 여기는 이 어리석음과 무책임의 소용돌이 속에서 지배적인 습관과 타성을 거부하고 사람살이의 올바른 방식으로 '흙의 문화'의 재생을 위해 누군가가 헌신해야 하는 것은 당연한 일이 아닌가?

지난 1년간 《녹색평론》이 해보려고 했던 작업이 어떤 것이었든 간에 그 작업이 실질적인 의미를 가지려면, 지금까지의 지배적인 문화와 본질적으로 다른 새로운 문화의 실마리를 실제로 우리의 현실 속에서 찾을 수 있어야 한다는 것이 분명했다. 물론 산업체제를 비판하기 위해서 우리가 구체적인 대안을 가지고 있어야 할 필요는 없다. 이반 일리치가 말한 바와 같이, 원자력발전을 반대하기 위해서 반드시 태양열이나 풍력과 같은 새로운 에너지체계를 이야기해야 하는 것은 아니다. 원자력발전과 같은 본질적으로 무책임한 반생태적 거대기술은 책임 있는 인간으로서는 당연히 무조건 반대해야 하는 것인데, 다만 이 문제에 관련해서 어떤 대안을 얘기해야 한다면, 대체에너지를 언급할 것이 아니라 토착전통사회에서보다 1인당 평균 100배 이상이나 에너지를 소비하는 산업사회의 낭비적 구조의 전면적 수정을 요구해야 하는 것이다.

그렇다고는 해도, 기술산업문화에 대한 맹목적인 신앙이 팽배한 사회에서 지속가능한 삶의 방식을 찾는 일이 급선무라는 주장의 설득력을 높이기 위해서도 현실적으로 가능한 대안을 탐색하는 일을 계속할 필요는 있다. 지금 한살림운동과 비슷한 일을 하는 단체나 시민조직은 몇해 사이에 놀라운 속도로 증가되었다. 각기 다양한 이념과 방향 위에서 시작되었을 것이지만, 어떻든 오늘의 상황에서 무엇보다 도농 직거래, 혹은 우리 농산물에 대한 보호가 가장 중요한 사회문제에 속한다고 보는 인식의 공통성을 보여주고 있는 것은 단순히 우연이 아닐 것이다. 그러니까, 한살림이라는 특정 형태의 협동운동이 중요한 것이 아니라 제각기 다른 이름이지만 그와 비슷한 일을 실천하는 사람들이 우리사회 속에 증가하고 있는 현상이 참으로 중요한 것일 것이다. 우리가 한살림에 관심을 갖는 것은 이러한 여러 움직임들 전체를 어느 정도 그것이 대변해준다고 믿기 때문이다.

한살림운동의 연원을 살피고, 그것이 우리의 전체 삶에서 어떤 의미를 가질 수 있는가를 좀더 깊이 있게 살펴보기 위한 방법으로 이 운동을 처음 구상하고 제창하는 데 중심적인 역할을 한 것으로 알려진 원주의 장일순 선생을 방문하여 자세한 말씀을 들어보는 일이 이 시점에서 적절하다고 생각했다.

장일순 선생은 그동안 여러 언론매체를 통하여 서예가이자 사회운동가라는 막연한 이름으로 소개되어왔고, 흔히는 시인 김지하의 '정신적 스승'으로 알려져왔다. 근년에 이른바 생명사상이라는 이름으로 이야기되어온 《밥》과 《남녘땅 뱃노래》의 저자가 보여준 어떤 창조적 사색의 핵심부분은 어떻게 보면 동학사상, 그중에서도 특히 해월 선생의 가르침에 대한 새로운 해석에 바탕을 둔 것이라고 할 수 있는데, 해월 선생의 가르침을 이렇게 받아들이게 된 데에는 장일순 선생과의 대화가 결정적인 것이었을 가능성이 크다. 실제 우리들 대부분은 간디의 비폭력주의 사상에 대해서는 어느 정도 알고 있으면서도 우리 자신의 체질에 비할 수 없이 훨씬 더 친근한 해월 선생의 사상과 행적에 대해서는 별로 아는 것이 없는 상태로 지내온 것이 사실인데, 근년에 와서 그나마 조금이라도 동학이나 해월 선생의 참다운 모습에 접할 수 있게 된 것은 주로 장일순 선생 덕분이라고 할 수 있는 것이다.

그러나 동학사상을 단지 잊혔던 지식의 복원이라는 수준이 아니라 그것을 오늘날 가장 필요한 삶의 실천적 원리로서 살려낼 수 있었다는 점에 장일순 선생의 커다란 공로가 있는지도 모른다. 어떤 사상이건 그것이 살아 있는 것으로 되려면 우리에게 사회적으로나 생태적으로나 건전한 삶을 꾸려갈 수 있는 정신적 원리가 되어야 할 것이다. 장일순 선생은 동학의 한울님사상을 사람과 사람, 사람과 생명계의 모든 이웃들과의 조화로운 관계를 보장하는 생명사상으로 읽어내고, 이것을 현실의 사회생활에 적용하여 한살림공동체운동으로 풀어내었다. 그렇게 하여, 우리 나름의 가장 실질적인 녹색운동이라고 할 수 있는 새로운 사회·문화운동으로서 한살림운동이 원주에서 처음 실천에 옮겨졌던 것이다.

원주라는 곳은 어느 모로 보나 우리나라 녹색운동의 메카라고 할 만한 곳인 듯싶다. 한살림운동이 시도되기 이전에 그보다 먼저 1970년대 초부터 원주를 중심으로 신용협동조합운동이 본격적으로 전개되었는데, 그런 점에서 한살림은 새로운 시대적 요구에 따라 신협운동의 일부가 발전되어 나온 형태라고 볼 수도 있다. 신협운동도 역시 중앙집중적 권력의 통제 바깥에서 민중이 스스로 생활을 상부상조의 방법으로 꾸려나가기 위한 자치적 생활협동운동이다. 원주에서 들은 설명에 따르면, 신용협동조합이 원주에서 처음 시작된 것은 70년대 초 강원도 태백에서 경기도 여주에 이르는 광범위한 지역에 발생했던 물난리로 인한 수재 이재민의 구호문제와 동시에 당시의 고질이었던 광산촌 및 농촌의 고리채 문제를 어떻게 해결할 것인가를 고민한 결과였다고 한다. 그때도 역시 이 일은 천주교 원주교구 산하에서 장일순 선생이 중심이 되어 이루어진 것으로 보인다. 학창시절과 5·16 후 반독재투쟁 경력으로 인해 3년간 춘천에서 감옥살이를 하는 동안을 빼고는 원주를 떠나본 적이 없는 원주 토박이 장 선생은 세간에서 흔히 '하는 일 없이 온갖 일을 하는 사람'으로 통하고 있는데, 아닌 게 아니라 선생은 양(陽)이 아니라 음(陰)의 방법으로 일을 처리하는 데 익숙해 있는 듯한 인상을 준다. 권력에의 의지와 경쟁의 논리에 의거하여 배타적으로 하는 사회운동 방식으로는 이제 더 나아갈 수 없다고 장 선생은 근년에 되풀이하여 얘기해왔다.

9월 25일, 밤사이에 비가 많이 내리고 맑게 갠 가을날, 원주의 봉산동으로 장일순 선생을 찾아뵈었다. 작년에 위암 수술을 받고 지금 투병 중인 선생은 그동안 상당히 회복되셨다는 것이지만, 그래도 조심스럽다. 얼핏 짐작으로도 끊임없이 찾아오는 손님들을 자신이 괴롭다고 해서 마다하지 않으실 것이 틀림없는데, 이렇게 염치 불고하고 억지로 말씀을 듣겠다고 온 것이 굉장히 송구스럽다는 느낌이었다. 선생은 오히려《녹색평론》에 대한 여러가지 친절한 말씀으로 반가움을 표시하는 것이다. 우리 일행은 선생과 함께 시내로 나와 선생의 한 제자가 경영하는 음식점에서 점심을 들고, 원주의 밝음신협 건물 2층에 있는 한 방에서 거의 두 시간이 넘게 장일순 선생의 말씀을 들을 기회를 가졌다.

얘기는 자연스럽게 밝음신협의 운영과 설립 배경에 대한 우리의 궁금증에 대한 답변으로 시작되었는데, 대화는 수재민 긴급 구호

대책으로 출발한 소비조합이라든지 고리채 해결을 위한 신용협동조합이라든지 하는 운동들이 광산촌이나 농촌으로 들어간 지 20년이 지난 지금도 살아 있느냐 하는 문제로 흘러갔다.

"물론 살아 있지요. 폐광지대나 이농이 심한 지역에서는 죽었지만, 주민이 어느 정도 남아 있는 데는 그대로 유지되고 있어요. 자본주의경제가 촌까지 파급되어 있으니까 처음에는 어려웠지요. 그러나 긴급 구호 문제도 있고, 또 자기네들이 오래 제대로 살아가기 위해서는 협업, 협동이 필요하다는 걸 느끼게 되는 거지요. 우리는 사업이 안돼도 좋으니까 제대로 해보자는 방향을 정했어요. 문제는 농민, 노동자들 살리자고 하는 건데, 이러한 경제체제하에서는 사람하고 사업을 온전히 같이 살리기란 어려운 거라. 그러면 사람하고 돈 중에서, 돈은 깨져도 좋지만 사람은 얻어야 될 것이 아니냐고 생각한 거지요. 사람만 살면 언젠가는 우리가 이런 식으로 살아야만 된다는 걸 체득하게 될 거니까. 그래서 그것이 10여 년 이상을 끌어왔죠. 아직도 남아 있는 이들은 그 일을 하고 있어요.

그러다 보니까, 정부가 농촌개발 정책으로 소위 새마을금고를 채택하는데, 그게 신협을 그대로 본뜬 것이었지요. 새마을운동은 박정권 유지를 위한 기만책인데, 어떻든 새마을금고를 하면서 장부처리고 운영 방식이고 전부 신협을 모방했거든. 신협은 없애려고 탄압을 했지만, 결국 깨질 못하고 박 씨는 세상을 떠났지요. 그런데 새마을금고와 신협은 본질에서 다른데, 새마을금고가 하향식인데 반해 신협은 철저히 상향식이죠. 우리나라의 근현대사에서 협동조합운동은 왜정 때 몇번 시도했지만 일본인들이 다 깨버렸지 않았어요? 또 이북에서 하는 소비조합운동이란 것도 당 조직을 통해서 하는 하향식이죠. 정말 자발적인 상향식 조직은 내가 알기로는 한반도 내에서는 이 신협 하나뿐이었던 거죠."

그러나 자발적인 상향식 협동조합운동이라도 규모가 커지게 됨에 따라 여러 복잡한 문제가 생기고, 실질적인 주인은 조합원들이지만 사무직의 비대화로 조합원이 소외되는 것과 같은 일도 있게 될지도 모른다.

"그러나 이걸 통해서 빚을 해결하고, 제대로 살아갈 수 있게 되었으니까 아무래도 애착을 버릴 수야 없지요. 또 신용기관이라고 하지만 은행과는 다르니까, 은행에서는 고객이지만, 신협에서는 조합원이거든. 그리고 은행에 고객이 맡긴 돈은 기업으로 가지만, 신협 돈은 계속 조합원들 사이에서만 활용되는 거고."

말은 신협이지만 오늘날 단순한 돈장사 이상의 의미를 갖지 않는 신용협동조합이 많은 것도 사실이다. 자리를 함께한 밝음신협의 박준길 상무의 설명으로는, 적어도 원주의 신협에서는 조합과 조합원들 사이의 생활을 매개로 한 인간적 접촉이 끊임없이 유지되고 있는 체제를 운영하고 있다. 실제로 조합 직원들이 매일 일정한 담당 지역 내의 조합원들을 만나고 있는데, 그런 과정에서 아주 개인적인 사생활 상담 노릇도 하는 일이 허다하다는 것이다. 그러나 어떻든 무슨 조직이든 커지면 문제가 생기는 것은 피하기 어려운 일인데, 생활자치운동에 있어서도 이것은 슬기롭게 해결하지 않으면 안 되는 문제로 다가올 것이다. 현재 서울의 한살림소비자협동조합이 조합원 규모가 6,000세대를 넘고, 기구가 커지고 복잡해짐에 따라

운영상의 여러 어려움에 직면하고 있다는 얘기를 듣고 있었던 터이기에 이 점에 관해 장일순 선생의 의견을 여쭈어보았다.

"그것을 어떻게 제대로 하느냐 하는 문제로 지금 박재일 씨를 비롯하여 많은 사람들이 골머리를 썩이고 있죠. 작을 때는 비교적 제대로 되는데, 숫자가 많을 때는 거기 수반되는 관리능력이 문제가 되고, 관리·운영의 묘도 수반될 필요가 있는 거죠. 운동권에서 일하던 체질로는 어렵지. 일선에서 일하는 실무진도 능력이 있어야 하겠지만, 이것을 뒷바라지해주는 방계 지원조직, 예컨대 일을 전체적으로 관찰하고 방향을 짚어줄 수 있는 연구그룹도 있어야 하지 않겠는가 하는 것을 지금 느끼고 있지요. 조합 바깥에서 지원해주는 다양한 그룹들도 만들어야 한다는 의견들이 있어요."

— 전에 소비자협동조합과는 별도로 일종의 연구 그룹으로서 한살림모임이 있었고, 거기서 좋은 책도 내고 했는데, 그것이 그동안 제대로 활발하게 활동을 계속해왔다면 이런 때 요긴한 도움이 되지 않았을까요?

"일을 해보니까 기복이 있어요. 내 얘기는, 성급하지 말고 형편되는 대로 마음 바쳐서 꾸준하게 가자. 그러나 사람 생활이란 게 각자 생활영역이 다르면서 이걸 공동으로 하자니까 일이 활성화되기 어려운 점도 있었지요."

— 저도 천규석 선생 옆에서 대구에서 한살림 일에 조금 관계하고 있습니다만, 제일 답답하게 생각되는 것은 선배들이 닦아놓은

길이 있으면 이걸 따라 뜻이 좋은 젊은 사람들이 참여해서 자기들 인생을 바칠 만한 그런 공간이 어떤 식으로든 좀 마련되어야 하겠는데 이런 준비가 안되어 있는 점도 있고, 또 지금 공급 일을 맡고 있는 젊은이들에게도 무엇인가 일하는 폭이 넓어졌으면 하는데, 이런 문제가 어떻게 풀려야 하지 않을까요?

"내 생각으로는 좀 시간이 가야 할 것 같아요. 어떻든 한살림이 생긴 이후 이름은 다르지만 유사한 움직임이 전국에 135개 정도나 되었다고 해요. 도농 직거래든 어떠한 형태든 나름대로 말이지요. 10년 동안 그만큼 커가고 있는 거지요. 비슷한 생각 가진 사람들끼리 자꾸 옆으로 만난다는 것이 중요한 거지.

제일 중요한 것은 우리가 일을 하게 되면 거기서, 잘하는 것은 둘째 치고, 밥을 먹을 수 있어야 하지 않겠소. 신협도 61년도에 부산에서 처음 생겨가지고 이젠 전국에 조합원이 200만이 넘었는데, 그러고 보면 법인단체로는 막강한 힘이 된 거지. 앞으로 공해문제라든가 이런 얘기가 계속 나올 텐데 그런 얘기가 나오면 나올수록 우리는 앉아서 일할 수 있게 될 테지. 지금은 우리가 외롭고 초라하지만 고삐를 쥐고만 있으면 되겠죠. 이렇게 해야만 살 수 있다 하고 제대로 사는 길을 비춰주면서 말이지. 바로 이게 지금 우리가 지켜야 할 아주 소중한 거라고 봐요. 두고 보시오. 2000년쯤 되면 '어느새 이게 이렇게 변모했어'라는 말이 나올 거요. 그런데 그러기 위해서는 누군가가 몸을 던지는 사람이 나와야 해요. 그리고 몸을 던질 수 있는 사람은 어떤 사람이냐 하면 최소한은 조반석죽이라도 제 식구 굶기지 않도록 조치를 할 수 있어야 하거든. 식구가 굶으면 제가 굶는데,

그렇게 해서는 어지러워서 배길 수가 있나? 그러니까 취직생활을 하면서도 생활의 일정한 부분을 이 운동에 넣자는 얘기지.

유신독재 반대운동 할 적에 연세대 나온 한 젊은이가 나한테 와서 '선생님 전부 이렇게 정의를 위해 싸우고 감옥에 가는데 전 어떻게 했으면 좋습니까. 죄짓는 것 같아요' 하기에, 그런 생각 말고 그냥 일이나 하라고 했지. '죄는 무슨 죄, 월급 타면 감옥에 간 사람 옥바라지 좀 하면 되지 않겠어? 일선이 있다면 후방이 있는 법인데, 후방 없는 일선이 있는가? 자넨 후방을 지켜줘야 할 거 아닌가' 하고 얘기한 적이 있어요.

어떻든 지금 내가 보기엔 김 교수가 《녹색평론》 하면서 요새 심정이 아마 강태공이 낚시 내려뜨리고 있는 거와 같을 거야. 그날이 오기까지, 그런 걸 거라구."

— 별말씀을 다….

"시간이 좀 갈 거요. 시간과 잘 싸워야지. 그리고 한 가지 중요한 거는 결국 생명운동이라는 것은 확신이 있어야 하는 거지. 생명이란 것은 보이지도 만질 수도 냄새 맡을 수 있는 것도 아니지만, 그렇지만 분명히 있단 말이지. 그 덕에 모든 것이 살아가니까. 유교가 중국에서 일단 참패를 본 게 무엇 때문일까. 영성이 빠졌기 때문에. 공자는 안 보이는 것에 대해서는 인정하지 않았거든. 불교가 들어와서 영성을 집어넣지 않았어요?

그런데 이 시대라는 게 전부가 눈으로 뵈는 것, 있다가 없어지는 것만을 계산하다가 보니까 이 지경으로 되었단 말이지. 우리가 얘기하는 생명운동의 핵은 전일성인데, 전(全)이란 건 보이질 않아요. 그러나 우리가 생활 속에서 경험하지 않아요? 그런데 우리 같은 서투른 사람한테 '생명이 뭐냐' 하면 '몰라' 하는 게 정답이라구. 어떻게 말로, 글로 얘기할 수 있어요. 배 맛이 이렇다 저렇다 하고 말로 얘기하는 것하고 같은 거지. 각자가 소화시켜나가는 수밖에 도리가 없어요. 그렇기 때문에 각자의 생활에 있어서 한 단계 한 단계씩 자기의 모습이 있어야 하겠지요. 그러면 저 사람들 노는 걸 보니까 신선하다, 저렇게 사는 게 참 편하고 좋아 보인다, 인간적으로 즐겁게 살고 뭔지 모르게 숨통이 트이더라, 이런 식으로 찬동하고 따라오도록 형성해가야지요. 그걸 다 어떻게 얘기를 하겠소? 하기는, 장님 코끼리 만지듯이 하더라도 얘기는 해야겠지. 어차피 사람은 뒤는 보지 못하고 앞만 보면서 각자는 제 나름으로 이런 게 아닌가 하고 가다 보면 말이지 언젠가는 우리가 답답하게 여겼던 모든 것이 꽤 풀려가지 않겠는가 나는 그런 생각이죠."

— 결국 늘 성급하게 생각하니까 문제가 복잡해지는 것 같습니다.

"나도 인간인지라 어떤 때는 성급하게 생각해서 빠져버려요. 그러면 굉장히 피곤하지. 그럴 필요도 없고, 억지로 잡아 뺀다고 될 일도 아닌데 말이죠."

— 아까 신협활동에서 중요한 게 인간적인 유대를 유지하는 거라고 했는데요. 실은 한살림에서도 제가 재미있게 생각하는 것은 다섯 가구로 소공동체를 형성한다는 점입니다. 이걸 빼면 한살림도 그냥

단순 직거래 조직에 불과한 게 아닌가 싶어요. 그런데 지금 도시생활 하는 사람들이 그런 식의 동아리를 엮는다는 것이 굉장히 힘든 일이거든요. 도시의 물리적인 구조도 그렇지만, 이웃 간의 심리적인 벽이 엄청나게 두꺼운데, 한살림에서 이걸 고집한단 말이지요. 물론 이것은 공급체계를 원활하게 할 필요 때문이기도 하지만, 사람이 먹고사는 일이 협동 없이는 안된다는 것을 우리가 몸소 조금이라도 체득하자는 뜻으로 하는 일인 줄 알고 있습니다. 그런데 한편 생각하면, 이런 소공동체를 엮지 못하거나 이런 것을 아예 탐탁지 않게 생각해서 한살림 가입을 포기하는 사람들을 보면, 이럴 게 아니라 한 사람이라도 참여시켜서 유기농산물 소비 규모를 확대해나가는 것이 농촌 부흥을 위해서 필요한 게 아닌가 하는 생각도 드는데요. 선생님은 어떻게 생각하시는지요?

"그 문제는 지금 대구 한살림에서처럼 좀 까다롭게 하면서 입회시키는 게 좋을 거요. 왜냐하면 양적으로 확대될수록 흔들리지 않는 하나의 뿌리가 있어야 하니까. 그냥 양으로만 확대되었을 때는 전부 이해관계로만 따지기가 쉽거든. 그렇게 되면 좋은 음식 먹고 건강하자는 식으로만 되는데, 그런 정도의 바탕 가지고는 이 운동을 해나갈 수는 없지요. 근원적으로 전체가 생태적으로 하나가 되어서 하나로 돌아가는, 정신 육체 모든 것이 전인적인 조화 속에서 이 운동이 이루어져야지, 그냥 다른 생활은 그대로 두고 먹는 것만 좋은 것 먹자고 하는 식으로는 안된다 하는 것을 심정적으로 공감할 수 있게 하는 일이 중요하지요. 그러기 위해서도 그것을 지키는 핵이 있어야 되고, 그걸 중심으로 확산되는 게 순리란 말이지. 양적으로는 언젠가는 자연히 늘게 되어 있어요. 그러니까 초기에는 깐깐하게 하는 것이 옳고, 그게 강건한 뿌리가 되어 튼튼하게 자랄 수 있지 않을까 나는 그렇게 생각해요.

그리고 대구의 천규석 선생이나 김 선생이 생각하는 모양으로 언젠가는 도시사람, 또 있는 사람들이 농촌으로 많이 가야 할 겁니다. 요새 이농현상으로 비어 있는 데가 많으니까 적절한 곳을 선택해서 가서 생활을 하고 농사도 짓고 해보는 거지요. 형편이 되는 사람들부터 그렇게 하다 보면 아이들 교육문제는 중학교까지는 자체 내에서 해결할 수 있는 역량이 생기지 않을까. 종래 교육으로는 계속 우수아 위주니까 전일성의 입장에서 교육이라고 할 수 없단 말이죠. 그런데 그렇게 뜻을 먹고 간 사람들로 하나의 농촌마을이 형성된다면 저녁에 몇 시간이라도 국민(초등)학교, 중학교 과정을 가르칠 수 있지 않을까요? 지금 광주의 광록회 같은 곳에서는 유치원 아이들 교육부터 하고 있어요. 학부모도 교육시키고. 아이들도 생태계라든가 삶이 무어라든가 하는 것을 제대로, 어렸을 때부터 가르쳐야 뿌리에 박힌다는 거지요. 전국에 이런 형편 저런 형편 속에서 다양한 경험을 하고 있는 사람들이 많으니까 언젠가는 이런 경험들을 서로 만나 얘기하고, 옆으로 자꾸 나누어가면 많은 변화가 점차적으로 생기게 될 거라고 봐요.

귀농운동 같은 걸 통해서 농촌사회가 건전하게 돌아가게 되면 그것 나름으로 혼자서 돌아갈 수 있는 힘도 만들어질 수 있지 않을까. 가령 거기서 나오는 생산물은 그 생산비를 보장해주겠다는 소비 형태가 자치적으로 형성되면, 중학과정이 아니라 대학까지도 못하라는 법도 없겠지. 내 생각에는 지금 도시의 빈민들이나 뜻이 있는 사람들이 농촌으로 들어가서, 지금까지처럼 농사지어보아야 살 수 없다라든가 농촌이 지겹다고 하는 그런 차원이 아니라 이렇게 이렇게 하면 농사도 제대로 살고, 실로 풍부한 인간적 생활과 자연적 생활을 누릴 수 있다는 것을 실제로 체험으로 실현해나갈 수 있을 적에는 물량이나 편의, 이런 것을 가지고 비교 우위적인 잣대로만 성장해온 사회에서는 불가능한 근원적인 행복을 맛볼 수 있는 생활이 보편적으로 열릴 가능성이 있다고 보는 거지요."

— 그런데 지금 농정을 담당하고 있는 사람들이나 농대 교수들은 말이지요, 그 사람들은 생각이 딴 데 있는 사람들이지만, 유기농업을 반대하고 있거든요. 유기농으로는 소출이 적어지는데, 인구를 다 먹여 살릴 수 없을 거라면서요. 오염된 쌀이라도 양만 채우면 된다는 논리인 것 같습니다만.

"그 양반들의 안목은 이른바 현대과학의 논리에 빠져서 물량에 치중하고 있지요. 그래서 땅이 현실적으로 죽어가고 있다는 것, 생태계가 파괴되어간다는 것에 대해서는 계산을 안하고 있어요. 그런데 화학농업을 할 때보다 유기농을 하면 작물 자신은 더 실해지고, 그러니까 나락이면 나락, 야채면 야채의 질이 달라진단 말이죠. 설사 섭취량이 적어진다 하더라도 질적으로 다르단 말씀이야. 또 한 가지는 유기농에서는 풍흉에 큰 변화가 없이 늘 일정 수준의 수확이 가능하거든. 그러니까 일정한 기간 동안에 걸쳐 총계를 내면 유기자연농이 화학농에 비해서 훨씬 유리한 것이지요."

— 예, 그건 틀림없지 싶습니다. 그런데 저는 지금 농토 오염이라든지, 토양침식 문제 같은 걸 생각하고, 또 이런 추세가 너무나 걷잡을 수 없이 진행되는 걸 보면, 맥이 다 빠지고 비관적으로 되는 경우가 많습니다.

"그래서 난 가끔 그런 생각을 해요. 내일 지구가 망한다 해도 오늘 사과나무를 심겠다고 한 사람이 있었지 않아요? 어차피 사람은 자기 나름의 사는 즐거움이 있고, 보람이 있어야 하니까. 그러면 내일 망한다 해도 그냥 밀고 가야 된다고 나는 그렇게 생각하지요. 또 한 가지는, 그렇게 하면 희망이 있다고 믿어요."

— 선생님, 이쯤에서 동학 관련해서도 직접 말씀을 듣고 싶습니다. 그동안 선생님은 동학사상에 관해 말씀하실 때 해월 선생 말씀을 많이 하신 걸로 알고 있는데요. 수운 선생보다 해월 선생을 더 많이 언급하시는 특별한 이유가 있는지요?

"해월 선생께서는 37년이란 세월을 언제나 농민들이나 가난하게 사는 사람들과 같이 살아가시는 동안 남녀 공히, 아이들까지도 지극히 섬기는 모범적인 삶을 사셨지요. 요새 가이아 얘기를 하지만 해월 선생은 땅에도 침을 뱉지 말라 하셨어요. 그건 부모님 얼굴에 침을 뱉는 거나 같다고. 그래서 나막신을 신고 딱딱 소리 내는 것을 보고 해월 선생은 놀래시잖아요. 좀 사뿐사뿐 조용히 걷지, 나막신을 가지고 딱딱 소리 나게 걸으면 부모님을 상하게 한다는 생각이셨죠. 그분은 미물에서부터 근원에 이르기까지 수미일관한 속에서 사신 거죠. 그리고 영원한 생명의 자리가 자기 안에 있다고 하는 것을 매일 염송하시면서 말이지요. 이렇게 보면 오늘날 우리가 어떻게 살아야 하는가 하는 것은 이미 말씀 다하신 거지요. 그 이상 얘기할 게 뭐 있겠어요.

그리고 특히 내가 좋아하는 것은 향아설위(向我設位)라는 거 있잖소. 그것은 종래의 모든 종교에 대한 대혁명이죠. 늘 저쪽에다 목적을 설정해놓고 대개 이렇게 이렇게 해주시오, 하고 바라면서 벽에다 신위(神位)를 모셔놓고 제사를 지내는데, 그게 아니라 일체의 근원이 내 안에 있다, 즉 조상도 내 안에 있고 모든 시작이 내 안에 있으니까 제사는 내 안에 있는 영원한 한울님을 향해 올려야 한다는 말씀이죠. 그러니까 '밥이 하늘이다'라는 말씀을 수운도 하셨지만 해월이 일체 생활 속에서 몸소 실천하신 점이라든지…. 그래서 참 고마우신 분이고, 그리고 또하나는 그분이 37년 동안에 겪은 노고가 손병희 선생으로 하여금 동학을 이끌고 가게 하는 모태가 되잖아요. 바로 그 동학이 없었더라면 3·1 만세운동은 아예 할 수가 없었을 거예요.

그렇게 보면, 앞으로 만년이 될지 얼마가 될지 모르지만 이 땅에서 우리 겨레가 모범적으로 어떻게 살아가야 하고, 또 온 세계 인류가 어떻게 살아가야 하는가를 정확하게 일러주신 분이 그분이지요. 우리 겨레로서는 가장 자주적으로 사는 길이 무엇이며, 또 그 자주적인 것은 일체와 평등한 관계에 있어야 한다는 것을 잘 설명해주셨지요. 눌리고 억압받던 이 한반도 100년의 역사 속에서 그 이상 거룩한 모범이 어디 있어요? 그래서 저는 그분에 대한 향심이 많았지요. 물론 예수님이나 석가모니나 다 거룩한 모범이지만, 해월 선생은 바로 우리 지척에서 삶의 가장 거룩한 모범을 보여주시고 가셨죠.

그래서 이 겨레가 존재한다는 결정적인 하나의 표정을 그의 일생을 통해서 우리에게 보여주셨는데, 그런데 참 세상 이치는 묘해서, 그런 일생의 결과가 3·1만세나 중국의 혁명운동에 영향을 주었고, 그런 기운의 변화 속에서 인도의 간디도 역시 예외는 아니라고 나는 보지요. 간디와 해월을 바로 비교한다는 것은 이치에 안 맞지만 비폭력이나 비협력에 대해서도 아주 근원적으로 해월께서 다 말해주셨거든. 원래 동학의 면모는 옳지 않은 것에 대해 협력하지 않고, 매사에 폭력을 사용해서는 안된다는 입장이죠. 우주가 전부 일심동체라는 것을 그분은 몸으로써 설명해주셨어요. 그래서 저는 지극히 해월 선생을 존경하게 되었죠."

— 해월 선생에 대한 종래 우리 역사학계의 입장은 상당히 비판적이었던 게 아닌가 싶습니다. 지금 선생님께서 말씀해주신 그런 이야기는 거의 주목도 안되어왔고, 대개는 동학혁명 당시의 남접과 북접과의 관계에서 해월 선생 쪽의 입장이 전투적인 게 아니었던 것은 분명한데, 주로 그 점 때문에 비판받는 듯합니다만.

"어차피 여태까지의 사회과학은 사회과학이 갖는 한계가 있지 않습니까? 그 관점을 가지고 해월 선생의 삶을 투사해보면 전혀 맞질 않아요. 역사학도들의 입장으로는 해월 선생의 삶에서 거부감이 왔겠죠. 그런데 종래 사회과학의 잣대로는 안된다라는 것을 파악하게 되는 시기에 있어서는 사정이 달라지겠죠. 전 우주가 하나의 생태적인 관계에 있다든가 하나의 생명관계에 있다든가 하는 이런 것이 자꾸 증명이 되고 고증이 되는 과정에서 해월의 일생을 보게 되면 이건 그대로 다 맞아떨어지는 것이거든요. 사회과학도들이나 오늘날 교육을 받은 대다수 사람들의 시각과는 달리, 새로운 현대물리학이나 우주과학이나 현대생물학의 안목으로 들여다보면 해월의 말씀은 그냥 전부가 경탄해 마지않을 거라고 봐요. 우리 땅에 이런 선각이 계셨나 하는 생각이 들 거예요."

— 실은 어떤 지식을 쌓는 일보다도 근본적인 시각의 문제가 아닐까요. 시각이 안되어 있으면, 가령 '향아설위'라는 게 무슨 말인지 알 수가 없단 말이죠. 요즘 지식인들의 습관으로는 '아(我)'를 잘못 읽기가 십상이겠죠. 그래서 이건 굉장히 오만한 이야기라고 생각하지 않을까요?

"지금 김 선생 말씀대로 그 아(我)란 너, 나가 따로 없는 그런 나를 말하지요. 석가모니의 '천상천하유아독존'이란 말씀 있잖아요. 현상뿐만 아니라 모든 것 속에 배태되어 있는 하나의 생명, 그것을 얘기하신 거죠. 해월 선생 말씀도 그거죠. 전 우주에 편재해 있는 생명, 한울님, 그것이 내 안에 있다는 얘기거든. 그러니까 어디를 향해서 절하느냐 하는 말씀이란 말이죠. 또 성서에 보면 무리들이 예수의 어머니와 예수의 형제들을 들먹이니까 내 어머니와 내 형제가 어디 따로 있느냐, 모두가 내 형제자매라고 예수님이 말씀하시잖아요. '나는 아브라함 이전서부터 있는 자로다' 이러니까 그 무리들이 나이가 이제 서른 살 된 사람이 아브라함 이전서부터 있는 자라고 말할 수 있는가 하고 따지죠. 여기서 나라고 하는 것은 하느님, 영원하신 생명 그걸 말하는 건데, 그거는 시작도 없고 끝도 없는 생명이니까 아브라함 이전서부터 있는 것일 수밖에. 해월이 말하는 '향아설위'에서 나(我)는 현상적인 나이면서 또 그 안에 있는 진짜 나는 한울님 아(我)란 말이야."

— 해월 선생께서 사용하시는 표현방법을 보면 굉장한 시인이라는 생각이 듭니다. '이천식천(以天食天)'이란 말도 그렇고요.

"하늘이 하늘을 먹는다는 말씀이지. 천주교에서는 의식을 딱 하고서는 축성을 한 다음에 그게 예수님의 몸이라고 생각하거든. 그런데 그건 풀로 보아서 한참 모자라는 거지. 해월 이야기로는 하늘이 하늘을 기르는 거니까 뭐 기도를 드리고 말고도 없이 이미 하늘이야. 그런데 우주가 존재하지 않으면 나락 하나가 안되잖아요. 나락이 작다고 해서 그게 결코 작은 게 아니지. 그러니 생명운동 하는 사람에게 있어서는 대소 개념이 문제가 되는 게 아니지. 크고 작은 것을 초월해야 하고, 선악을 초월해야 하겠지. 그런데 말은 이렇게 하지만 실은 이미 몸이 찌들어서 이게 잘 안된다구.

악과 선의 관계는 사실은 표리관계인데, 악이 있으니까 선이 있고 선이 있으니까 악이 있단 말이지. 그런데 지금 학교에서 맨날 1등만 하라고 하고 그 이하는 무시하게 되니까 심각한 문제가 되지 않아요? 오늘날 교육이고 모든 문제가 바로 거기 있는 건데. 풀 하나도 우주 전체의 존재가 있음으로 해서 엄연히 존재하는 바에야 풀 하나에도 섬김이 가야 되잖아요. 그래야 그 풀이 사람을 반기게 되고 할 텐데 말이야. 식물도 애정을 가지고 귀하게 여겼을 때는 즐거워한다고 하거든. 그런 걸 알면 선악 얘기는 할 필요도 없지. 저놈 나쁜 놈이야 하면 절대로 변하지 않는다구. 그러나 아 자네 얼마나 고달픈가 하고 받아들이면 스스로 화냈던 거, 욕심냈던 거, 다 풀리거든. 그래서 둘이 다 좋아진단 말이지. 차원이 달라지잖아요.

요새 1등만 하라고 하다가 인간사회에 또 자연과의 관계에서 공해를 엄청나게 가져오지 않았어요? 1등만 하면 다른 건 다 지배해도 좋고 가져도 좋은 것으로 알고, 남을 하대해도 되는 걸로 알고 말이지. 이기면 다 된다는 것이지. 이기긴 누구를 이긴다는 것인지. 우리 과제는 이긴다 진다는 문제를 넘어가야 하는 것이라고 봐요. 현재까지는 앞의 놈을 전부 때려잡아서 먹어야 된다는 게 이기는 거 아닌가. 그러니 이런 세상에서는 살 수가 없잖아."

— 그렇게 말하면, 우리만 그렇게 하면 어떻게 하느냐는 사람들이 많습니다. 다 같이 해야지 우리만 그러면 손해 보고 죽는 게 아니냐고요.(웃음)

"그것에 지친 거라, 김 교수가.(웃음) 콩물에다가 간수를 넣으면 바로 두부가 되는 것은 아니잖아. 뭉게뭉게 뭉게뭉게 하잖아. 그러니까 일을 하면서, 일을 했소 하는 소리를 자꾸 떠들면 안되는 거지. 그날그날 당하면서 조용히 가자는 거지. 그래서 강증산 같은 이는 엮지 말라고 그러지 않았어. 엮으면 기성 기득권 문화 속에서 다친다는 얘기지. 밑으로 옆으로 자꾸 퍼져 나가야. 요새 운동권이 어떤가. 몇만 모여도 성명 내고 깃발 올리고 말이지, 그러니 되지를 않는 거지.

노자가 얘기했지. 인간들의 사회 속에서는 없는 놈이 있는 놈들을 섬기느라고 볼일을 제대로 못 보는데, 하늘세계에서는 있는 것이 없는 것을 섬긴다고. 없는 것을 보충하고, 조화를 가져온다고. 그런데 인간사회에서는 많이 가진 놈을 또 섬기니, 이걸 개탄해서 '나는 재주 있는 사람이나 현인을 숭배하지 않고, 세상에서 귀하다고 하는 재물을 귀하다고 여기지 않는다'고, 그런 얘기를 하지 않았어요? 그리되면 세상이 전부 욕심에 빠진단 말이지. 1등이 잘난 거라고 하면 전부 1등만 하려고 덤벼드니까 결국 미쳐 돌아가잖아요. 또 귀하다고 전부 다 그것만 구하려고 하니까 도둑이 생기고, 그러니 나는 그런 걸 귀하게 여기지 않는다는 말인데, 결국 귀한 것은 생명이라는 거지. 생명은 조화가 있는 거라고."

— 선생님 빨리 쾌유하셔야 할 텐데요. 오늘 말씀 많이 하셔서 고단하실 것 같은데 죄송합니다. 그런데 다른 사람도 아니고 선생님 같은 분에게 어째서 그런 병이 왔는지….

(옆에 있던 박준길 씨의 설명으로는 이렇게 말씀도 좀 하시는 편이 선생님의 건강에 도리어 도움이 될 거라는 것이었다. 그러면서 작년에 처음 위암 진단을 받았을 때도 아무런 동요를 보이지 않으시고 담담히 받아들이시던 일을 전하면서 선생님의 쾌유에 대해서는 의심하지 않는다고 박준길 씨는 말했다. 나는 작년 장일순 선생께서 입원하셨다는 소문을 들었을 때 마음이 무척 편치 않았다.)

262

"내가 속으로는 사실은 엉터리라고…. 병원에 입원해서 드러눕고 보니까 내가 왜 이렇게 번사스러운 일에 빠져드나 하는 생각이 들더군. 엄청난 은혜를 입고 사는데 말이지. 그런데 병원 침상에 누웠다 이렇게 앉아서 그런 생각을 하는데 한순간 평화와 환희가 지나가더라구. 아까 얘기했지만, 나락 한 알에 우주가 함께하신다고, 이천식천이라고 그러셨지. 그러니 지금 우리가 다 한울이 한울을 먹고 있는 거란 말이지. 엄청난 영광의 행사를 하고 있는 거 아닐까? 그런데 우리는 음식을 앞에 놓고 입맛이 있네 없네, 맞네 안 맞네 이런 걸 계산하고 있단 말이야. 마음자세가 제대로 되어 있다면 우리가 식사할 때마다 거룩하고 영광된 제사를 지내는 거거든. 그렇다면 우리가 지금 이 자리에 앉아서 기쁨을 나누고 있는 이게 천국이 아니고 뭔가. 천국이 어디 다른 데 있는 게 아니지. 그러면서도 자꾸 그걸 버리고 딴생각을 한단 말이야. 그래서 이런 병도 생기거든. 그렇지 않았으면 이런 병이 생기지 않았지. 그러니까 내가 아주 굉장히 철면피여."(웃음)

걸어서 가시겠다는 선생님을 자동차로 댁까지 모셔다 드리고, 신협의 박 상무와 '덕수칼국수' 주인 이긍래 씨는 해월 선생을 기리는 비석이 서 있는 원주군 호저면 솔골까지 우리를 안내해주었다. 맑은 가을 오후 인적이 드문 시골길이지만 주변에 벼들이 한창 익어가고 있었다. 여기가 1898년 4월(음력) 오랜 세월 도피와 은신을 거듭하며 민중을 가르쳤던 해월 선생이 마침내 경군(京軍)에 체포되어 서울로 압송되어간 곳이다. 찻길 가에 큰 돌이 놓여 있고 그 위에 검은 돌 앞면에 눈에 익은 장일순 선생의 필치로 "모든 이웃들의 벗인 최 보따리 선생을 기리며"라는 글이 새겨져 있었다. 그 아래 밑돌에는 해월 선생 자신의 말씀이 새겨져 있었다. "天地는 父母요 父母는 天 地니 天地父母는 一體也니라."

치악산 그늘에 앉아 세상을 본다

대담자 ─ 김영모

치악산 그늘에 한가로이 앉아 있는 강원도 원주. 군사도시 원주가 서슬 퍼런 유신정권하에서 독재의 비수에 굴하지 않고 저항의 기세를 떨쳤던 사연을 알고 있는 사람은 흔치 않다. 팀스피리트 훈련으로 미군의 장갑차가 도심을 가로지르기도 하는 원주, 그곳을 이 시대 비판정신의 한 고향으로 만든 지역사회운동, 지학순 주교와 가톨릭 원주교구, 시인 김지하….

이런 흐름의 중심에 무위당 장일순 선생이 있었음을 아는 사람은 더더욱 흔치 않다. 무위당 장일순 선생의 집에는 담이 없다. 촘촘히 심어진 나무와 사립 문짝이라 해도 괜찮을 나지막한 나무 문이 안채를 가리는 듯 마는 듯 서 있을 뿐이다. 리영희, 백낙청, 임재경, 김

이 기록은 원래 월간 《옵서버》 제1권 5호(1990년 5월) '김영모의 옵서버 인물론'에 발표된 것인데, 이 글이 재수록된 《무위당사람들》 제35호(2011년 4월)에서 전재하였다.

윤수 등 이름을 들으면 알 만한 인물들로부터 젊은 학생들까지 한바탕 열띤 강론을 기대하고 찾아오는 많은 사람들을, 그는 자신과 함께 늙어가는 이 집에서 맞는다.

"통일? 그거 이미 돼 있는 거 아닌가. 남북 이산가족이 만났을 때 봐. 말이 필요 없어. 너희 어떻게 사느냐고 묻는 거 봤어? 문제는 무엇이 통일을 막는가 하는 것이지. 담을 내려야 해. 각 계층, 각 세력 간의 벽, 이해타산의 벽을 허물지 않고는 통일된 세상을 경영할 수 없지."

한번 시작되면 유럽에서 중국, 예수와 최제우, 슈바이처를 넘나들며 그칠 줄 모르는 장 선생의 열변은 사랑방의 문풍지를 뚫고 안방까지 흘러들어 그의 건강을 염려하는 부인 이인숙 여사를 근심시키기도 한다. 귀대하는 병사들과 군용차량이 낯설지 않은 군사도시 원주와 무위당 장일순 선생. 원주와 장 선생을 떼어놓고 생각할 수 없다. 향인지를 연재하던 모 월간지에서 원주를 취재한 적이 있었다. 당시 그 일을 맡았던 L씨는 "하마터면 큰 실수를 저지를 뻔했다"고 회고한다. 시청 관계자들의 "여기에 살지 않는다"는 말에, 장 선생을 빼놓고 취재를 끝내려 했던 것이다. 덕분에 그는 보충 취재를 하는 수고를 감수할 수밖에 없었다.

'장 선생 없이 원주를 생각할 수 없음'은 그가 조부 때부터 인근에 잘 알려진 원주 유지의 후손이기 때문만은 아니다. 전 재산을 털어 고향에 대성중·고등학교를 설립, 인재 양성에 힘쓴 교육자이고, 영서지방 전통의 묵맥을 잇는 서화가여서만도 아니다. 그가 이 시대 일단의 지식인들로부터 원주의 얼굴로 지칭되는 것은, 팀스피리트 훈련으로 미군의 장갑차가 도심을 굴러 다니기도 하는 군사도시 원주의 또다른 면모, '1970년대 민주화운동의 진원지 원주'를 대변하는 지학순 주교, 김지하 시인 등등, 이런 이름들의 뒤에 박정희 시대의 1급 요주의 인물로 그의 이름이 있었기 때문이다.

"자네는 나를 제대로 취재할 수가 없을 걸세. 나한테 최면당해 있으니까!"

한바탕 폭소를 자아낸 장 선생의 첫마디는 사람 만나기는 좋아해도 '소문나는 것은 꺼려'하는 그가 취재를 귀찮아하지나 않을까 저어하던 기자의 소심증을 풀어주는 장 선생다운 배려였다. 앉은뱅이 책상 하나와 지필묵, 해월 최시형과 조부 여운 장경호의 사진, 동서고금의 많은 책 등으로 비좁아 보이는 사랑방에서 부인 이인숙 여사가 들여온 찻잔을 앞에 놓고 마주 앉았다.

— 격조했습니다. 그동안 인사도 못 드리고 있다가 불쑥 취재를 하겠다고 들러서 죄송합니다.

"아니야. 제대로 사는 게 뭔지도 모르는 시골사람을 알려서 뭐 하겠다고 왔어? 안 그래도 오늘 낮에 우리 집사람한테 기합 받았다고. 이런 거 싫어하면서 왜 와도 좋다고 허락하느냐고 말이야."

방을 나가던 이 여사가 이 얘기를 듣고 조용히 웃는 모습을 흘끗 쳐다보고는 그도 따라 웃었다.

— 건강이 좋지 않으시다고 들었습니다.

"기관지가 많이 확장됐다고 의사가 담배를 피우지 말라고 그러더라. 작년에는 늑막염이 됐었어. 과로를 했던 모양이야. 자네들 세대나 그 아래 세대, 40~50대들하고 그렇게 매일 2~3차 술을 마시니 견딜 수가 있나. 결국 병이 나지. 그러고 나서 무얼 배웠느냐. 철나자 망령 든다구, 병나는 것도 분수 없어서 그런 것 아닌가. 신체의 한계를 알고서 생활했어야 하는데 말이야. 사십 청춘인 줄 알고 지냈으니 병이 안 나겠는가. 아파서 드러누우니 그제야 '아이고, 이 멍텅구리야' 하는 생각이 나더라고. 오늘날 이때까지 헛살은 것밖에는 없는데 말이지. 내가 사람을 좋아하거든. 그것뿐이야. 꾀 안 부리고, 좋으면 만나고. 그러니까 어린애 같은 일생을 산 거지."

'항상 겸손하고 마음을 비우라'고 가르쳐온 그를 '선생님'으로 생각하고 있는 박재일 한살림소비자협동조합 대표는 "술이 잘 받는 체질이 아니신데"라고 하면서, 이렇게 말했다. "그분이 사람을 거절하지 못합니다. 누구든지 답답하면 그분을 찾아가지요. 그것을 일일이 받아주셔서 낮술도 한두 잔씩 잡수시게 되는 겁니다. 그분은 한살림운동의 정신적 지주지요. 몸이 상하실까 걱정입니다."

"어젯밤에도 열 시 넘어 들어왔어. 열심히 일하는 젊은 친군데, 한살림의 이상국 씨라고 모르던가?" 하는 장 선생. 그의 건강을 염려하지 않을 수 없는 부인 이 여사는 걱정이 적지 않을 터임에도 손님 뒷바라지를 소홀히 한 적이 없다. "남편의 정신이 고귀함을 알고 남편을 존경하며 살아오신 것 같아요. 정성 어린 생활태도를 가지신 분이지요"라는 김정례 전 보사부장관의 말대로 '이웃을 먹이는 일'

에 전념해온 남편을 도우며 불평 없이 살아온 이인숙 여사는 경기 여고와 서울대를 나온 서울 출신.

장 선생의 일과는 요즘도 새벽 다섯 시 기상으로 시작된다. 한 시간 정도 명상을 하거나 독서를 한 후 산보를 나간다. 인근 야산을 한 바퀴 돌고 난 후 아침을 먹은 다음 사람을 만나거나 책을 읽는다. 그런가 하면 화선지 앞에 앉아 하루 종일 몰아지경에 빠지기도 한다.

— 요사이 어떤 책을 보십니까?

"경서들을 다시 읽어. 기억력이 옛날 같지 않아.《주역》이나 동학 쪽 글들, 뭐 그런 거지."

— 시사 잡지도 보십니까?

"별로 안 봐. 어차피 거의 같은 사이클 아닌가. 중요한 거만 대충 보지. 하도 평생을 속아오니까…."

— 민자당 출범 때 어떠셨습니까?

"엄청난 사람들이더구만. 시골에 사는 사람이 짐작이라도 했겠는가만. 걱정되는 것은 그거야. 사람이 살아가는 데는 신뢰가 있어야 하잖은가. 신뢰가 있어야 모두 하나가 되는 거지, 신뢰가 없으면 만리장성도 소용 없고, 피라미드도 소용이 없는 거야. 거 문명이 가는 거라구. 그렇지 않은가. 백사의 사막에서도 신뢰가 있으면 사람이 살아갈 수 있지 않느냐 말이야. 근데 그것들을 모르니까 오늘날의 문명이 전부 이(利)만 쫓아가지 않는가. 이(利)라는 것이 경우를 잃게 되면 그건 이미 아무것도 아닌 게야. 80년 전에 안중근 의사가 여순 감옥에서 이미 말하지 않았는가. 견리사의(見利思義) 견위수명(見危授命)이라. 눈앞에 이익이 보일 때 의리를 생각하고, 나라가 위급할 때 제 몸을 나라에 바치라는 것 아닌가. 일본이 조선을 먹고 중국을 먹으려고 할 때 일본제국주의의 확산에 대해 처음부터 말장을 박은 무서운 발언이었지. 80년 전 안 의사의 얘기가 오늘날에도 맞아떨어지는 거라. 중요한 얘기야. 오늘날의 문명이 이(利)만 생각하지 의(義)를 중히 여기는가. 이런 판에 신뢰가 있을 수 없지."

― 요즘 사람들과 만나면 어떤 얘기를 하십니까? 세상 돌아가는 얘기도 하시는지요.

"뭐 별로. 세상이 엄청나게 변하니까 요즘도 통일에 대한 얘기를 많이 해. 남북이 대화를 하기 전에 남한 내부의 제 세력들이 대화할 수 있는 분위기가 먼저 마련돼야 하겠지. 뒤바꾸어 말하면, 남한 내부의 통일이 우선해야 한단 말이야. 물론 사람에 따라서는 그 바탕에 따라 사는 모습이 서로 다를 수 있어. 그 바탕을 수용할 수 있는 분위기가 돼야지. 서로 받아들이고 조화가 되는 것, 그게 바로 통일이란 말이야. 그게 전제가 돼야 이북의 김일성 정권과도 대화를 할 수 있는 자격이 되는 거여. 나아가서 그렇게 해야만 세계에서 이 민족이 대접을 받는 자리에 서게 되는 것이지.《맹자》에 '인필자모(人必自侮) 이후에 인모(人侮)'라는 말이 있어. 사람이 자기 스스로 모멸에 빠질 때 남이 무시를 한다는 거라.

남한 내부의 통일, 남북의 통일이 없이 다른 나라들에서 대접을 받을 수 있겠어? 근데 여야를 막론하고 나라의 미래를 생각하는 사람들까지도 다 자기만 옳다고 그래. 이 민족이 오늘 이렇게 되어 있는 모든 조건에 대해서 '나의 죄'라고 말하는 그런 세력들이 없어요. 예수의 고난이 뭐야. 십자가가 뭐냔 말이야. 세상의 죄가 바로 내 죄라는 것 아닌가."

나지막하던 장 선생의 목소리에 힘이 붙기 시작한다. 이렇게 되면 그의 '강론'은 반나절, 한나절을 넘기기 마련이다. 질문도 필요 없다. 상대방의 속마음을 꿰뚫는 듯한 강렬한 눈빛으로 좌중의 의중을 파악, 화제를 몰아가는 능력을 그가 가지고 있기 때문이다.

장 선생을 아는 사람들 중에는 그와의 첫 만남이 '충격적'이었다고 기억하는 사람들이 많다. 좌중을 압도하는 정신력, 동서양의 고전을 두루 꿰뚫는 방대한 독서량, 동양적 사고에 기초한 현실인식, 자연과 인간에 대한 수미일관된 해석과 사랑 등이 어우러져 만들어내는 그의 분위기가 강렬한 인상을 심어주는 까닭에서일 것이다.

의식이 존재를 규정한다―장 선생의 얘기를 듣다 보면, 그런 느낌을 받는다. 유심론에 기초한 의식개조와 문화혁명의 본류가 반(反)과학, 반대립, 반서구의 지류로 도도히 흘러가는 동양 사상의 무심한 유장함이 느껴진다는 것이다. 혹자는 말할지도 모른다. 불교에서 얘기하듯이 불이(不二)라, 서양의 과학과 동양의 사상, 문명과 문화, 대립과 포용, 구별되는 이런 것들이 실제로는 하나다. 장 선생의 생각도 그럴 것이다. 그가 주장하는 일원론적 사고는 얽히고설킨 현실의 실타래를 풀어나가는 삶의 지혜라는 차원에서 이해해야 하지 않겠는가라고. 그럴지도 모른다. 투쟁이냐 수용이냐, 과학이냐 아니냐는 중요한 문제가 아닐지도 모른다. 아무튼 많은 사람들이 답답할 때마다 그를 찾는 것이 사실이고, 그것이 '서로 신뢰하는 나눔의 대화를 통해 살아가는 지혜를 얻기' 위함인 것도 사실이다.

그의 얘기를 더 들어보자. 봉산2동 장 선생의 자택 사랑방을 울리는 고담준론에 기자도 시간을 잊은 채 빠져들고 있었다.

"서구적인 민주주의란 것에 대해서 회의가 좀 있어. 우리가 이렇게 좋다고 얘기를 나누다가도 말이지, 정치를 하겠다고 국회의원에 모두 출마했다고 가정해보잔 말이야. 정치판에 들어가 일단 입후보를 하면 내가 뭐라고 말하겠어. '여러분, 애들 다 형편없는 애들입니다. 날 뽑아주시오' 하게 된다고. 그게 민주주의라는 거 아닌가. 이런 민주주의 가지고는 되지를 않아. 이걸 극복해야 돼. 서로 밀어서 도와주면 되잖아. 근데 그렇지가 않아. 서로 자기가 해야 돼. 그러니까 나라 꼴이 이 모양이 되는 거지. 서양애들이 써먹던 민주주의가 전세계에 평화를 가져왔느냐는 말이야. 서양의 민주주의란 게 산업혁명에 기초하고 있는 것 아닌가. 그게 뭘 가져왔어? 제국주의 가져오지 않았어? 복지사회란 것도 뭐야. 제3세계 착취해서 초과이윤 가지고 만든 게 아니야. 한데 그걸 왜 후발 국가에서 흉내 내려고 하느냔 말이지. 그래서 난 서구적인 민주주의, 자본주의, 복지국가 이런 것들에 대해 회의를 하지 않을 수 없어. 누가 해도 좋아, 돌아가면서. 모자라면 도와주란 말이야. 그럴려면 정직해야 돼. 한데 어디 그래? 서로 저 잘났다는 거 아니야. 정치에 환멸을 느껴. 이래서는 안되는 것 아닌가. 이렇게 말하면 나도 잘났다고 얘기하는 꼴이 되고 말지만, 그래도 그런 것 아닌가."

— 최근 재야의 정치세력화가 구체화되고 있습니다. 어떻게 생각하시는지요.

"글쎄, 그 양반들한테 하고 싶은 말은…. 어쨌든 지금은 정경이 유착 상태야. 서구의 진보 정당이 자리잡을 수 있었던 여건과 우리의 여건은 달라. 당시의 서구는 해외침략을 해서 얻어들인 재력을 가지고서 노동자들의 요구를 들어줄 만한 텃밭을 마련하고 있었어. 그러한 시절, 그러한 지역에서 얘기됐던 진보 정당 개념을 적용해서 사고하면 되지를 않아. 한국 내부의 진보 정당들을 말이야, 이 선거법 가지고서 몇이나 당선시키겠어? 불가능한 거야. 이 선거법, 이 조선 아래서는 안돼. 국회의원 당선 못 시키면 해체하게 되어 있잖아. 당이 존립할 수가 없는 거야. 입법부 구성을 직업별, 계층별로 해야 된다고 주장하든가, 뭐 그런 아이디어가 있어야지. 그냥 진보 정당, 기층 대중 말하면서 입법부에 참여하려고 한다는 것은 나로서는 환상이라고 생각해."

— 그렇다면 대안은 어떤 것인지….

"대안이란 차원에서 얘기될 수 있는 것이 아니지. 중요한 것은 뭐냐. 정치는 돈으로 하는 것도, 총칼로 하는 것도 아니라는 점이야. 정치는 신뢰로 하는 것 아닌가. 한데 요즘 정치는 어떤가. 아직도 이 모양 아닌가—왜 자기만 해야 되는지, 왜 자기만 옳은지. 이건 여야

뿐만 아니라 어디나 마찬가지야. 내 얘기는 세계는 엄청나게 변화하고 있는데 우리는 무얼 하고 있냐는 것이지. 우리도 변해야 돼. 변하는데 어떤 식으로 변해야 하느냐. 정상적인 방법으로 변해야 한다는 것이야. 모두가 나 아닌가. 전세계의 인류가 나라구. 왜 그런 자세를 못 가지냐는 것이야. 답답해."

─ 세계의 엄청난 변화라고 하신 것은 동구라파를 두고 하신 말씀입니까?

"사회주의 자체가 한계를 노정하고 있지 않은가. 그쪽도 지금 인간의 번영이 무어냐 하는 것을 찾아가고 있는 거지. 그러니까 물량의 공동 분배만으로도 되는 것이 아니고, 인간의 성실성을 기계 부품처럼 평가할 수 있는 것도 아니지 않은가. 사회주의가 획일주의 속에서 또한번 번성하고 나가는 것이지. 사회주의든 자본주의든 기계문명 속에서는 획일주의적인 사고가 배태될 수밖에 없어. 기계문명이라는 것이 인간을 소외시킨다는 것은 세상이 다 아는 얘기 아닌가. 그런 가운데서 소외된 인간을 통어하자니 자연히 인간을 기계 부품처럼 다루게 되는 것이지. 인간이 물화되면 견딜 수가 있나. 동구의 개혁바람도 그래서 일어난 것 아닌가."

장 선생의 생명사상 강의가 결론 부분에 이르렀다. 허리를 다시 한번 곧추세우고, 그는 '인간뿐만 아니라 일체의 존재가 제자리를 잡을 수 있는' 인간과 자연의 공생 논리를 전개하기 시작한다.

"지금까지의 역사는 인간이 자연을 정복해온 역사지. 이제 자연도 인간과 같은 대접을 받아야 하는 시대가 온 거야. 산업문명이 인간을 파괴하고 생태계마저 파괴하고 있는 것이 오늘의 현실 아닌가. 돌 하나, 풀 한 포기의 존엄성도 인정해주어야 돼. 슈바이처도 '생명의 외경'이란 말을 했지만, 동양에서는 수천 년 전부터 그런 얘기를 했어. 그리로 돌아가야지. 동학에서도 경물(敬物)·경인(敬人)·경천(敬天)사상을 얘기했지 않나. 우리 사상 안에 이미 그 해결의 길이 다 나와 있는 거라. 수운 최제우 선생이 말씀하시기를 '5만 년 대도(大道)를 얘기하노라' 하지 않았는가.

자연과 인간이 따로 있는 것이 아니야. 자연이나 인간이나 다 자연이야. 자연과 인간이 다 존경받는 그러한 속에서 일원론으로 돼야 해. 전부가 하나가 돼야 해. 요소론적으로 사물을 보는 의식을 버려야 되지. 그렇게 해야만 인간의 생산작업으로 자연이 손상되지 않고 인간도 자연스런 인간이 될 수 있어. 그러한 방식으로 변화도 구축돼야 하겠지. 그것이 한살림운동의 핵심이 아니겠어? 서구의 녹색운동이란 것도 그와 같은 변화의 한 흐름이지.

그런데 서양애들이 얘기하기를 '피조물의 보호' 어쩐다 하는데 말이야, 물론 그 친구들의 접근방법이 그럴 수밖에 없기는 하겠지. 주와 객으로 언제나 사물을 보니까. 과학이라는 것이 주와 객의 설정을 통해 보는 것 아닌가. 한계가 있어. 주와 객이 초연히 하나가 되는 삶, 그런 만남 속에서 문제를 보지 않고서는 안돼. 그러자면 무아(無我)의 상태, 곧 자네가 나고 내가 자네인 상태, 그것이 이루어지지 않고서는 전세계의 인류는 살 수가 없어. 그런 의미에서 '한살림'이 '녹색'보다 한 수 위지. '한'이라는 말, 그거 기찬 말이야. 가진 놈 것도 똑똑한 놈 것도 아니야. 모두가 공유하는 것이지. 배고프면 밥 주고, 추우면 옷을 줘야 하는 것 아닌가. 공생하는 것이지."

"막국수나 먹으러 갈까? 서울서 왔는데 내가 대접해야지"라며 등산모에 잠바를 걸치고 앞장서는 장 선생을 따라나섰다. 길에서도, 막국수집에서도 그의 강론은 계속되었다.

"해월 선생이 이런 말을 했어, 밥 한 사발 속에 우주가 있다고. 밥 한 사발 알면 다 아는 거라고. 대단한 얘기지. 그게 있었으니까 3·1만세도 된 거라고. 기독교? 아니야. 동학이 있었기 때문에 3·1만세가 가능했던 거야. 해월 선생은 또 식사를 하기 전에 식고(食告)를 하라고도 했지. '이제 들겠습니다' 하고 밥을 영(迎)하라는 거여. 우주를 영하라는 거지. 낟알 하나를 만들기 위해서도 우주 전체가 있어야 돼. 공기만 가지고 물만 가지고 낟알이 만들어질 수 있겠는가. 낟알이 곧 우주요, 밥이 곧 우주 아닌가. 엄청난 거야."

재작년, 좀체 원주를 떠나지 않던 그가 어려운 서울 행보에 나서 장안의 화제가 된 적이 있다. '무위당 장일순 서화, 우사 이형만 나전칠기 공동전'이 열려, 그의 작품이 첫 서울 나들이를 했기 때문이었다. 5월 27일부터 6월 2일 사이 '그림마당 민'에서 열린 전시회는 〈한겨레신문〉이나 이돈명, 송건호, 리영희 씨 등의 회갑 논문집에서만 그의 작품을 접했던 서화 팬들의 호기심을 자극, 성황을 이뤘다. 한살림공동체소비자협동조합을 후원하기 위해 지학순, 백낙청, 김윤수, 리영희, 신홍범, 유홍준, 임재경, 김지하, 김양동, 전옥숙, 이

관영, 김민기 씨 등 각계 인사 20여 명의 준비로 마련되었던 당시의 전시회는 2~3일 만에 모든 작품이 판매되는 호응 속에서 1억 원에 가까운 후원금을 모으는 실적을 올렸다고 한다.

장 선생은 전시회 관계로 많은 사람들을 만났는데, 그중에는 이원홍 전 문공부장관 등 여권 인사도 끼어 있었다. 이원홍 씨를 만났을 때의 일이다. 장 선생은 그에게 이렇게 말했다고 한다.

"당신이 KBS에 있을 때, 다른 것은 몰라도 꼭 하나 잘한 것이 있어요. 남북 이산가족 만나게 한 게 그거요. 말이 필요 없습니다. 그저 눈물만 흘리고 있었지요. 그걸 보면서 이런 생각이 듭디다. 휴전선이 가로막고 있지만 속사정은 이미 통일된 거라고. 남북 동포의식 속에는 분단이란 것이 없더란 말이요."

장 선생은 "당시 이원홍 씨한테도 얘기했듯이 통일은 이미 돼 있는 것 아닌가. 문제는 무엇이 통일을 방해하고 있는가 하는 것일세. 담을 내려야 돼. 정치적·경제적·이데올로기적 이해의 틀, 이런 벽들을 허물지 않고는 통일은 요원해. 그렇다고 벽을 내리지 않은 채 뭉치려고 해서도 안돼. 수천 년 역사 속에서 드러나듯이 그런 사기 행각의 말로는 비참하고 위험해. 벽을 내리는 거여. 대화하는 거여. 그러면 통일은 봄이 오듯이 우리 눈앞에 닥치는 거란 말이지"라면서 그의 생명사상 강의를 끝내고, 기자에게 소주잔을 건넨다.

장일순 선생은 1928년, 벼 천석을 하던 원주 인근의 대지주 인동 장씨 집안에서 태어났다. "옛날엔 장군도 나오고 그랬다지만, 중인 출신이라고 보는 것이 옳겠지"라는 그의 말대로, 행상으로 살림을 일군 그의 조부 여운 장경호는 강원 감영에서 일을 했었다고 한다.

어린 시절을 유복하게 보낸 그는 배재학교를 거쳐 경성공업전문학교에 진학했으나 졸업을 하지 않았다. 8·15 이후 서울대 미학과 1회로 재입학한 그는 해방 정국의 소용돌이 속에서 다양한 경험을 쌓는다. 당시에 죽산 조봉암 선생을 만나 교류를 하기도 했다고 한다. 1954년에는 전 재산을 털어 원주에 대성중·고등학교를 설립했고, 4·19 이후에 사회대중당 공천으로 국회의원에 출마하기도 했다. 5·16이 난 지 3일 만에 잡혀 들어가 3년간의 옥고를 치르고 나온 그는, 이후 원주에 칩거, 3공화국에서 6공화국에 걸치는 오랜 시절을 물 흐르듯 드러나지 않는 수행으로 한국 사회운동사의 한구석에 조용한 족적을 남기고 있다.

"미국에 반대한다고 나를 잡아넣었지만, 나 박정희 씨를 사랑했어. 전두환 씨도 사랑했어. 이것 봐, 난폭한 지배자일수록 달래면서 가는 거야. '그게 아니야, 그게 아니야' 하면서 말이지. 5공화국 때 사람들은 내가 나설 줄 알았던 모양이다. 그러지 않았다고 장일순이 욕들 많이 했을 거여. 자네라서 하는 얘기네만 말이야. 나 참으로 못난 사람일세. 훌륭한 양반들 많은데 내가 나설 필요가 있는가. 여보게, 나 노태우 씨도 사랑하네."

김정례 전 보사부장관은 '존경하는 분 중의 하나'라며 그를 다음과 같이 평한다. "특이한 분이시지요. 물질에 욕심이 없고 모든 전 재산을 이웃과 더불어 함께 나누는 분입니다. 해박한 지식과 뛰어난 예술적 안목도 가지셨지요. 무엇보다도 그분은 스케일이 큽니다. 누구하고도 대화를 하실 수 있는 분이지요. 형무소에서 고생도 하셨지만 보복감정 같은 것이 전혀 없어요. 평생을 나라와 민족에 대한 걱정으로 살아오신 분입니다. 진정한 애국자예요.”

장 선생에게는 아이로부터 빨래하는 아낙까지 만나는 모든 사람들이 ‘선생님’이다. 누구한테나 배울 것이 있기 때문이다. 그중에서도 그의 삶에 가장 큰 영향을 준 세 사람, 영서지방 전통의 묵맥을 그에게 이어준 차강 박기정, 조부인 여운 장경호, 어릴 때 집 옆에 있던 천도교 포교소의 오창세, 이들 세 사람이 그에게는 스승인 셈이다.

“구한말의 우국지사로 시·서·화에 뛰어났던 차강과 조부님이 내겐 스승이었어. 일제의 부역을 싫어해서 강원도 평창군 도암에 낙향하신 차강은 강원도와 충북, 경기도 일대를 필객으로 돌아다니셨지. 영동에서는 강릉의 열화당, 영서에서는 우리집에서 묵으셨지. 민족의식이 대단하신 분이셨어.

조부님은 그 시절에 한살림운동을 벌써 행하신 분이지. 나는 그분 발밑에도 못 가. 학교를 세운다면 땅을 주고, 동네에 물이 마르면 우물을 고쳐주고, 보릿고개에 양식을 나누어 주고. 가난하고 불쌍한 것을 못 보셨어. 내가 그분한테서 인간적인 영향을 많이 받았네.

아홉 살 때였지. 열다섯 살 먹은 형님 한 분이 가셨어. 골수암으로 다리를 앓다가 돌아가셨네. 그 형님의 상여가 나갈 때였어. 조부님이 길바닥에 엎드려 상여를 향해 큰절을 하시지 않겠나. 어린 내가 물었지. ‘손자가 죽었는데 큰절을 왜 합니까?’ 그분이 말씀하셨어. ‘이승에서는 내가 할아버지지만 저승에서는 저분이 선생이야. 먼저 가시지 않았니' 하시는 거야. 나이 삼십이 넘어서야 그 뜻을 이해할 수 있었지. 굳이 서양식으로 말하면 민주주의적인 평등이랄까, 뭐 그런 것 아니겠어. 인간을 공경하는 마음을 심어주려 하셨던 게야.

우리집에 과일나무가 있었어. 내가 설익은 과일을 따려니까 조부님이 말리셨네. 다 익은 다음에 따서 온 식구가 나누어 먹자는 것이었어. 먹거리를 귀하게 여기고, 나누어 먹는 자세. 내가 그 양반을 좇아가려면 아직 멀었지.

오창세 형은 어릴 때부터 알고 지낸 사이야. 후에 근로인민당에 가입했다가 6·25 때 부역을 했다고 죽임을 당했을 거야. 나보다 아홉 살 손위였던가 그래. 내가 감옥에 갔을 때 그 양반 때문에 조사 많이 받았어. 그 양반과 사귀면서 일찍부터 동학의 이치에 접할 수 있었지."

유불선의 지경을 넘나드는 장일순 선생. 그는 서양문명의 관념의 척도로 사물을 바라보는 시대는 갔다고 단언한다. 온 세계가 하나가 되고, 전 인류가 평화롭게 공생하는 시절이 반드시 온다고 확신한다. 빌라도가 예수에게 물었다는 것이다. "네가 유대의 왕이냐?" 예수가 대답했다고 한다. "너희가 나를 왕이라 규정했지, 내가 왕이라 하지 않았다. 나는 다른 세상 왕이지, 이곳의 왕이 아니다." 예수의 잣대와 빌라도의 잣대가 판이했다는 것이다. 예수가 성으로 들어설 때 발이 땅에 끌리는 조랑말을 타고 있는 반면, 로마군들은 호마를 타고 위세를 자랑하고 있었다. 그러나 지금, 로마군은 간데없어도 예수의 이름을 모르는 사람은 없다. 장 선생은 이를 "얼마나 기찬 얘기냐"며 항상 감탄한다.

장 선생은 악수보다는 절을 좋아한다. 악수는 대결의 형상이고 절은 상대방에게 나를 바친다는 의미가 있기 때문이라는 것이다. 그는 또한 동학을 얘기할 때마다 전봉준 장군만 언급해서는 안된다고 생각한다. 오히려 녹두장군의 방법은 물 흐르듯이 세상을 변화시키는 동학의 이치와는 거리가 있다는 것이다.

그는 어머니가 아이를 한 손에 안고 볼기를 때리듯이, 투쟁도 '우리는 하나다'라는 믿음에 바탕해서 해야 한다고 말한다. 물론 "그러면 안돼"라고 말리는 것이 더 좋다는 얘기다.

장일순 선생은 30대에는 '청강(靑江)'이란 자호를 썼다. 푸른 한강 물을 보면 마음이 편안해져서 그렇게 지었다는 것이다. 박정희 대통령이 죽은 후 자호를 '무위당(無爲堂)'으로 바꾸었던 그는 1987년부터 '일속자(一粟子)'란 호를 쓰기도 한다. 그가 좁쌀 한 알이란 뜻의 일속자를 호로 선택한 것은, 좁쌀 한 알이 곧 우주라는 생각에서이기도 하지만, '건방 떨고 싶을 때' 화두처럼 떠올리면 마음이 가라앉기 때문이어서이기도 하다.

무위당의 생명사상과 21세기 민주주의

김종철

　오늘 서울에서 열리는 '무위당학교' 첫 번째 강좌인데 많이 오셨군요. 대부분 한살림 조합원이라고 들었습니다. 다음부터는 일반시민들도 많이 참가할 수 있도록 좀 궁리를 해야 할 것 같습니다. 한살림 조합원이라면 사실 장일순 선생님에 대해서 이미 많이 알고 계시지만, 일반시민들은 아직 무위당이 어떤 분인지, 장일순이 누구인지 잘 모릅니다. 잘 모르는 사람들하고 우리가 함께 강좌도 듣고 이야기도 나누면서 활발한 교류를 하는 게 중요하지 않을까요?

　실은 장 선생님도 생전에 그런 말씀을 많이 하셨죠. 청탁 가리지 말고 두루두루 넓게 사귀면서 함께 가자고요. 언젠가부터 우리는 생

　이 글은 한살림서울 주최로 열린 '제1회 무위당학교'(2016년 9월 22일, 프란치스코교육회관)에서 김종철《녹색평론》발행·편집인이 했던 강연을 정리·보완한 것이다. 출처는《녹색평론》제151호(2016년11-12월)이다.

각이 조금만 달라도 서로 외면하고 지내는 정도가 아니라 상대를 불구대천의 원수처럼 여기는 경향이 있어요. 이렇게 해서는 안된다는 것을 알면서도 이 습성을 떨쳐버리지 못하고 있습니다. 무위당처럼 한없이 넓은 포용력을 가지지는 못할지라도 우리에게 낯선 사람들, 우리와 의견이 다른 사람들과 가급적 함께 가려는 노력을 해야 하지 않을까 하는 생각은 요즘 들어서 더 절실합니다.

독서인(讀書人) 무위당

지금 이 자리에서 별로 아는 것도 없는 저 같은 인간이 무위당의 사상에 대해서 이야기를 하려니까 염치없다는 생각도 들고, 긴장도 많이 됩니다. 오늘 제가 엉터리 이야기를 많이 할 것 같은데, 꾹 참고 들어주시면 고맙겠습니다.

무위당의 사상은 흔히 '생명사상'이라고 말해지고 있습니다. 틀린 말이 아니지요. 선생님 생전에 오랫동안 생활을 함께하셨던 분들의 증언과 갖가지 일화들을 들어보거나 선생님이 돌아가시기 전 몇 해 동안 여기저기서 말씀하신 이야기를 녹취해서 만든, 지금 제가 들고 있는 이 책《나락 한 알 속의 우주》를 읽어보면 왜 선생님이 생명사상가로 일컬어지는지 금방 이해할 수 있습니다. 그런데 이 생명사상의 내용이 구체적으로 무엇인가 하는 것은 사람마다 생각이 조금씩 다를 수 있습니다. 오늘은 제가 나름대로 생각하는 무위당의 생명사상을 말씀드리고, 그 사상이 오늘의 상황에서 어떤 의미를 가지는지에 대해서도 설명을 드려볼까 합니다.

그 전에 먼저 드리고 싶은 이야기가 있습니다. 보통 저널리즘에

서는 장 선생님을 교육자, 사회운동가, 서예가 등으로 불러왔습니
다. 그러나 저는 만약에 선생님이 어떤 분인지 한마디로 말하라고
하면, '독서인'이라는 명칭이 가장 적절하지 않을까 하는 생각입니
다. 책벌레처럼 책에 빠져서 살았다거나 혹은 방대한 책들이 소장된
서재를 소유하고 계셨다는 뜻이 아닙니다. 제 짐작이지만, 선생님은
확실히 동서고금의 많은 고전을 섭렵하신 분이지만 그렇다고 해서
엄청난 다독가였을 것 같지는 않습니다. 단지 선생님은 스스로를 교
육하고, 세상을 이해하기 위해서 소싯적부터 항시 가까이 책을 두
고 그것을 음미하는 시간을 즐긴 것으로 생각됩니다. 학자들이나 지
식인들은 일반적으로 특정한 정보나 지식을 얻기 위해서, 그리고
글이나 책을 쓰기 위해서 분주히 문헌을 뒤적이죠. 선생님도 물론
정보를 얻으려고 책을 읽는 때가 많았겠죠. 그러나 우리가 잘 알다
시피 선생님은 평생 동안 글을 쓰지도, 책을 저술한 분도 아닙니다.
그리고 특별히 어디에 써먹기 위해서 책을 보신 분도 아닙니다. 장
선생님은 아마도 책을 통해서 지혜롭고 맑은 정신을 지닌 선현들과
만나는 즐거움 때문에 독서를 계속했고, 그런 독서를 통한 깨달음
이나 앎을 아무 격식 없이 생활 속에서 주변 사람들과 자유로이 나
누는 것을 아주 좋아한 것으로 보입니다.

　이렇게 독서인으로서의 무위당을 생각하면, 제게는 가장 먼저 떠
오르는 인물이 공자(孔子)입니다. 이렇게 말하면 다소 의아하게 생
각하실 분들이 계실지 모르겠습니다. 평소에 장 선생님이 빈번히 언
급하거나 인용한 고대의 사상가는 공자가 아니라 노자였으니까요.
돌아가시기 직전까지도 작은 규모지만 젊은이들을 상대로 노자 강

의를 하셨고, 이현주 목사님과 댁에서 《도덕경》을 놓고 자유롭게 이야기를 나눈 기록이 선생님 돌아가신 지 몇년 후에 《무위당 장일순의 老子 이야기》라는 책으로 출판되기도 했죠. 그런 사실을 제가 몰라서 하는 얘기가 아니라, 장 선생님이 풍기는 분위기가 제게는 노자보다도 공자에 훨씬 가까운 느낌이 들기 때문입니다.

실제로 노자가 어떤 사람이었는지 알려주는 기록은 거의 없습니다. 생몰 연대도 불분명합니다. 어떤 나라의 도서관 사서(司書) 비슷한 일을 했다는 것 말고는 거의 알려진 게 없습니다. 왜 이토록 노자의 생애에 관해서는 알려진 게 거의 없을까요? 제멋대로의 생각입니다만, 사람들과의 교류나 사귐이 별로 없었던 탓이 아닐까요. 그런데 공자의 경우는 완전히 반대입니다. 공자는 늘 사람들 속에서 살았습니다. 《논어》에서 단적으로 드러나듯이, 공자는 언제나 사람들과 생활을 함께 하고 많은 이야기를 나누면서 일생을 보냈습니다. 그랬기 때문에 공자의 삶과 언어는 기본적으로 '대화적'입니다. 반면에 노자의 말은 사물의 근본을 꿰뚫고 정곡을 찌르지만, 그 말투가 가파르고 날카롭습니다. 매우 고독하게 지내는 사람 특유의 말투라고 할까 그런 것이 느껴집니다.

물론 공자라고 해서 근원적인 고독을 느끼지 않았을 리 없죠. 그러나 《논어》를 통해서 우리가 받는 느낌은 이른바 인류의 스승이라고 하는 고대의 사상가들 중에서도 가장 인간적이고 친근한 모습입니다. 실제로 공자는 제자들에게 일방적으로 뭔가를 교시하는 방식이거나 주입식으로 가르치지 않았습니다. 늘 제자들이 묻는 말에 대답하는 형식으로, 혹은 자신이 제자들과 동등한 입장에서 말을 거는 형식으로 가르쳤습니다. 그리고 공자의 말은 언제나 부드럽고 점 잖습니다.

지금도 우리 중에는 공자에 대해서 매우 경직된 가부장적 이미지를 갖고 있는 사람들이 많지만, 그것은 《논어》의 기술 방식이 기본적으로 대화적이라는 사실이 무엇을 의미하는지 잘 생각해보지 않았기 때문일 것입니다. 청나라 말기에 변혁운동을 하다가 젊은 나이에 희생된 담사동(譚嗣同)이라는 사상가가 있습니다. 유학과 불교는 물론이고 기독교에도 아주 밝았던, 중국 근대사상사에서 대단히 중요한 인물입니다. 그에 따르면, 훌륭한 스승은 제자들과 '붕우(朋友)의 정신'으로 교류하는 사람입니다. 그렇게 보면, 공자처럼 늘 벗처럼 제자들과 지낸 분이 진짜 스승이라고 할 수 있죠. 이런 점에서 무위당이 공자와 무척 닮았다고 제가 생각하는 것입니다.

1970~1980년대에 서울에서 반독재·민주화 운동을 하던 많은 지식인과 젊은이들이 당국의 눈을 잠시라도 피하고 싶을 때나 심신이 지쳤을 때 흔히 원주로 가서 무위당 선생을 만나 용기와 위안을 얻었다고 하는 이야기는 우리가 많이 들어왔습니다. 실제로 선생님을 기억하는 여러 사람들의 증언기록을 봐도 장 선생님은 늘 그런 식으로 사람들을 환대하고 위로하면서 지내신 것 같아요. 천성적이었는지 아니면 훈련이 되어 그랬는지 모르지만 늘 그러셨다고 합니다.

텍스트의 포도밭

그런데 한 가지 더 공자와 무위당의 주목할 공통점이 있는데, 그것은 그렇게 많은 이야기를 하면서도 자신이 지어낸 이야기가 아니라 선현들이 말한 것, 즉 독서를 통해서 얻은 것을 자기 나름으로 풀어서 했다는 것입니다. 이것을 공자는 '술이부작(述而不作)'이라는 말로 표현했죠. 내가 지어낸 이야기는 하나도 없다, 모든 것은 다 옛사람들이 한 이야기를 내가 인용하는 것에 불과하다, 라고요. 그러나 아무리 지어낸 게 없다고 해도, 수많은 옛 언설 중에서 특정한 글귀를 기억하고 그것을 풀어서 이야기한다는 것은 그 자체가 사상적 개입이라 할 수 있고, 그 과정을 통해서 또한 자기 나름의 새로운 사상이 형성되는 것이죠. 예를 들어, 장 선생님이 지으신 수많은 서화를 보면, 거기에 담긴 글귀들은 거의 전부 옛날 경전이나 고전에서 인용한 것들입니다. 그리고 그 인용된 글귀들에는 일관된 경향성이 있습니다. 그러므로 그러한 인용은 선생님 자신의 인생관과 세계관을 표현하는 방식일 뿐만 아니라 동시에 그 인용문들이 총체적으로 모여서 무위당의 생명사상을 형성했다고 할 수 있죠.

　그러니까 '독서인'으로서 공자나 무위당을 생각할 때 특히 주목할 것은 그분들이 일종의 '쾌락주의자'였다는 점입니다. 무슨 말이냐 하면 그분들이 선현들이 남긴 기록을 읽을 때 어떤 의무감이 아니라 매우 즐거운 마음으로, 글귀 하나하나를 깊이 음미하면서 읽었다는 것입니다. 공자는 자신을 일러서, 이 세상에서 누구보다도 '학문'하기를 좋아하는 사람이라고 말했죠. 중요한 것은 '좋아서' 책을 읽고 사색을 하고 제자들과 이야기를 했다는 겁니다. 장 선생님도 마찬가지입니다. 한없이 편안한 기분으로 제자들이나 지인들에게 자신이 읽은 것을 풀어내는 것을 즐겨한 그분의 생활이 그것을 말해줍니다.

최근에 우리말로 번역돼 나왔습니다만, 이반 일리치가 쓴 《텍스트의 포도밭》이라는 책이 있습니다. 거기에서 일리치는 옛날 중세의 수도원에서 수도사들이 책을 읽었던 독특한 방법을 묘사하고 있습니다. 수도사들은 하느님의 거룩한 말씀이 적혀 있는 양피지로 된 책을 여럿이서 같이 소리를 내어 낭독을 합니다. 그리고 그렇게 낭독을 할 때 그들은 마치 농사꾼이 자신이 지은 포도밭의 잘 익은 포도를 한 알 한 알 천천히 음미하듯이 책의 글자 하나하나를 읽으며 깊이 음미했다고 말합니다. 다시 말해서 '거룩한' 텍스트를 음악적으로, 쾌감을 느끼면서 낭독하는 과정을 매우 즐겼다는 거죠.

오늘날에는 독서라면 소리를 내지 않고 혼자서 눈으로 읽는 외로운 체험이 되어버렸습니다. 그럼에도 사람에 따라서는 비록 혼자서라도 농부가 포도송이를 따서 하나씩 음미하듯이 글자 하나하나에 온 마음을 기울여 천천히 읽는 것이 불가능하지는 않습니다. 저는 이것을 '쾌락주의적' 독서라고 부르고 싶습니다. '쾌락'을 동반하지 않는 독서는 별로 의미가 없습니다. 《논어》가 첫머리에서부터 "배우고 또 배운 것을 때때로 익히니 기쁘지 아니한가"라는 말로 시작되고 있는 것은 우연이 아니라고 생각합니다. 때때로 익힌다는 것은 여러가지로 해석할 수 있지만, 기본적으로는 텍스트를 보고 또 본다는 뜻이겠죠. 재미가 없으면 이렇게 되풀이하지 못합니다. 제가 '쾌락주의적' 독서라고 하는 것은 그런 뜻입니다. 이렇게 기쁘게, 즐겁게 읽는 행위를 통해서만 독서라는 게 우리한테 진정으로 가치 있는 체험이 되고, 살아 있는 지식을 제공한다고 할 수 있습니다.

《텍스트의 포도밭》에서 일리치는 12세기에 살았던 어떤 수도사를 가리켜 자신의 둘도 없는 벗이라고 말합니다. 비록 문자로 된 기록을 통해서 접할 수밖에 없지만, 그 기록에서 느껴지는 중세 수도사의 인격과 정신세계에 대해서 어떤 동시대인들보다도 더 친화력을 느끼기 때문이죠. 생각해보면 꼭 살아 있는 사람만이 우리의 친구는 아닙니다. 시간을 거슬러 올라가서도 우리는 풍요로운 인간관계를 맺을 수 있습니다. 우리는 알게 모르게 책을 읽으면서 늘 그런 친구를 만나서 사귀고 있는지도 모릅니다. 진정으로 기쁨을 느끼며 천천히 읽게 되는 독서라면 말이죠.

함께 어울려 살자

사실, 실생활에서나 책을 읽을 때나 우리에게 제일 중요한 것은 인간관계입니다. 아까 《논어》 첫머리 이야기를 했죠. 바로 그 뒤에 "벗이 있어서 멀리서 스스로 내게 찾아오니 그 또한 즐거운 일이 아닌가"라는 말이 나옵니다. 결국 공자에게 가장 중요한 것은 배움과 벗이라는 얘깁니다.

무위당의 경우도 마찬가집니다. 선생님은 젊었을 적에 정치적 탄압을 각오하고 중립화 평화통일을 주장하다가 5·16 쿠데타 직후에 붙들려가서 이후 3년 동안 옥살이를 합니다. 그리고 1970~1980년대에는 반독재·민주화 투쟁을 음으로 양으로 지원했습니다. 그리고 다른 한편으로는 일찍부터 가난한 사람들이 살아갈 방법으로 협동운동을 제창하고, 나중에는 생명운동의 긴급성을 강조하고, 그 결실의 하나로 '한살림'이 만들어진 것은 우리가 다 아는 사실입니다.

그런데 이 한살림운동에 대해서 늘 선생님이 당부하신 게 있죠.

그것은 이 운동이 절대로 배타적으로 돼서는 안된다는 것이었습니다. 물론 한살림운동은 기본적으로 땅을 살리고, 모든 생명을 살리자는 운동인 만큼 이윤추구에 혈안인 시장논리와는 근본적으로 다른 원칙에 입각해 있어야 하고, 그 원칙에 충실해야 합니다. 그렇다고 해서 형편상 어쩔 수 없이 기존의 시장논리에 묶여서 관행적인 농사를 짓는 농부들이나, 아예 이런 문제에 무지하거나 무관심한 일반 소비자들을 깔보거나 우습게 여겨서는 안된다, 늘 그렇게 말씀하셨죠. 어떤 경우에도 조금이라도 엘리트 의식을 가져서는 안된다고 하셨죠. 절박하게 생명운동의 필요성을 말씀하시면서도 무농약농사나 유기농법보다도 더 중요한 게 사람을 아끼는 것이라고 늘 강조했습니다. 모두를 껴안고, 함께 가야 한다는 생각에 철저한 분이었습니다. 함께 어울려서 살자, 이게 무위당 생명사상의 핵심입니다.

숱한 일화가 있습니다. 여러분들도 많이 들어보신 이야기들이니까 제가 여기서 되풀이하지는 않겠습니다만 제가 특히 좋아하는 일화 몇 가지만 들어보겠습니다. 예를 들어, 원주시내에서 합기도장을 운영하며 살아가는 사람이 있었습니다. 언젠가부터 장사가 잘 안되었습니다. 합기도장은 썰렁하고, 집세를 내기도 어려운 형편이 계속되었습니다. 보다 못한 어떤 이웃 사람이 장일순 선생을 찾아가보라고 했답니다. 생면부지의 어른을 찾아가보라고 하니까 당황스럽기도 하고, 찾아간들 이런 장사에 대해서 아무것도 모르는 분에게서 무슨 조언을 얻을 수 있을지 도무지 짐작이 안되니까 망설였습니다. 그래도 가보라고 종용하는 이웃 사람 때문에 용기를 내어 마침내 선생님 댁으로 찾아가 자초지종을 얘기했답니다. 선생님은 가만히 듣고 나서 가 있으라고 했습니다. 그리고 이튿날 선생님이 혼자 그 합기도장으로 나와서 도복으로 갈아입고, 마룻바닥에 종일 앉아 계셨다고 합니다. 그러자 그게 소문이 나서 제자들을 비롯해서 지인들, 호기심 많은 사람들이 하나둘씩 찾아들었고, 합기도장의 신규 회원으로 가입을 했습니다. 그러는 동안 다시 그곳에 사람들의 출입이 잦아지면서 그런대로 먹고살 만하게 되었다는 것입니다. 참 기가 막힌 이야기죠. 우리는 돈이 없으면 남을 도와줄 수 없다고 미리 체념하기가 일쑤인데, 이 일화는 돈 없이도 얼마든지 사람을 도울 수 있을 뿐 아니라 오히려 훨씬 더 효과적으로 도울 수 있다는 것을 보여줍니다. 선생님이 사람들을 돕는 방법은 실은 늘 이런 식이었어요. 즉, 처지가 딱한 사람과 함께 있어주는 것 말입니다. 선생님은 자신이 합기도장에 가서 앉아 있으면 사람들이 몰려올 거라는 계산을 하신 게 아닙니다. 자기자신도 달리 어떻게 해야 할지를 모르겠으니까 그냥 거기로 가서 앉아 계셨던 거죠. 설사 그게 실질적인 효과를 못 본다 해도 그건 문제가 아니죠. 도움이 필요한 사람 쪽에서는 누군가 자기의 심정을 이해해주었다는 것만으로도 충분히 위로와 용기를 얻을 수 있으니까요.

원주역에서 소매치기를 당한 할머니를 도운 이야기도 그렇습니다. 아들의 등록금을 간신히 마련하여 집으로 오다가 역에서 돈을 도둑맞은 동네 할머니가 호소할 데가 없으니까 장 선생님께 찾아와서 눈물을 흘리며 얘기를 했다고 하죠. 사정이 너무 딱한 것을 듣고 선생님은 그날로 원주역에 나가서 무작정 대합실에 앉아 계셨다고 합니다. 달리 방법도 없었겠죠. 기차를 타시려는 것도 아니고, 몇

날 며칠이나 계속해서 아침부터 저녁까지 어른이 대합실에 앉아 계시니까 사람들이 궁금해하고, 장 선생님을 알아본 사람들이 어찌된 사연인지 여쭙고 해서 역 주변에 소문이 쫙 났습니다. 일주일째 되는 날 소매치기가 결국 선생님께 찾아와서는 고개를 숙이고 "제가 잘못했습니다"라면서 그때까지 일부 쓰고 남은 돈을 도로 내놓았답니다. 그 뒷얘기가 더 재미있습니다. 그 돈을 할머니께 돌려주고는, 다음 날 장 선생님은 원주역으로 되돌아와서 그 소매치기를 찾았다고 합니다. 그리고 그를 데리고 근처의 식당으로 가서 소주잔을 권하면서 말했다지요. "내가 자네 영업을 방해했지? 용서해주게." 매사가 이런 식이었어요. 굉장한 분이죠. 소위 먹물들은 절대로 이렇게 못합니다.

어떻게 이렇게 하실 수 있었을까? 저 같은 사람에게는 미스터리이지만, 결국 이런 에피소드는 선생님이 사람들, 특히 힘없고 가난한 사람들을 너무나 아꼈다는 것을 말해줍니다. 우리가 상상할 수 있는 것 이상으로요.

군고구마 장수가 포장마차에 '군고구마 팝니다'라고 써 붙여놓은 글씨를 보고 이거야말로 진짜 명필이라고 감탄하고, 서예가인 자신의 붓글씨는 그에 비하면 하잘것없는 허튼수작에 불과하다고 하셨다는 이야기도 많은 생각을 하게 만드는 일화입니다. 포장마차의 그 투박한 글씨를 보고, 그건 가난한 가장이 식구들을 먹여 살리기 위해서 간절한 마음으로 온 정성을 다해서 쓴 글이다, 그러니까 어떠한 이름난 지식인·예술가의 서예보다도 더 아름다운 혼이 담긴 작품이라는 게 장 선생님의 생각이었던 것이죠. 이런 생각은 평생 동안의 일관된 사상과 신념 없이는 나올 수 없습니다. 어쨌든 이런 에피소드는 실제 열거할 수 없을 정도로 많은데, 이 일화들을 통해서도 알 수 있지만, 가난한 약자들에 대한 장 선생님의 관심과 애정은 거의 본능적이었던 같습니다. 이런 모습 때문에 선생님을 '성자'라고 부르는 사람도 있지만, 어쩐지 그 말은 꼭 어울리는 것 같지는 않습니다. 왜냐하면 선생님에게는 늘 유머러스한 분위기가 풍기고, 우리의 마음을 긴장시킨다기보다 따뜻하게 껴안는 너른 품이 느껴지기 때문입니다.

돼지가 살이 찌면

실제로 선생님의 좌우명은 '겸손'이었습니다. 지금 원주의 밝음신협 4층 무위당기념관에는 선생님이 생전에 써서 사람들에게 나누어 주신 글씨들이 상당수 수집되어 상시 전시 중인데, 그 전시된 것 중에서도 가장 눈에 잘 뜨이는 게 "人怕出名 猪怕肥(인파출명 저파비)"라는 글귀입니다. 즉, 사람은 이름나는 것을 두려워하고, 돼지는 살찌는 것을 두려워해야 한다, 라는 경구이죠. 돼지는 살찌면 도살을 당하죠. 그러니까 어떤 사람이 유명해진다면, 그것은 돼지가 도살당하듯이 자멸의 길로 들어섰다는 것을 알아야 한다는 뜻입니다. 이 글귀는 중국의 어느 문헌에서 유래한 것이라고 알고 있습니다만, 출처에 관계없이 그것은 인용한 분의 사상을 드러내는 말입니다. 요컨대 잘난 척하지 말라는 거죠. 사실 평범한 일생을 살아가는 보통사람은 크게 망하는 일도 없고, 큰 재앙을 맞는 일도 별로 없습니다. 문제는 언제나 잘난 사람들, 소위 엘리트들이죠. 그들은 잘난 척하면서 늘 세상에 분란을 일으키고 결국은 빈번히 스스로 몰락해버리고 맙니다. 혼자서 망하면 좋은데, 문제는 그들 때문에 세상이 위험에 처해진다는 것입니다.

따져보면, 이 세상에는 특별히 잘난 사람이 있고 특별히 못난 사람이 있는 게 아닙니다. 우리들은 거의 다 기본적으로 어금버금한 인간들입니다. 배고프면 밥 먹고 싶고, 피곤하면 쉬고 싶고, 좋은 사람 만나면 반갑고, 싫은 사람 보면 피하고 싶은 게 인간이에요. 그런데도 우리는 어떤 특출한 인간이 나타나서 우리를 구원해주기를 부지불식간에 기대하고 있습니다. 그러면서 흔히 이 시대에 우리가 존경할 스승이 없다고 투덜거립니다. 물론 답답해서 하는 말이겠지요. 그런데 장 선생님이 어디선가 그런 말씀을 하셨어요. 사람들이 스승이 없다고 말하는 것은 소위 '거목'들 중에서 스승을 찾기 때문이라고요. 시선을 조금만 돌리면, 우리 주변에서 말없이 살아가는 사람들 가운데서 얼마든지 스승을 발견할 수 있다는 말씀이죠. 그러니까 두드러지게 세상에 이름이 난 사람만이 스승이 될 자격이 있는 게 아닙니다. 오히려 유명한 사람은 감출 게 많은 사람일 가능성이 큽니다. 왜냐하면 지금 우리가 살고 있는 세상이 정의로운 사회가 아니잖아요. 공자님 식으로 말하면, 도(道)가 사라진 시대란 말이에요. 이런 시대에 출세를 하고 성공을 한다는 것은 도리어 부끄러운 일이라고 《논어》에도 적혀 있습니다.

벌레한테서 배운다

제가 장 선생님이 돌아가시기 전에 편찮으실 때 원주의 댁으로 가서 뵈었을 때도, 어느 대목에서 이런 말씀을 하시더군요. "치악산이 풍수적으로 좋지 않아서 이 원주라는 데가 인물이 잘 안 나온다고 흔히 사람들이 그러는데 말이지, 인물이란 게 무언가? 가족들, 이웃들과 함께 잘 지내고 성실히 살아가는 사람이 좋은 인물 아닌가?" 인생에서 가장 중요한 진리를 선생님은 이렇게 쉬운 말로 가르쳐주시는 분이었습니다. 우리의 스승은 도처에 있다, 아니 사람뿐만 아니라 세상의 미물도 우리의 마음가짐에 따라서는 둘도 없는 스승이 될 수 있다고 말씀하셨어요. 이 책《나락 한 알 속의 우주》의 맨 처음에 〈삶의 도량에서〉라는 글이 실려 있습니다. 선생님이 직접 쓰신 유일한 글이라고 할 수 있는데, 굉장히 좋은 글입니다. 거기에 이렇게 적혀 있습니다.

나는 가끔 한밤에 풀섶에서 들려오는 벌레소리에 크게 놀라는 적이 있습니다. 만상(萬象)이 고요한 밤에 그 작은 미물이 자기의 거짓 없는 소리를 들려주는 것을 들을 때 평상시의 생활을 즉각 생각하게 됩니다. 정말 부끄럽다는 이야기입니다. 이럴 때면 내 일상의 생활은 생활이 아니고 경쟁과 투쟁을 도구로 하는 허영의 삶이었다는 사실을 깨닫게 됩니다. 삶이 삶이 아니었다는 것을 하나의 작은 벌레가 엄숙하게 가르쳐줄 때에 그 벌레는 나의 거룩한 스승이요. … 참생명을 지닌 자의 모습은 저래야 하는구나라는 것을 새기게 됩니다.

한밤에 벌레가 내는 소리에 놀란다고, 그 거짓 없는 소리에서 생명의 참모습을 보고 깨닫는다는, 이런 말을 들으면 우리도 자연히 마음이 경건해집니다. 그런데 사람이 이런 경지에 도달할 수 있는 것은 무슨 힘 때문일까요? 어떤 눈에 보이지 않는 정신적 에너지가 작용하고 있다고 봐야 하지 않을까요? 예를 들어, 동학에서는 경천(敬天)·경인(敬人)·경물(敬物)이라는 경(敬)의 사상을 가르쳐왔습니다. 그런데 이런 가르침을 들었다고 해서 우리가 곧바로 경(敬)의 사상을 체득하고 실천할 수 있는 게 아닙니다. 우선 마음이 저절로 그쪽으로 돌아가야 합니다. 이 세상 만물이 하나로 이어져 있다는 것, 그리고 이 연결된 존재들의 관계 속에서는 그 어떤 것도 소중하지 않은 것이 없다, 그리하여 세상의 모든 존재가 내 스승이 될 수 있다는, 그야말로 '깨달음'이 생겨야 비로소 그게 가능해진다고 할 수 있습니다. 이때 마음이 절로 그렇게 돌아가도록 하는 정신적 에너지는, 장 선생님의 말씀으로 유추한다면, 자신의 삶이 허영에 찬 것이었음을 지각하는 철저히 겸허한 태도에서 우러나온다고 할 수 있습니다. 사람들이 흔히 마음을 비운다고 말할 때, 그 비워진 마음 말입니다.

언젠가 장 선생님은 이 '비워진 마음'이 과연 어떤 것인지 설명하면서 아주 기막힌 예를 드신 적이 있습니다. 선생님이 5·16 직후 투옥되어 춘천형무소에서 3년간 옥살이를 하는 동안 경험했다는 사형수들에 관한 이야기인데요. 그 사람들은 지푸라기라도 잡는 심정으로 대법원의 최종 판결에 기대를 걸고 있다가 결국 사형이 확정되면 처음에는 거의 미친 사람처럼 행동한다고 합니다. 요즘은 사형수들이라 해도 집행은 거의 안하잖아요. 그러나 당시는 그렇지 않을 때니까 확실히 죽음이 임박했다고 생각되는 상황에서 미친 듯 행동하는 것은 이해가 되죠. 그러나 그런 사람들이 시간이 좀 지나면서 차츰 체념을 하고, 때로는 종교에 귀의하게 되는 등, 여러 유형으로 조금씩 태도가 변해간다고 합니다. 그런데 그중에는 드물지만 거의 '성자'처럼 되는 사람도 있다는 거예요. 그 당시 감옥이 낡고 지저분해서였는지 벌레나 쥐들이 감방을 무시로 출입했고, 그 바람에 쥐들을 쫓고, 밟고, 때로는 죽이는 게 일상적이었다고 합니다. 그런데 어느 날부터는 죽음을 목전에 둔 사형수가 자기 몫의 밥을 쥐들 먹으라고 쥐구멍 근처에 갖다 놓고 쥐들이 나타나기를 기다린다는 거죠. 그러면 쥐들도 처음에는 피하다가 슬금슬금 눈치를 보며 조금씩 사람한테로 다가오는데, 마침내는 안심하고 그 사람의 등과 팔, 가슴팍에까지 올라와서 논다는 것입니다. 다시 말해서, 이미 사람의 마음에서 모든 살기(殺氣)가 사라진 것을 쥐들이 읽은 거죠.

이런 이야기에서 우리가 새삼 느끼는 것은, 인간의 마음과 짐승의 마음이 확실히 연결돼 있다는 것입니다. 짐승뿐만 아니죠. 식물들의 마음을 잘 읽고 교감을 잘하는 사람들에 관한 이야기도 꽤 있잖아요. 제가 예전에 어떤 러시아의 초능력자에 관한 책을 읽은 적이 있는데, 그 여자는 현대적인 농사가 기계화되고 독한 농약까지 마구 뿌려대는 통에 땅이 무척 괴로워하며 신음 소리를 낸다고 했어요. 그리고 그 신음 소리를 듣는 자기도 덩달아 고통을 느낀다고 말했습니다. 우리처럼 평범한 사람들이 이런 이야기를 믿는 것은 쉽지 않죠. 그렇다고 해서 그 이야기의 신빙성을 부정하는 것은 옳지 않다고 생각합니다. 지금 인간들이 땅을 얼마나 난폭하게 다루고 있습니까? 제가 생각해도 땅이 마음을 갖고 있다면 당연히 고통스러워할 것 같습니다. 문제는 땅도 과연 마음을 갖고 있나 하는 것인데, 적어도 동양사회에서는 '기(氣)'라는 용어를 가지고 그것을 긍정해온 오랜 전통이 있습니다.

장 선생님이 쓰신 서화에도, "천지만물이 하나의 기(氣)로 되어 있으니 틀림없는 하나의 꽃일세(天地萬物 都是一氣 無違一華)"라는 글이 있습니다. 물론 이것은 고전을 인용한 것이지만, 생각해보면 선생님 자신이 젊은 시절 감옥에서 듣고 느낀 것을 근거로 쓴 표현이라고 할 수도 있습니다. 선생님의 서화에 자주 등장하는, "천지는 같은 뿌리요 만물은 한 몸(天地同根 萬物一體)"이라는 글귀도 마찬가집니다. 우리가 정신없이 살다 보니 다들 바보가 되었지만, 찬찬히 생각을 해보면 이 세상 삼라만상이 모두 한 가족, 형제자매로 돼 있다는 것은 분명히 진리 중의 진리입니다. 그런데도 우리는 이 진리를 무시하고, 즉 제 부모와 형제자매를 알아보지 못하고 서로 반목하고 질시하면서 어쨌든 저 혼자 살겠다고 자기보다 힘없는 약자들, 그리고 죄 없는 동물들을 불필요하게 학대하고 살육하는 것을 너무나 당연하게 생각하고 있습니다. 이렇게 된 것은, 간단히 말하면, 우리가 좁디좁은 자아의 감옥에 갇혀 있기 때문입니다. 불교식으로 말하면 아상(我相)에 사로잡혀 모두가 나르시시즘에 빠져 사는 게 오늘날 우리들의 공통적인 실존적 상황이라고 할 수 있습니다. 그러다 보니 우리 각자는 타자와의 관계가 단절된 불모의 정신적 사막에서 매우 외로운 생을 살아가지 않으면 안되는 불쌍한 존재가 돼버렸습니다.

나르시시즘에 갇힌 현대인

우리나라에도 잘 알려진 일본의 작가 나쓰메 소세키(夏目漱石)가 남긴 유명한 말이 있습니다. 소세키는 메이지(明治)시대 일본 근대문학을 개척한 대표적 작가라고 할 수 있는데, 그는 원래 유교적 한문교양을 익히면서 성장한, 말하자면 구시대인이었죠. 그러나 그는 대학에서는 영문학을 전공하고 국비장학생으로 런던 유학까지 다녀온 이후에 잠시 교편을 잡다가 그만두고는 창작을 업으로 삼아 살았습니다. 그런 배경 때문인지 그는 일본이 근대화를 향해 질주하던 당시 지식인의 복잡한 심리 상황을 주로 그렸습니다. 그의 작품을 보면, 교양 있고 자의식이 강한 인간에게는 근대화의 이름으로 정신없이 서양 따라잡기에 바쁘던 그 시대 상황이 무척 고통스러운 것으로 묘사돼 있습니다. 그 자신도 꽤 성공한 작가였음에도 불구하고 늘 심사가 편치 않아 위궤양에 시달렸습니다. 그런 그가 남긴 말에 이런 구절이 있습니다. "옛날 사람들은 우리더러 자기를 잊고 살라고 했다. 그러나 지금 우리는 무엇보다도 자기를 찾지 않으면 안된다, 자기본위로 살지 않으면 안된다라는 (근대적) 논리에 강박적으로 붙들려 있다. 그 결과, 우리의 인생은 하루하루가 초열지옥(焦熱地獄)이다." 예리한 지적이죠? 자본주의 근대문명이라는 게 본질적으로 '원자화된 개인'의 논리에 기초를 두고 있을 뿐만 아니라 개인주의를 갈수록 강화한다는 것, 그리하여 공동체—사회적·자연적 공동체—를 전제로 한 모든 '인간관계'를 체계적으로 파괴함으로써 결국은 이 세상을 지옥으로 만들어놓는다는 것을 명확히 표현하고 있잖아요.

그런데, 여담이지만, 지옥이라는 것에 대해 재미있는 정의(定義)를 내린 시인이 있습니다. 제가 좋아하는 시인으로, 브렌던 케널리라는 아일랜드사람인데, 지금도 생존해 있습니다. 이 시인이 쓴 시에 "지옥이란 경이(驚異)를 잃어버린 상태"라는 구절이 나옵니다. 친구와의 우정을 그냥 당연한 것으로 여긴다든지, 환한 햇살 속에 익어가는 옥수수밭을 보면서도 경이의 감정이 솟아오르지 않는 게 바로 '지옥'이라는 것이죠. 그런데 흥미롭게도, 시인은 그런 경이의 감정이 사라진 상태, 즉 '지옥'이란 다른 말로 하면 권력욕망이 지배하는 곳이라고 말합니다. 그는 그것을 이렇게 표현하고 있습니다. "경이로움이 죽을 때, 권력(욕망)이 태어난다."

말할 필요도 없지만, 인간이 세상의 신비와 경이로움을 느끼는 것은 영적으로, 정신적으로 살아 있다는 증거입니다. 그러니까 저 시인에 따르면, 인간이 권력을 탐하고 남을 지배하려거나 남들 위에 군림하려는 욕망을 갖게 되는 것은 그의 정신과 영혼이 병들었거나 메말라버린 데 그 원인이 있다고 할 수 있습니다. 그렇기 때문에 그런 인간은 사람 간의 관계(우정)가 얼마나 소중한 것인지, 혹은 햇빛과 바람과 구름의 은혜로 익어가는 곡식을 보면서도 그게 무슨 의미인지, 자연의 운행이 얼마나 신비롭고 아름다운 것인지 모르는 '지옥'에서 산다는 것이죠. 참으로 탁월한 성찰이라고 하지 않을 수 없습니다.

권력욕망과 서구적 멘탈리티

혹시 아시는지 모르지만, 20세기 초·중반에 걸쳐 활동했던 양수명(梁漱溟)이라는 중국 사상가가 있습니다. 제가 왜 이분에게 관심이 있는가 하면, 근대화의 시급한 달성이 시대적 과제였던 당시의 중국에서 대개 근대화는 곧 공업화를 의미했는데, 유독 이분은 촌치(村治)라는 개념에 입각하여 농촌과 농업의 중요성을 설파하고 향촌건설운동에 매진했던 지식인이기 때문입니다. 인민정부가 수립된 이후 공식회의에서 모택동(毛澤東)과 논쟁을 벌인 것으로도 유명한 분이죠. 모택동은 공업화 우선 정책을 밀고 가려는데, 양수명은 중국식의 독자적인 근대화가 필요하다고 주장하고, 농촌경제를 중시해야 한다는 논리를 폈거든요. 두 사람이 크게 언성을 높였다고 전해지고 있습니다. 그래서인지 이 논쟁 이후 모택동의 지시로 중국 지식계에서 양수명 사상 추방운동이 벌어집니다. 어쨌든 그런 분인데, 원래 독학으로 공부했지만 동서양의 사상에 아주 밝아서 북경대학의 교수로 초빙되어 인도철학을 가르치기도 했습니다.

그런데 이분의 저술을 보면 동서양 사상의 배경을 비교하는 재미있는 이야기가 나옵니다. 즉, 인간이 살아가는 태도는 크게 세 가지로 분류할 수 있다, 첫째는 자신의 욕망 충족을 위해서 외부를 끊임없이 개척·공격하고 확대해나가는 서구적인 방식, 둘째는 자신의 욕망을 조절함으로써 세상과의 조화를 꾀하는 중국적인 방식, 그리고 셋째는 세상은 원래 헛것이니 아예 현실에서 이탈하여 물러나려는 인도(印度)적인 방식, 이 세 가지로 나누어진다는 것입니다. 물론 양수명이 가장 바람직하게 생각한 것은 두 번째, 즉 중국적 방식이었습니다. 인도적 방식은 아무래도 보편성이 없다고 본 거죠. 그리고 서구적 방식에 대해서는, 양수명은 그것을 받아들일 만한 것으로 보지는 않지만, 그렇다고 완전히 부정하지도 않습니다. 어쨌든 끊임없이 외부로 뻗어간 결과, 세계가 하나로 되고 (서구적) 민주주의가 전세계로 확대된 것은 인정해야 한다고 생각했기 때문이죠.

그런데 제가 이 이야기를 하는 것은, 오늘날 이 세계가 사회적으로, 생태적으로 엄청난 위기를 맞은 근본원인이 뭘까 하는 의문 때문입니다. 오늘날 우리는 대체로 거의 모든 재앙을 자본주의 탓으로 돌리는 경향이 있습니다. 하지만 조금 다른 각도에서 들여다보면, 자본주의문명 이전부터 서구문명의 근간을 지배해온 어떤 불가시적인 심층구조가 있는 게 아닐까, 그런 느낌이 듭니다. 다시 말하면, 자본주의보다 더 오랜 뿌리를 가진 서구인 특유의 멘탈리티가 있고, 그것이 이 세계를 근원적으로 파괴해온 원흉이 아닌가 하는 것입니다. 물론 충분한 근거를 가지고 자신 있게 하는 말은 아닙니다. 하지만 어쨌든 그런 관점에서 본다면, 서구적 삶의 특성에 대한 양수명의 설명이 나름대로 꽤 유용하다는 생각이 듭니다. 자신의 욕망을 반성적으로 들여다보지 않고, 오직 자기중심적으로 그 충족에만 몰두하여 끊임없이 외부로 영역을 확대해나가는 태도 말입니다. 어떻게 봐도 '한계'를 모르는 그런 태도는 결코 온전한 정신이라고 할 수는 없죠. 문제는 그런 정신이 온 세계를 지배하고 파멸로 몰아가고 있다는 사실입니다.

이 대목에서 흥미로운 에피소드를 하나 소개하고 싶네요. 아마존의 어느 토착민 여성에 관한 이야기인데요. 아마존에는 벌써 오래전부터 서양 사람들이 떼로 몰려와서 개발이라는 이름으로 숲과 강을 마구 파괴해왔습니다. 그런데 언젠가 그런 개발업자 중 일부가 대형

댐을 짓는 공사를 하고 있는데, 그 댐으로 수몰될 위기에 처한 '카야포'라는 부족의 한 부인이 이렇게 말했다고 합니다. "우리는 저런 댐 필요 없다. 저 댐 만든다고 바쁜 당신들은 내가 보기에 모두 고아들이다. 당신들이 어렸을 적에 어머니가 꼭 껴안아주지 않은 게 틀림없어."*

엄청난 이야기죠. 그 부족민 여성이 발달심리학 따위를 알 리가 없습니다. 하지만 어떤 이유로든 사람 사이의 '보살핌'이 현저히 결핍된 문화가 서양문화이고, 그런 문화에서 길러진 탓에 심각한 정신적·심리적 장애를 앓는 인간들의 공격성·침략성 때문에 이 세상이 한시도 편할 날이 없다, 그런 메시지잖아요. 대단한 직관적 지혜라고 하지 않을 수 없죠. 여기에 비하면 오늘날의 온갖 복잡하고 세련된 학술적 논리는 너무나 초라하다고 할 수밖에 없습니다.

무욕의 정신, 21세기 민주정치

아무리 봐도 지금 우리에게 가장 필요한 것은 인간의 근본한계를 자각하고, 자신의 욕망을 조절할 줄 아는 정신적 능력입니다. 장 선생님도 늘 그런 생각을 하고 계셨죠. 예를 들어, 선생님이 즐겨 인용하시던 해월 선생의 말씀, "산불리 수불리 이재만궁지간(山不利水不利 利在挽弓之間)"이라는 구절도 그렇습니다. 이것은 해월 선생이 《정감록》과 같은 옛사람들이 많이 보던 예언서의 어투를 빌려서 하신 말씀입니다. 즉, 구원받을 수 있는 데가 어디냐 하는 얘기죠. 한

---

* William Ophuls, *Requiem for Modern Politics*, Westview Press, 1997, p. 278.

문을 풀이하면, 우리에게 이로운 곳은 산도 물(강과 바다)도 아니고, "활시위를 당기는 사이에 있다"가 됩니다. 즉, 구원의 길은 인간의 외부에 있는 게 아니라 오직 사람의 마음—활을 쏘기 위해서 완전히 마음을 모아 집중할 때와 같은—에 있다는 것이죠. 활 쏘는 사람들의 이야기를 들으면, 잘 쏘겠다고 한껏 욕심을 내는 순간 거의 틀림없이 과녁에서 빗나간다고 합니다. 그러니까 해월 선생이 강조하신 것은 한마디로 비운 마음, 즉 무욕의 정신이라고 할 수 있습니다. 그게 유일한 활로이고 구원의 길이라는 거죠. 말할 것도 없지만, 해월 선생의 이 가르침은 120년 전 동학농민운동이 전개될 당시보다 지금 훨씬 더 적실하고, 어쩌면 급박하다고 할 수 있습니다.

급박하다는 것은 오늘의 정치상황 때문입니다. 시간은 빠르게 가는데, 지금 이대로 가면 인류 생존의 토대 자체가 붕괴한다는 경고가 끊임없이 나오는데도, 세계의 정치는 마냥 이 사태를 방치하고 있습니다. 한국만 그런 게 아닙니다. 미국을 보세요. 최근의 미국 대통령 선거판을 보면 미국식 민주주의는 완전히 끝났다고 하지 않을 수 없습니다. 도널드 트럼프라는, 최소한의 인간다운 기본적 교양도 상식도 없어 보이는 부동산 부호가 갑자기 나타나서 저렇게 대중들의 인기를 끄는 것을 보고 소위 엘리트 지식인들은 포퓰리즘의 대두를 걱정하고 있지만, 결국은 미국식 민주주의가 끝났다는 신호로 보는 게 옳습니다. 그동안 지배층이 정당정치니 민주주의니 하는 가면을 쓰고 정치랍시고 해온 게 실은 자신들의 사욕을 채우는 게 전부였다는 것을 깨달은 대중들의 분노가 표출됐다고 봐야죠. 소위 엘리트들에 대한 민중의 반란이라고 봐야죠.

아닌 게 아니라, 기후변화를 비롯한 오늘날의 숱한 사회적·환경적·경제적 난제들을 현행의 민주주의로 대응한다는 것은 거의 불가능합니다. 무엇보다 현재의 대의제민주주의는 선거를 통해 대표를 뽑는 제도인데, 선거를 하면 결국은 지금의 위기 상황을 만들어온 장본인들(기득권층)이 계속해서 정치를 독점할 수밖에 없고, 그러면 똑같은 정치가 되풀이될 게 뻔합니다. 그러니까 지금과 질적으로 다른 민주정치, 즉 21세기형 민주주의를 만드는 게 시급하다고 할 수 있습니다.

그런 의미에서 우리는 민주주의의 원점을 되돌아볼 필요가 있습니다. 즉, 고대 아테네 민주주의에서 왜 선거가 아니라 제비뽑기로 대표자나 공직자를 뽑았는지, 그 의미를 제대로 배워보자는 것입니다. 원래 민주주의는 엘리트들에게 권력을 위임하는 제도가 아니라 글자 그대로 인민이 스스로를 다스리는 것을 뜻합니다. 21세기 민주주의가 명실상부한 민주주의가 되자면, 제비뽑기를 통한 선출방식이 적극 고려돼야 합니다. 아리스토텔레스도 선거는 귀족정(貴族政)에 적합하고, 민주정치에 맞는 것은 추첨이라고 분명히 말했습니다.

물론 선거에 오래도록 익숙해진 사회에서 불쑥 제비뽑기 방식을 채택할 수는 없습니다. 하지만 기층 조직에서부터 시작해보는 것은 가능합니다. 중요한 것은, 현재의 사이비 민주주의를 빨리 청산하고, 평민들이 실질적으로 의사결정의 주체가 되는 틀을 만드는 것입니다. 실은, 그 틀은 이미 많은 학자들에 의해 매우 구체적으로 제안돼 있고, 또 세계 여러 곳에서 실행 중입니다. '숙의민주주의'라는 게 그것입니다. 전화번호부 등을 이용하여 제비뽑기로, 즉 무작위로 일정 수의 시민들을 뽑아 소규모 회의체—미니퍼블릭(mini-public)—를 구성하여 자유로운 토론과 숙고 끝에 어떤 문제에 대한 결정을 내리는 방식이죠. 저는 이 방식을 본격적으로 정치에 도입하는 게 지금으로서는 최선의 방책이라고 생각합니다.

그리고, 현행의 민주주의 제도가 이제 효력이 없다고 보는 중요한 이유가 또 있습니다. 즉, 현재까지의 민주주의는 성장시대에 적합한 시스템, 그러니까 생산과 소비가 끊임없이 증가한다는 전제 밑에서 재화를 어떻게 나눌 것인가에 초점이 맞춰진 정치시스템이었다고 할 수 있습니다. 그러나 이제부터는 어차피 탈성장시대로 들어갑니다. 그러면 당연히 정치시스템도 달라져야죠. 문제는 이런 사실을 너무 늦지 않게 깨닫고 대처해야 할 텐데, 여전히 경제성장이라는 미신에 우리사회가 사로잡혀 있는 게 걱정스럽습니다.

어떤 사람들은 오늘의 세계적인 난제를 해결하려면, 일시적이나마 세계적 차원에서 독재체제가 필요하다고 주장하고 있습니다. 옳고 그름을 떠나서, 그건 굉장히 비현실적인 주장입니다. 그보다는 역시 민주주의를 강화하는 게 정당하고 보다 현실적인 길이라고 저는 확신합니다.

최근에 기록을 뒤적이다 보니까, 장 선생님도 돌아가시기 직전에 어떤 저널리스트와 가진 인터뷰에서 서구식 민주주의로는 새로운 문명을 만드는 게 불가능하다고 말씀하셨더군요. 선생님 말씀은 서구식 민주주의는 따지고 보면 제국주의와 식민주의에 의한 착취와 수탈의 산물이다, 그러니까 생명공동체 전체의 조화와 공생을 지향해야 하는 21세기에는 맞지 않다, 그런 취지였습니다.

　그러면서 선생님은 현재와 같은 선거방식의 근본적 문제도 지적했습니다. 즉, 지금 정치하겠다고 선거판에 나서는 사람들은 누구나 자기가 잘났다고, 더 능력이 있다고 자신을 내세우고 타자를 배제하려 한다, 그러니 이런 배타성을 원리로 하는 시스템으로는 절대로 좋은 사회가 만들어질 리 없다, 그런 말씀이었어요. 현실의 정치에 익숙한 사람들에게는 매우 나이브하게 들릴 수도 있겠지만, 저는 이런 견해야말로 이 시대에 가장 필요한 급진적(radical)인 사상이라고 생각합니다. 적어도 이 정도의 '급진성'이 아니고는 우리에게 활로가 열리지 않을 게 분명하기 때문입니다. 그런 의미에서, 제가 보기에 무위당의 생명사상은 단순한 개인적 윤리의 차원을 넘어 진실로 인간적인 사회를 위한 이 시대의 가장 탁월한 정치사상이기도 합니다. 장시간 들어주셔서 고맙습니다.

1928년 9월 3일 강원도 원주시 평원동에서 부친 장복흥(張福興)
과 모친 김복희(金福姬) 사이에 6남매 중 차남으로 출생. 호
(號)는 호암(湖岩)이었으나, 1960년대에는 청강(靑江)으로,
70년대에는 무위당(无爲堂)으로, 80년대에는 일속자(一粟
子)로 바꾸어 씀.

어린 시절부터 할아버지 여운(旅雲) 장경호(張慶浩) 밑에서
한학을 익히는 한편 생명공경의 자세를 배움. 묵객으로 할
아버지와 절친하던 우국지사 차강(此江) 박기정(朴基正)에
게서 서화를 익힘.

1940년 원주국민학교 졸업. 천주교 원동교회에서 세례명 요한으로
영세를 받음. 서울로 유학.

1944년 배제고등학교를 졸업하고 경성공업전문학교(서울대학교 공
과대학 전신)에 입학.

1945년 미군 대령의 총장 취임을 핵심으로 하는 국립서울대학교
설립안(국대안)에 대한 반대투쟁의 주요 참여자로 지목되
어 제적.

1946년 서울대학교 미학과(제1회)에 입학.

1950년 6·25 동란으로 학업을 중단하고 원주로 돌아옴. 이후부터
       줄곧 원주에서 생활.

1954년 도산 안창호 선생이 평양에 설립한 대성학원의 맥을 계승
       한다는 뜻에서 원주에 대성학원을 설립. 이후 5년간 이 학
       교의 이사장으로 봉직.

1955년 봉산동에 손수 토담집을 지어서 살기 시작함.

1957년 이인숙(李仁淑)과 결혼. 슬하에 3남을 둠.

1958년 장남 동한(東漢) 출생.
       무소속으로 국회의원에 출마하였으나 낙선.

1960년 사회대중당 후보로 다시 국회의원에 출마하였으나 극심한
       정치적 탄압으로 낙선.
       차남 동호(東祜) 출생.

1961년 5·16 군사쿠데타가 일어난 직후 평소 주창하던 중립화 평
       화통일론이 빌미가 되어서 서대문형무소 및 춘천형무소에
       서 3년간 옥고를 치름.

1963년 출소 후 다시 대성학원 이사장에 취임하였으나, 한일 굴욕
       외교 반대운동에 연루되어 이사장직을 박탈당함. 정치활동
       정화법과 사회안전법 등에 묶여 모든 활동에 철저한 감시
       를 받기 시작.

1964년 이해부터 몇해 동안 포도농사에 전념.

1965년 삼남 동천(東天) 출생.

1968년 피폐해진 농촌과 광산촌을 살리고자 강원도 일대에서 신용
       협동조합운동을 전개하기 시작함.

1971년 10월에 지학순 주교 등과 함께 박정희 정권의 부정부패를
       폭로하고 사회정의를 촉구하는 가두시위를 주도. 이 시위
       는 1970년대의 반독재 민주화투쟁을 촉발하는 데 큰 역할
       을 함. 이후부터 민주화운동을 막후에서 전개.

1973년 전해 여름에 닥친 큰 홍수로 수해를 입은 지역을 복구하기
       위해 지학순 주교와 함께 재해대책사업위원회를 발족.
       민청학련 사건에 연루된 구속자들의 석방을 위해 당시 로
       마에서 주교회의를 마치고 일본을 경유해 귀국을 준비하던
       지학순 주교와 함께 국제사회에 관심과 연대를 호소.

1977년 "종래의 방향만으로는 안되겠다고 깨닫고" 지금까지 해오
       던 노동운동과 농민운동을 공생의 논리에 입각한 생명운동
       으로 전환할 것을 결심.

1983년 민주세력을 결집시켜 통일운동을 전개하기 위해 '민족통일
       국민연합'을 발족하는 데 일조함.
       10월 29일 도농 직거래 조직인 '한살림'을 창립하고, 이후
       부터 본격적으로 생명운동을 전개.

1988년 한살림운동 기금 조성을 위해 '그림마당 민'에서 서화전을
       개최. 이후 다섯 번에 걸쳐 전시회를 가짐.

1989년 해월(海月) 최시형(崔時亨) 선생의 뜻을 기리고자 원주군 호
       저면 솔골(松谷)에 비문을 쓴 기념비를 세움.

1991년 지방자치제 선거를 앞두고 '참여와 자치를 위한 시민연대
       회의'를 발족하는 데 고문으로 참여.
       6월 14일 위암으로 원주기독병원에서 수술.

1992년 연세대학교에서 5월과 11월 두 차례에 걸쳐 생명사상을 주
          제로 강연.
1993년 노자의 《도덕경》을 생명사상의 관점에서 풀이한 《장일순
          의 老子 이야기》(다산글방)를 이현주 목사의 도움으로 펴냄.
          9월에 병세가 악화되어 재입원.
          11월 13일 민청학련운동승계사업회로부터 투옥 인사들의
          인권보호와 석방을 위해 애쓴 공로로 감사패를 받음. 평생
          의 동지였던 지학순 주교의 정신을 잇기 위해 '지학순주교
          기념사업회'의 결성을 병상에서 독려.
1994년 5월 22일 봉산동 자택에서 67세를 일기로 영면.

나락 한 알 속의 우주

초판 제1쇄 발행   1997년 5월 31일
개정판 제1쇄 발행   2009년 6월 30일
개정증보판 제1쇄 발행   2016년 12월 30일
제2쇄 발행   2017년 6월 30일
제3쇄 발행   2019년 10월 31일
제4쇄 발행   2021년 2월 22일
제5쇄 발행   2022년 2월 11일

저자 장일순
발행처 녹색평론사

주소 서울시 종로구 돈화문로 94 동원빌딩 501호
전화 02-738-0663, 0666
팩스 02-737-6168
웹사이트 www.greenreview.co.kr
이메일 editor@greenreview.co.kr
출판등록 1991년 9월 17일 제6-36호

제작 토담미디어

ISBN 978-89-90274-84-7 03040

책값은 뒤표지에 있습니다.